U0516080

权威·前沿·原创

皮书系列为
"十二五""十三五""十四五"时期国家重点出版物出版专项规划项目

GREEN BOOK

智 库 成 果 出 版 与 传 播 平 台

中国社会科学院创新工程学术出版资助项目

社会保障绿皮书

GREEN BOOK OF CHINA SOCIAL SECURITY SYSTEM

中国社会保障发展报告
（2024）

CHINA SOCIAL SECURITY SYSTEM DEVELOPMENT
REPORT（2024）

社会保障与共同富裕

主　编／王延中　单大圣　龙玉其
副主编／宁亚芳　王国洪

社会科学文献出版社
SOCIAL SCIENCES ACADEMIC PRESS（CHINA）

图书在版编目（CIP）数据

中国社会保障发展报告 . 2024：社会保障与共同富裕／王延中，单大圣，龙玉其主编 . --北京：社会科学文献出版社，2024.12. --（社会保障绿皮书）.
ISBN 978-7-5228-4575-3

Ⅰ . D632.1

中国国家版本馆 CIP 数据核字第 20249BC936 号

社会保障绿皮书

中国社会保障发展报告（2024）
——社会保障与共同富裕

主　　编／王延中　单大圣　龙玉其
副 主 编／宁亚芳　王国洪

出 版 人／冀祥德
责任编辑／周志静
文稿编辑／李惠惠 等
责任印制／王京美

出　　　版／社会科学文献出版社·人文分社（010）59367215
　　　　　　地址：北京市北三环中路甲 29 号院华龙大厦　邮编：100029
　　　　　　网址：www.ssap.com.cn
发　　　行／社会科学文献出版社（010）59367028
印　　　装／三河市东方印刷有限公司

规　　　格／开 本：787mm×1092mm　1/16
　　　　　　印 张：16.75　字 数：249 千字
版　　　次／2024 年 12 月第 1 版　2024 年 12 月第 1 次印刷
书　　　号／ISBN 978-7-5228-4575-3
定　　　价／138.00 元

读者服务电话：4008918866

主 编 简 介

　　王延中　中国社会科学院民族学与人类学研究所所长、研究员，铸牢中华民族共同体意识研究基地首席专家，中国社会科学院大学社会与民族学院副院长、教授。《民族研究》《世界民族》主编，兼任中国民族理论学会会长、中国民族学学会荣誉会长。主要从事民族理论与民族政策、民族地区发展、劳动社会保障等问题研究。出版《社会保障与社会治理》《中华民族共同体研究》等论著十余部，发表学术论文 200 余篇。享受国务院政府特殊津贴，获得"新世纪百千万人才工程"国家级人选、全国文化名家暨"四个一批"人才等荣誉称号。

　　单大圣　中国人民大学管理学博士，国务院发展研究中心研究员，中国社会保障学会理事、青年委员会委员。主要从事社会保障、教育、医疗卫生方面的政策研究，参与中央和有关部委重要文件的起草工作，主持京津冀教育协同发展等课题研究，参与省部级以上项目 10 余项，在学术刊物上发表论文 100 余篇。

　　龙玉其　中国人民大学管理学博士，民政部政策研究中心博士后，首都师范大学管理学院副院长、教授，硕士生导师。中国社会保障学会理事，中国社会学会社会发展与社会保障专业委员会理事兼副秘书长、社会福利研究专业委员会理事，中国医疗保健国际交流促进会健康保障研究会理事。主持国家社科基金项目 3 项、北京市社科基金项目 2 项、北京社科联青年人才项目 1 项。作为核心成员参与省部级及以上课题近 30 项。研究方向为社会保障与社会政策。出版专著 3 部、合著 1 部，主编教材 3 部。在《经济研究》《民族研究》《经济学动态》《社会保障评论》等核心期刊发表论文 90 余篇，10 余篇论文被《新华文摘》《中国社会科学文摘》及中国人民大学复印报刊资料转载。入选首都师范大学哲学社会科学研究青年拔尖人才、首都师范大学青年燕京学者培育对象、北京市青年拔尖人才培育对象，荣获中国社会保障学会第三届"优秀社会保障青年学者"称号。

副主编简介

宁亚芳　中国人民大学管理学博士，中国社会科学院民族学与人类学研究所藏学与西藏发展研究室副主任、副研究员，硕士生导师，中国社会科学院大学社会与民族学院岗位教师，兼任中华民族共同体研究会副秘书长、中国社会科学院西藏智库副秘书长、中华民族团结进步协会理事和专家委员会副秘书长、中国民族理论学会理事等。研究方向为民族理论与政策、民族地区发展问题、社会保障。主持完成国家高端智库理事会年度规划项目、国家社科基金铸牢中华民族共同体意识研究重大专项子课题、中国社会科学院创新工程重大科研规划项目子项目、中国社会科学院创新工程"青年学者资助计划"项目等。出版专著2部，在《管理世界》《民族研究》《政治学研究》等发表学术论文30余篇，多篇论文被中国人民大学复印报刊资料全文转载。荣获第二批"中国社会科学院青年英才"称号，多篇《要报》获得中国社会科学院优秀对策信息奖。

王国洪　上海财经大学经济学博士，北京石油化工学院人文社科学院副院长、副教授，硕士生导师。兼任北京产业经济学会理事、中国区域经济学会少数民族地区专业委员会理事、中国社会保障学会青年委员会委员。研究方向为社会保障理论与政策。主持及参与北京市社科基金项目、中国博士后科学基金项目等10余项。合作出版专著1部，参编著作6部。参与撰写《要报》3份，获得省部级以上奖励2次。先后在《经济管理》《人口学刊》《民族研究》《现代财经》等核心期刊上发表学术论文20余篇。入选北京市2022年度市属高校优秀青年人才培育计划。

目 录 ↘

Ⅰ 总报告

Ⅱ 分报告

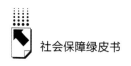

Ⅲ 专题报告

皮书数据库阅读**使用指南**

CONTENTS ⟍⟩

I General Report

II Sub-reports

Ⅲ　Special Reports

总 报 告

G.1
社会保障建设与促进共同富裕

王延中 单大圣 龙玉其 都闪闪*

摘　要：　共同富裕是社会主义本质要求，社会保障是社会主义实现共同
富裕的重要制度安排，共同富裕为中国社会保障发展提供了根本遵循。本
报告对德国、日本、英国社会保障建设情况进行了介绍，共同富裕蕴含的
公平、安全、团结、和谐等理念体现在这些国家的发展目标中。改革开放
以来，我国不断完善的社会保障制度体系成为实现共同富裕的重要制度基
础，社会保障的收入再分配作用直接促进共同富裕的实现，社会保障制度
成为社会共治共建共享的有力支撑。社会保障促进共同富裕是一项复杂的
系统工程，需要正确审视面临的形势与挑战，主要包括：人口结构与就业
形态的变化、社会保障收入再分配机制仍需完善、社会保障治理机制有待
优化、社会保障发展质量有待提升。未来必须进一步加强社会保障建设，
更好发挥社会保障促进共同富裕的作用，以中国式现代化引领社会保障制

---

* 王延中，中国社会科学院民族学与人类学研究所所长、研究员；单大圣，国务院发展研究中
心研究员；龙玉其，首都师范大学管理学院副院长、教授；都闪闪，清华大学社会科学学院
博士后，研究方向为社会保障与社会政策。

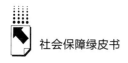
度改革，加大社会保障的收入分配调节力度，强化兜底保障、应急保障与互助保障。

关键词： 社会保障制度　社会功能　收入分配　社会服务　共同富裕

进入工业化、城市化社会之后，养老、医疗保险等制度与普遍性的医疗服务等公共服务体系逐步变成社会保障制度体系的主体内容，在防范和化解生活风险、改善社会关系、缩小收入差距、促进共同富裕等方面发挥着越来越重要的作用。

一　社会保障与共同富裕的关系

（一）共同富裕是社会主义本质要求

共同富裕是中国共产党将马克思主义基本原理同中国具体实际、同中华优秀传统文化相结合的伟大理论创造。马克思虽未明确提出"共同富裕"这一概念，但将共同富裕视为科学社会主义的应有之义。马克思在《一八五七——一八五八年经济学手稿》中说，在未来的社会主义制度中，社会生产力的发展将如此迅速，生产将以所有人的富裕为目的。[①] 按照马克思、恩格斯的构想，共产主义社会将彻底消除阶级之间、城乡之间、脑力劳动和体力劳动之间的对立和差别，实行各尽所能、按需分配，真正实现社会共享、实现每个人自由而全面的发展。[②] 共同富裕寄托着自古以来中国人民对美好生活的向往。从管子"以天下之财利天下之人"、老子"损有余而补不足"、孔子"不患寡而患不均"，到孟子"老吾老以及人之老，幼吾幼以及人之幼"，广大

---

① 习近平：《论把握新发展阶段、贯彻新发展理念、构建新发展格局》，中央文献出版社，2021，第 502 页。
② 习近平：《深入理解新发展理念》，《求是》2019 年第 10 期。

人民在与社会不公的斗争中提出的"等贵贱、均贫富""吾疾贫富不均,今为汝均之"等口号,都蕴含着共同富裕的思想。①

但是,由于人们的认识水平、时代条件、社会制度的局限,共同富裕理想长期只能停留在朴素的想象或者为统治阶级服务的层面,没有也不可能找到实现共同富裕的正确道路。只有中国共产党诞生之后,在马克思主义的科学指引下,实现全体人民共同富裕的伟大历程才就此开启。党在成立之初,就旗帜鲜明地把消灭剥削、消除社会阶级区分、以生产资料公有制实现共同富裕作为奋斗目标。党带领人民夺取新民主主义革命的胜利,确立社会主义基本制度,为实现共同富裕奠定了根本政治前提和制度基础。改革开放以后,党深刻总结正反两方面历史经验,认识到贫穷不是社会主义,提出要从中国处在社会主义初级阶段这个实际出发,让一部分人、一部分地区先富起来,先富带动后富。先富起来只是实现路径,目标仍然是共同富裕,因为"社会主义与资本主义不同的特点就是共同富裕,不搞两极分化"。② 这种将共同富裕与社会主义联系起来的观点,后来进一步阐发为社会主义的本质在于"解放生产力,发展生产力,消灭剥削,消除两极分化,最终达到共同富裕"。③

党的十八大以来,以习近平同志为核心的党中央依据发展阶段新变化和时代发展新要求,将共同富裕提升到"人民群众的共同期盼""高质量发展的动力基础""实现社会和谐安定""为人民谋幸福的着力点""党长期执政基础"的高度,提出现在已经到了扎实推动共同富裕的历史阶段,并对其基本内涵和实现路径做了科学、完整的论述。④ 党的二十大报告进一步做出共同富裕是中国特色社会主义的本质要求、是中国式现代化的重要特征等重大论断。

将共同富裕作为国家现代化的目标,反映了社会主义与资本主义的本质

---

① 马建堂主编《奋力迈上共同富裕之路》,中信出版社,2022,第3~7页。
② 《邓小平文选》(第三卷),人民出版社,1993,第123页。
③ 《邓小平文选》(第三卷),人民出版社,1993,第373页。
④ 习近平:《扎实推动共同富裕》,《求是》2021年第20期。

区别。从历史上看，虽然不少先行国家都曾提出缓解分配不公、缩小贫富差距的主张，一些国家出于保护和发展社会生产力、缓和社会矛盾和政党竞争的目的也形成了某些均衡财富的机制，比如调节劳资关系、建立福利国家等，而且当今西方国家的社会总体富裕程度远远高于欠发达国家，这些都蕴含着共同富裕的某些因素。但是，这些国家分配财富的机制和方式与社会主义国家有着本质的区别，[①] 其均衡财富的措施主要是工具性、策略性的，程度也是十分有限的，尤其是没有从根本上改变以私有制为基础的财富占有方式，决定了其不可能以全体人民共同富裕为目标，当然也就不能真正实现财富公平分配。事实上，过去 30 年西方国家国民财富虽大幅增加，但更加集中了，财富总量积累与财富分配出现了脱节现象。[②] 而在社会主义条件下，共同富裕是国家主动设定的目标，旨在让所有人都能够公平地拥有物质丰裕和精神富足的生活，[③] 体现了实现更广泛、更实质的社会公平的鲜明价值取向。同时，共同富裕也克服了马克思概括的以往各种社会文明形态"一方的人的能力的发展是以另一方的发展受到限制为基础的。迄今为止的一切文明和社会发展都是以这种对抗为基础的"特征，创造了崭新的人类文明形态。[④]

（二）社会保障是社会主义实现共同富裕的重要制度安排

社会主义实现共同富裕，是一项长期艰巨的历史任务，也是一项系统工程。既要不断解放和发展生产力，通过全体人民共同奋斗，让一切创造社会财富的源泉充分涌流，也要完善分配制度，形成合理的财富分配格局。在各类分配制度中，以防范和化解各类生活风险为目标的社会保障制度对于调节收入分配具有重要的基础性作用。防范和化解生活风险是一个跨历史、跨社

---

① 周弘：《西方国家调节财富分配的机制初探》，《社会保障评论》2022 年第 4 期。
② 托马斯·皮凯蒂：《二十一世纪资本论》，巴曙松等译，中信出版社，2014，第 443 页。
③ 郑功成：《共同富裕与社会保障的逻辑关系及福利中国建设实践》，《社会保障评论》2022 年第 1 期。
④ 顾海良：《深刻理解共同富裕是社会主义的本质要求》，《人民日报》2021 年 10 月 11 日，第 10 版。

会形态的重大主题。无论何时何地，人类个体在生活中总会遇到诸如年老、贫困、疾病、伤残、失能、死亡等各类风险，为应对这些个体难以独自承担的风险，人类社会在探索中逐步形成了风险共担的家庭机制、互助机制、市场机制。① 这些机制在历史上都曾经发挥了重要作用，以确保个体不至于因遭遇此类风险事故而陷入贫困，但是存在保障范围窄、保障能力弱、制度化程度低等固有缺陷。在工业化兴起之后，各类生产要素商品化和流动化，劳动力从各类共同体的束缚中解放出来，且劳动风险逐步增加，就需要建立在更大范围内实现风险共担的新的制度安排。现代意义上的社会保障，正是伴随工业化过程建立起来的风险保障制度。

现代社会保障制度一般由政府强制建立，通过全社会范围内的风险共担，为个体提供更为可靠的安全保障。社会保障制度一经建立，就不仅具有风险防范的功能，而且内在地具有互助共济的属性。其具体实现机制：由于风险的射幸性，社会保障制度能够实现健康者与伤病者、长寿者与短寿者、健全者与失能者、在业者与失业者、顺境者与困境者之间以及雇主之间的互助共济；由于制度的强制性，社会保障制度能够实现不同收入群体之间、代与代之间、地区之间的互助共济。② 因此，经济学一般将社会保障与税收、转移支付并列作为主要的收入再分配形式。虽然社会保障的直接目标并非"均贫富"，但是其由于事实上具有的互助共济功能，可以发挥调节资本和劳动的关系、财富再分配和缩小贫富差距的作用，因此蕴含着"社会主义"和"共同富裕"的因素。

现代社会保障制度的发展经历了济贫法时代、社会保险时代、福利国家时代，尽管不同时期的决策者一度将社会保障作为缓和阶级矛盾，或者政府进行需求管理、解决有效需求不足的政策工具，但是驱动社会保障发展的深层次原因是对资本扩张、劳动异化、自由市场机制的反抗。一些经济人类学家认为，经济本来是嵌入在社会中的，而自由市场的扩张使得经济试图"脱

① 刘燕生：《社会保障的起源、发展和道路选择》，法律出版社，2001，第84页。
② 何文炯：《论社会保障的互助共济性》，《社会保障评论》2017年第1期。

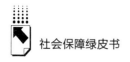

嵌"于社会,不仅会对社会造成破坏,而且不受约束的自由市场自身也会走向消亡。现代社会从而形成了一种双向运动,即市场的不断扩张和抑制其扩张的社会保护运动,后者保护社会成员免受自由市场伤害。① 有学者认为,近代以来,自由市场的扩张使劳动者失去生产资料,劳动者只能将自己的劳动能力作为商品出售,以购买维持生存与发展的生活资料,即导致劳动力的"商品化",社会保障则可以帮助劳动力不依赖市场而维持其生计,实现劳动力"非商品化",逐渐发展成为现代国家对公民社会权利的承诺。②

马克思进一步以对资本的批判为逻辑前提,揭示出现代社会保障的本质,即社会保障基金来源于社会总产品扣除,以保证社会再生产所必需的劳动力再生产。在资本主义社会,这些扣除是工人阶级所创造出来而被资本家占有的剩余价值的一部分,其弊端是"对生产自始就不存在有意识的社会调节"③。社会主义社会也需要社会保障,但其性质已经超越资本主义,是对资本进行"有意识的社会调节",使其服从于共同富裕的目标,是真正的"取之于民,用之于民",是劳动者主体地位的体现。④

正因为社会保障对于调节收入分配、缓和阶级矛盾的重要作用,资本主义国家在发展过程中通过完善社会保障制度,在一定程度上克服了资本主义制度的固有缺陷,二战以后几乎所有发达资本主义国家都宣称建成了"福利国家"。社会保障的再分配效应在很多国家已经得到了证实。⑤ 有关研究显示,欧洲国家社会保障制度的再分配调节使这些国家的收入差距平均缩小30%,特别是北欧和西欧国家,收入差距缩小的80%来自社会保障调节。⑥

---

① 卡尔·波兰尼:《大转型——我们时代的政治与经济起源》,冯刚、刘阳译,当代世界出版社,2020,第37页。

② 考斯塔·艾斯平-安德森:《福利资本主义的三个世界》,郑秉文译,法律出版社,2003,第23页。

③ 《马克思恩格斯文集》(第10卷),人民出版社,2009,第290页。

④ 徐瑞仙、童星:《马克思主义社会保障思想及其当代价值》,《社会保障评论》2019年第4期。

⑤ 王延中等:《中国社会保障收入再分配效应研究——以社会保险为例》,《经济研究》2016年第2期。

⑥ 李实、朱梦冰、詹鹏等:《中国社会保障制度的收入再分配效应》,《社会保障评论》2017年第4期。

社会主义国家将建立完善的社会保障制度、促进公平的收入分配视为体现社会主义优越性的重要方面和区别于资本主义的重要内容。20 世纪 80 年代之前，所有的社会主义国家都不约而同地建立了社会保障制度。对于社会保障与社会主义的关系，中国有学者曾经提出，社会主义就是社会保障主义，社会主义不是停留在文件上和口头上的东西，只有建立纳入财政预算按需分配的社会保障制度，才能真正实现资本主义向社会主义的转变。[①]

中国共产党在社会主义实践中始终高度重视社会保障制度的作用，并将建设完善的社会保障制度作为践行党全心全意为人民服务宗旨、体现社会主义制度优越性的重要举措。党的十八大以来，党对社会保障的认识不断深化，提出社会保障是保障和改善民生、维护社会公平、增进人民福祉的基本制度保障，是促进经济社会发展、实现广大人民群众共享改革发展成果的重要制度安排，是治国安邦的大问题。[②] 党中央把逐步实现全体人民共同富裕摆在更加重要的位置上，自觉地将社会保障放到共同富裕的大局中思考和研究，在谋划共同富裕的实现路径时强调加大税收、社保、转移支付等调节力度并提高精准性，[③] 在谋划社会保障事业发展时强调适应全体人民共同富裕的进程。[④] 一些学者认为，社会保障是将共享发展理念转化成具体行动、促使共同富裕愿景变成现实的基本制度安排，是走向共同富裕的必由之路。[⑤]

我国是中国共产党领导的社会主义国家，在实现全体人民共同富裕过程中，当然需要充分发挥社会保障制度的能动作用。同时也要看到，社会保障作为再分配的一种手段，主要是从调节初次分配的角度发挥作用，其功能虽

---

① 刘福垣：《社会保障度决定社会和谐度——构建和谐社会的经济学思考》，《中共郑州市委党校学报》2006 年第 1 期。

② 习近平：《促进我国社会保障事业高质量发展、可持续发展》，《求是》2022 年第 8 期。

③ 习近平：《扎实推动共同富裕》，《求是》2021 年第 20 期。

④ 习近平：《促进我国社会保障事业高质量发展、可持续发展》，《求是》2022 年第 8 期。

⑤ 郑功成：《共同富裕与社会保障的逻辑关系及福利中国建设实践》，《社会保障评论》2022 年第 1 期。

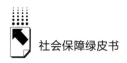

然重要但并非决定性的，不能期望社会保障解决所有的分配问题。要形成合理的收入分配格局，仍然需要包括社会保障在内的三次分配制度协调配套。① 在这个过程中，既要发挥社会保障的积极作用，也要准确把握与其他分配制度之间的联系，提高政策的精准性，形成整体合力。此外，共同富裕不但要从收入分配差距的角度考察，还要从存量也就是财富分布的角度考察，而缩小收入分配差距，需要采取系统的政策措施和进行更广泛的社会经济变革。

（三）共同富裕为中国社会保障发展提供了根本遵循

中国发展社会保障事业需要借鉴发达国家社会保障制度改革的有益经验，但更重要的是将社会主义制度的优越性、中国国情的特殊性与国际社会解决社会保障难题的普遍性相结合，形成自主的社会保障理论与实践。与一般的社会经济制度不断趋同的特征相比，各国社会保障制度的发展呈现出多样性，社会保障理念和制度差异极大。从世界范围看，并没有放之四海而皆准的统一的社会保障制度模式。比如，养老保险制度就有现收现付、部分积累、完全积累等筹资模式和缴费确定型、收益确定型等待遇模式的不同组合，医疗保险也有社会保险、税收筹资、社会救助等不同制度模式，社会保障制度的重要参数更是千差万别。各国制度也不能简单论优劣，即使是在工业化程度较高、市场经济较完善、城市人口占主体的发达国家，社会保障制度已经运行了 100 多年，也存在许多弊端，经常受到各种各样的质疑和批评，改革举步维艰。这是因为一国社会保障制度总是与本国的发展水平、社会条件、文化特征密切相关，也常常受到决策者偏好的影响，甚至一些微小的事件都可能影响社会保障决策。社会保障决策往往是公共选择的结果，导致社会保障在制度模式、责任分担、待遇调整、管理体制等关键问题上难以择优，经常需要妥协、平衡，决策执行中往往还会遭遇激烈的社会抗争。尽

---

① 宁吉喆:《构建初次分配、再分配、第三次分配协调配套的制度体系》,《人民日报》2022年 12 月 29 日, 第 9 版。

管如此，对于社会保障这种国家强制实施的再分配制度，各国在长期发展中都形成了支撑制度运行的国民广泛认同、极具本国特色的标志性理念，比如德国和法国的"团结"、英国的"伙伴"、美国的"我们是世界第一"、日本的"大家都是日本人"。[①]

中国社会保障制度在发展和改革过程中，长期面临不同价值理念、制度模式、保障水平的艰难选择，学术界和决策部门对于社会保障与经济增长、效率与公平、国家责任与个人责任等存在意见分歧，尚未形成说服力强、共识度高、具有长期指导性的自主的社会保障理论，在一定程度上影响了社会保障实践的发展。而共同富裕目标既对中国社会保障发展提出了新的更高要求，更重要的是其一经提出便具有强大的价值引领力和理论感召力，为中国社会保障理论和实践创新提供了根本遵循。习近平总书记将"坚持共同富裕，把增进民生福祉、促进社会公平作为发展社会保障事业的根本出发点和落脚点"作为建设具有鲜明中国特色的社会保障体系的一条成功经验。[②] 在共同富裕目标的指引下，中国完全可以立足本国国情，发挥中国共产党领导和社会主义制度的优势，探索出中国特色、自主的社会保障理论、道路和制度文明。党的十八大以来，中国在推进共同富裕过程中形成了许多新思想、新论断。比如，提出共享发展理念的内涵包括全民共享、全面共享、共建共享、渐进共享；[③] 强调共同富裕是一个总体概念，不是所有人、所有地区同时富裕，而是"一个在动态中向前发展的过程"；促进共同富裕必须把推动高质量发展放在首位，坚持以人民为中心；"鼓励勤劳创新致富""坚持基本经济制度""尽力而为量力而行""坚持循序渐进"。[④] 这些理念和原则可以而且应该成为中国社会保障发展的指导思想。近年来，强化社会保障互助共济功能的学术共识、社会共识明显增强，用共同富裕的标准对社会保障数量、结

---

① 高山宪之、王新梅：《日本公共养老金制度设计如何借鉴国际经验?》，《社会保障评论》2018 年第 3 期。

② 习近平：《促进我国社会保障事业高质量发展、可持续发展》，《求是》2022 年第 8 期。

③ 习近平：《深入理解新发展理念》，《求是》2019 年第 10 期。

④ 习近平：《扎实推动共同富裕》，《求是》2021 年第 20 期。

构、效果进行评估的咨询研究大大增多，决策部门更加自觉地从促进共同富裕、社会公平的维度谋划社会保障事业，社会保障从理论到实践都朝着"有意识的社会调节"方向发展。

二 社会保障促进共同富裕的国际借鉴

国际上虽然未明确提出共同富裕的概念，但是共同富裕蕴含的公平、安全、团结、和谐等理念体现在一些国家的发展目标中。一些国家社会保障领域的做法发挥了弱化群体冲突、增强社会团结、促进共同富裕的作用，值得借鉴，本报告以德国、日本和英国为例进行介绍。

（一）德国社会保险制度在调节社会关系方面的作用

德国社会保障制度最早可追溯到中世纪的矿工自发互济组织，而现代意义上的社会保障制度创建于 19 世纪中后期。[1] 当时，德国工业化迅速发展，但是年迈、疾病、伤残、失业等原因造成的个体风险不断增加，个体失去生产资料，家庭等传统的社会支持网络不再牢靠，保障功能不断减弱，劳资纠纷和冲突不断升级，产业工人对抗社会不公的斗争从个体性的消极怠工、破坏机器逐渐发展为有组织的团体斗争。[2] 为缓和工人阶级的反抗斗争，1883~1889 年，德国率先通过医疗、工伤、养老保险立法，首创了与工业社会相适应的社会保险制度，被公认为现代社会保障制度的发源地。除了缓和阶级冲突和维护社会稳定，德国推动社会保险立法的目的还在于通过强化社会职能密切个人和国家的联系，增强个人的国家认同感和凝聚力，以消除各个联邦的分离倾向，维护国家统一。[3] 德国社会保险制度中的大多数项目由雇主和雇员共同缴费，政府给予适当的财政补贴但

---

① 丁纯：《德国社会保障体制的现状与改革》，《国际经济评论》2000 年第 2 期。
② 李志明：《社会保险权的历史发展：从工业公民资格到社会公民资格》，《社会学研究》2012 年第 4 期。
③ 周弘：《福利国家向何处去》，《中国社会科学》2001 年第 3 期。

比例不高，主要采取现收现付的筹资模式以及权利和义务相对应的原则，实行共同自治的组织管理体制，体现了团结互助和自我负责的特征。经过长期发展，德国社会保险制度逐步转变为以社会公平为核心价值、强调维护个人权益与社会团结的重要社会经济制度。[①] 从基尼系数来看，2011～2018 年德国的基尼系数均在 0.29 左右，其中社会保障制度的贡献率达到近 80%。[②]

德国社会保障制度在 20 世纪 90 年代的两德统一过程中发挥了重要作用，为促进两德快速融合提供了基本制度保障。两德统一过程中，东部全面移植西部的经济、社会制度。由于历史原因，两德经济发展差距较大，1990 年，联邦德国人均 GDP 为 2.3 万美元，民主德国仅为 0.8 万美元。这导致德国在统一后国内社会矛盾尖锐，国际挑战不断出现，统一的社会成本日益显现。1992 年，西部开始对东部进行大量的财政转移支付，以缩小国内社会保障和基本公共服务差距。1991～1994 年，德国社会保障领域向东部各州转移支付总计 2406 亿马克，其中 1065 亿马克来自社会保险，占比为 44.2%；1341 亿马克来自联邦税收，占比为 55.8%。社会保障领域转移支付集中在社会保险，主要包括养老保险和失业保险。其中，养老保险转移支付总计 703 亿马克，来自制度内部调剂和政府财政预算的资金分别达 258 亿马克和 445 亿马克，分别占 36.7%和 63.3%；失业保险转移支付总计 1660 亿马克，来自制度内部调剂和政府财政预算的资金分别达 807 亿马克和 853 亿马克，分别占 48.6%和 51.4%（见表 1）。此外，从德国统一初期的社会支出来看，1991～1993 年，各项社会支出占 GDP 比重持续超过 30%。其中，西部各州保持在 30%左右；东部各州超过 60%，1994～1995 年仍保持在 55%左右（见图 1）。

---

① 鲁全：《德国的社会保障制度与社会公平》，《中国人民大学学报》2009 年第 2 期。
② 赵忠、葛鹏：《德国共同富裕的政策和社会基础》，《中国新闻周刊》第 1013 期。

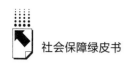

表1 德国统一初期（1991~1994年）社会保障领域向东部各州的转移支付情况

单位：亿马克

项目	转移类别	1991年	1992年	1993年	1994年	总计
养老保险	总计	82	147	199	275	703
	养老保险内部	—	45	88	125	258
	联邦劳动与社会秩序部预算	82	102	111	150	445
劳动力市场政策及失业保险	总计	315	451	487	407	1660
	联邦就业局（失业保险内部）	236	246	151	174	807
	联邦劳动与社会秩序部预算（联邦税收）	79	205	336	233	853
战争受害者	联邦劳动与社会秩序部预算	3	9	17	14	43
总计	总计	400	607	703	696	2406
	社会保险	236	291	239	299	1065
	联邦劳动与社会秩序部预算（联邦税收）	164	316	464	397	1341

资料来源：刘涛《德国统一进程中的社会保障制度》，《社会保障评论》2021年第4期。

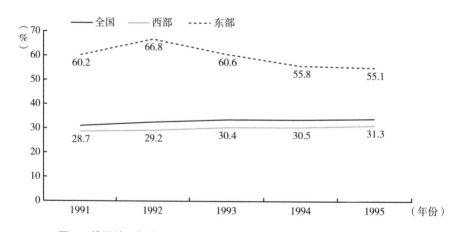

图1 德国统一初期（1991~1995年）各项社会支出占GDP的比重

资料来源：刘涛《德国统一进程中的社会保障制度》，《社会保障评论》2021年第4期。

社会保障领域的转移支付政策保障了德国统一后东部地区民众的基本生活，缩小了东西部地区基本生活水平差距，促进了东西部地区的社会融合，在巩固社会团结和促进国家统一中发挥了重要作用。同时，德国实行的现收现付制的养老金运行模式，更好地发挥了抵御了通货膨胀、调节收入分配的作用。据统计，从 1990 年到 1998 年，德国东部养老金水平从相当于西部的 40.3% 上升到 86.7%[①]，东西部地区的养老金差距大大缩小。1991 年西部年人均支出为 11841 马克，东部为 7796 马克，两者之比为 1：0.66，1992 年缩至 1：0.89，1995 年降至 1：0.98，差距几乎抹平。[②]

（二）日本社会保障制度调节收入分配的作用

日本十分重视社会保障的再分配功能，2017 年发布的《厚生劳动白皮书》将收入再分配作为社会保障的三大功能之一。[③] 日本社会保障是以社会保险、社会福利、社会救助、保健医疗及公共卫生为主要内容的综合性制度体系，其中社会保险是再分配机制的主体。本报告以日本社会保险制度中的公共养老金为例，理清其调节收入分配的机制。

目前，日本公共养老金制度主要由国民年金和厚生年金构成，两者都是强制性的。其中，国民年金覆盖常住日本的 20~60 周岁民众，资金来源于参保者缴费、政府财政补贴和年金投资收益三类。参保者缴费主要采取定额方式，所有参保者缴纳的金额相同。给付也为定额制，即加入保险年数相同的参保人领取的养老金也相同。因此，国民年金中的再分配功能主要通过国家财政转移实现。

厚生年金是收益与缴费挂钩的第二层公共养老金计划，主要覆盖国民年金中的企业雇员和政府公务员，资金来源于雇主和雇员缴费，采用比例制，雇主和雇员各承担一半。厚生年金待遇由老龄基础年金和老龄厚生年金构成。其中，老龄基础年金为定额，老龄厚生年金根据厚生年金的缴纳年限和金额决定，即厚生年金的再分配功能主要体现在厚生年金的按薪缴纳保费和基础

---

① 鲁全：《德国的社会保障制度与社会公平》，《中国人民大学学报》2009 年第 2 期。
② 刘涛：《德国统一进程中的社会保障制度》，《社会保障评论》2021 年第 4 期。
③ 日本社会保障具有稳定和提高生活水平、收入再分配、稳定经济三大功能。参见厚生劳动省 2017 年版《厚生劳动白皮书》，http://www.mhlw.go.jp/wp/hakusyo/kousei/17/。

年金的"定额给付"上。① 厚生年金保险费以基本工资和每月奖金为缴纳基数，缴纳基数按保险人实际月收入划分为32个等级（2022年为88000~650000日元）。2017年9月以来，个人、单位合计缴纳比例固定在18.3%，即工资收入越高，缴纳的保费越多，领取阶段的养老金越多。本报告根据目前的缴纳规则和领取方式设定三种收入情况和缴纳基数做比较。在88000~650000日元的缴纳基数范围内分别选取200000日元、400000日元和600000日元作为低收入、中收入和高收入的缴纳基数，那么按照18.3%的缴纳比例，三种情况缴纳的费用分别为36600日元、73200日元和109800日元，即分别相差1.0、2.0、3.0倍。但在领取环节，按照发放公式计算得出，三类人群在算上老龄基础年金之后分别可以领取的养老金相差的倍数缩小为1.0、1.5和1.9倍，如果再算上配偶，那么该差距将进一步缩小（见表2）。即厚生年金以不同工资等级为缴费基数，通过比例制缴费的方式让收入高的人多缴费，再通过定额的基础年金给付和不同级别的给付系数，实现高收入人群向低收入人群的再分配。

表2　日本厚生年金再分配情况

单位：日元

收入层	月均标准薪酬	保费	倍数	老龄厚生年金	老龄基础年金	养老金合计	倍数
低收入	200000	36600	1.0	684000	795000	1479000	1.0
（配偶）	—	—	—	—	795000	（2260700）	（1.0）
中收入	400000	73200	2.0	1368000	795000	2163000	1.5
（配偶）	—	—	—	—	795000	（2944700）	（1.3）
高收入	600000	109800	3.0	2052000	795000	2847000	1.9
（配偶）	—	—	—	—	795000	（3628700）	（1.6）

注：1. 厚生年金缴费及给付的计算方式：保费=月均标准薪酬×18.3%；老龄厚生年金=月均标准薪酬×给付系数7.125/1000×参保月数。因参保人的出生年月、参保时间等不同，给付系数设定在7.125~9.500区间，本报告假设给付系数相同。2. 老龄基础年金：自2023年4月起，满额老龄基础年金为795000日元。3. 保费由个人和企业各自负担50%。

资料来源：王伟《日本社会保障调节收入再分配的路径与效应分析——以社会保险为中心》，《日本学刊》2020年第6期。

---

① 韩文龙、陈航：《政府收入再分配调节职能的履行——基于不同市场经济模式的经验解读及启示》，《人文杂志》2019年第8期。

日本公共养老金制度覆盖全民，制度设计和财政运营由国家主导，基本原则和基本标准全国统一。通过在缴费端设计不同层级的缴纳基数和在给付端设计不同的给付系数等措施，发挥了再分配缩小收入差距的调节作用。以快速现代化时期为例，该时期日本收入分配差距较大，基尼系数在 0.340 ~ 0.390 区间，社会收入不公平程度较深。但经过社会保障和租税的调整，基尼系数明显下降，回落至 0.310 ~ 0.350 区间（见表3），社会收入不公平程度显著改善，较好地发挥了缩小收入差距、调节收入分配的作用。

表3　1961~1980年日本租税和社会保障再分配效果比较

年份	再分配前的基尼系数	再分配后的基尼系数	再分配系数（%）	租税再分配系数（%）	社会保障再分配系数（%）
1961	0.390	0.344	11.8	—	—
1966	0.375	0.328	12.6	3.7	8.7
1971	0.354	0.314	11.4	4.4	5.7
1974	0.375	0.346	7.8	2.9	4.5
1977	0.365	0.338	7.4	3.7	1.2
1980	0.349	0.314	10.0	5.4	5.0

资料来源：橘木俊诏《日本的贫富差距》，丁红卫译，商务印书馆，2003。

（三）英国国家卫生服务制度在促进公共服务均等化方面的作用

随着工业化的深入发展及政府介入社会事务，到20世纪初，英国福利国家的雏形已然显现。[①] 1948年，英国政府宣布已经建成福利国家。英国社会保障制度遵循公民权利、普遍性和政府统一管理的原则，社会保障是具有英国公民资格的国民享受的基本权利，最能体现这一点的是国家卫生服务（NHS）制度。

英国国家卫生服务由国家立法，以政府一般税收为筹资渠道，由政府

---

① 陈晓律：《法治化、民主化、社会保障制度化——英国发展经验漫谈》，《新远见》2009年第12期。

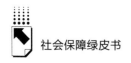
直接举办公立医疗机构或购买私人医疗为全民提供免费医疗服务。1948年，英国政府颁布《国家卫生服务法》，为全体社会成员获得基本医疗卫生服务提供了法律保障，规定英国合法居民使用国家卫生服务是根据临床需要，而不是由个人的支付能力决定。除了由国会通过立法批准的一些有限情况外，国家卫生服务都是免费的，即国家卫生服务所提供的医疗卫生服务是面向全体国民的均等的、普遍的保障，即使在一定情况下服务待遇有所差别，也是基于临床需要。

国家卫生服务主要通过国家税收筹集资金，政府通过总额预付制度对国家卫生服务机构进行预算管理。20世纪七八十年代，政府为医疗保健提供的税收资金通常占医疗经费总额的95%，近年来虽然略有下降，但仍然保持在90%左右。其中，大约80%的国家医疗保险预算来自政府一般性税收，约10%来自国家健康保险税，4%~5%来自患者自付，其余部分来自商业健康保险和利息收入等项目。[①] 如2021年，英国医疗保健支出总额为2807亿英镑，其中政府一般性税收资助的医疗保健服务支出为2331亿英镑，占医疗保健支出总额的83%，占GDP的比重达12.4%，[②] 远高于同年OECD国家的平均水平。此外，英国国家卫生服务医疗保健支出逐年增长，2020年增速达13.87%。相比2020年，2021年增速虽有所下降，但还是远高于其他年份（见图2）。

在管理体制上，国家卫生服务通过设置区域性办事机构实行垂直管理，医疗卫生服务由国家根据病人需求免费向全体国民均等提供，其范围和项目由国家根据财政收入和卫生费用确定，实行总额预付制。[③] 同时，各级健康服务机构在提供国家卫生服务时，需要签订国家卫生服务合同，

---

① 英国国家卫生服务（NHS），https://www.cn-healthcare.com/articlewm/20211213/content-1295076.html。
② 英国国家统计局（Office for National Statistics），https://www.ons.gov.uk/peoplepopulationandcommunity/healthandsocialcare/healthcaresystem/bulletins/ukhealthaccounts/2020 # Financing%20of%20Healthcare%20Expenditure%20in%20The%20UK。
③ 黄清华：《医改梦想：以较低支出实现民众医疗普遍保障——英国的法治化实践与启示》，《中国医疗保险》2013年第9期。

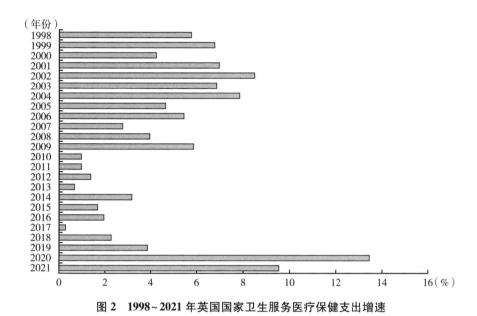

图2　1998~2021年英国国家卫生服务医疗保健支出增速

资料来源：UK Health Accounts from the Office for National Statistics，https：//backup. ons. gov. uk/wp－content/uploads/sites/3/2023/05/Healthcare－expenditure－UK－Health－Accounts－2021. pdf#：~：text＝Government－financed%20healthcare%20expenditure%20was%20£233. 1%20billion%20in%202021%2C，and%20making%20up%2083. 0%25%20of%20total%20healthcare%20spending。

要求"国家卫生服务合同条款必须合理，缔约的健康服务机构任何一方不得利用其优势地位，如专业上的垄断地位，强加不公平条款于他方。对于合同条款有争议的，一方可提请国务大臣决定"，以确保服务的可及性和公平性。从偿付模式来看，英国国家卫生服务形成了全民医疗、有效竞争的国家预算分配模式。第一，在偿付范围方面，依据《国民医疗服务法案》，所有英国公民及与英国签订医疗照顾互惠协议国家的居民都可享受国家卫生服务提供的医疗服务[1]，确保该项医疗卫生服务的普遍性和可及性。第二，在保障水平方面，患者在就医时，可以免费享受门诊、住院等

---

① 对非医疗照顾互惠协议国家的居民，在英国居住6个月以上也可以享受部分免费的住院服务。

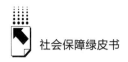
医疗服务,只需付处方费和牙科服务费。但偿付项目也有相应的保护机制,以减少部分特殊患者的就医负担,促进公平享有。一方面,处方费是定额制,当前的标准处方费是9英镑,但许多人群可以免除处方费,如60岁及以上、16岁以下人群,以及16~18岁但在接受全职教育人群、孕妇、住院患者等,① 因此英国大约90%的处方是免费的;另一方面,英国对部分人群设立了保护机制,如60岁及以上老人可以享受到的免费服务包括牙科服务、处方、视力检查、接受国家卫生服务所需的交通补助等。第三,在偿付方式方面,英国针对不同级别的医疗保健服务采用不同的偿付方式。目前,英国约2/3的医院服务是通过国家价目表基于医疗服务活动偿付的,即实行按结果付费。除了医院服务外,其余的二级医疗保健服务主要采取总额预算方式偿付。

英国国家卫生服务均等的医疗保障使国民获得了预防保健、医疗服务护理康复和健康促进等服务,提高了国民获得公共服务的公平性和可及性。2021年,英国人口的预期寿命为80.7岁,相比十年前提高了1岁,高于OECD国家平均水平的80.3岁;成年人肥胖率为25.9%,低于美国的33.9%② ;婴儿死亡率大幅降至3.7‰,低于美国的5.1‰和OECD国家的3.9‰。③ 英国国民在获得服务时基于临床需求而非支付能力,实现了几乎零负担享受较高水平的医疗服务,切实保障了国民的健康权益。国家卫生服务制度作为英国社会保障制度的重要构成部分,促进了医疗卫生资源的公平分配,提升了国民的总体健康水平,从而增强了民众对国家的认同感,成为英国政府进行国家治理的制度载体,发挥了社会保障制度在公共服务领域的再分配作用。

---

① 中国医疗保险研究会编《部分国家(地区)最新医疗保障改革研究》(2013年报告),经济科学出版社,2015,第31~36页。

② 中国医疗保险研究会编《部分国家(地区)最新医疗保障改革研究》(2013年报告),经济科学出版社,2015,第31~36页。

③ 英国国家统计局,https://www.ons.gov.uk/peoplepopulationandcommunity/healthandsocialcare/healthcaresystem/bulletins/ukhealthaccounts/2020#Financing%20of%20Healthcare%20Expenditure%20in%20The%20UK。

三 中国社会保障发展及其促进共同富裕的作用

改革开放以来，我国不断探索建立和完善具有中国特色的现代社会保障体系，取得了巨大的成就，制度体系不断完善，覆盖人数不断增加，为保障和改善民生、促进经济社会发展提供了重要支撑，也为促进共同富裕发挥了积极作用。不断完善的社会保障制度体系成为实现共同富裕的重要制度基础，社会保障的收入再分配作用可以直接促进共同富裕的实现，社会保障制度成为社会共治共建共享的有力支撑。

（一）不断完善的社会保障制度体系为共同富裕奠定了基础

改革开放以来，我国逐渐建立和完善社会主义市场经济体制，积极推进社会保障制度改革，探索建立与之相适应的城乡社会保障制度体系。通过艰辛的改革探索，中国特色现代社会保障制度体系从无到有、不断完善，为推动实现共同富裕奠定了重要的制度基础。

随着经济体制改革的逐步深入，城乡社会保障体制改革全面启动。1986年，"七五"计划强调要有步骤地建立起具有中国特色的社会主义的社会保障制度雏形。为配合国营企业改革的推进，国务院颁布了劳动就业制度改革四项暂行规定，同时决定对劳动合同制工人退休养老实行社会保险制度，为失业人员提供生活保障，并对劳动合同制工人的其他社会保障待遇做出了规定。20世纪90年代，社会保障制度改革探索持续推进，取得了重要进展。在养老保险方面，陆续出台了多个文件，积极推进城镇职工养老保险制度改革，为"社会统筹与个人账户相结合"制度模式的形成奠定了重要基础。在医疗保险方面，对公费医疗制度和劳保医疗制度进行改革，也积极推进失业、生育、工伤等其他社会保险改革。在社会福利改革方面，1986年，民政部正式提出"社会福利社会办"。2000年2月，国务院办公厅批转《关于加快实现社会福利社会化的意见》，明确了推进社会福利社会化的指导思想、目标、总体要求和政策措施。在最低生活保障制度方面，上海在全国率

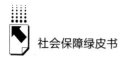
先建立了城市居民最低生活保障制度。此后，其他地方也开始探索建立城市居民最低生活保障制度。在农村社会保障改革方面，1992 年 1 月，民政部印发《县级农村社会养老保险基本方案（试行）》，探索建立农村社会养老保险制度，后来受多种因素的影响而停滞。1994 年 1 月，国务院颁布《农村五保供养工作条例》，对五保供养的主体、对象、内容、标准、方式等做出明确规定。1996 年底，民政部印发《关于加快农村社会保障体系建设的意见》，将农村最低生活保障制度作为农村社会保障体系建设的工作重点。

20 世纪 90 年代末以来，我国社会保障制度改革探索的步伐明显加快，各类新型社会保障制度逐步建立，形成了相对完善的覆盖城乡居民的现代社会保障制度体系。在社会保险方面，1997 年，正式建立了统一的企业职工基本养老保险制度。2009 年，开始探索建立新型农村社会养老保险制度。2011 年，开始城镇居民社会养老保险试点。1998 年，建立城镇职工基本医疗保险制度。2003 年，开始在全国建立新型农村合作医疗制度。2007 年，开始建立城镇居民基本医疗保险制度。2012 年，探索建立城乡居民大病保险制度。1999 年 1 月，《失业保险条例》的颁布标志着失业保险制度正式建立。2003 年，《工伤保险条例》的颁布标志着现代工伤保险制度正式建立。在社会福利方面，积极推进社会福利的社会化发展。探索建立和完善老年人、妇女儿童、残疾人等福利体系，建立和完善服务补贴制度，推动实现经济困难的高龄老年人津贴制度省级全覆盖。在社会救助方面，1997 年 9 月，决定在全国建立城市居民最低生活保障制度。1999 年，国务院颁布《城市居民最低生活保障条例》，标志着城市居民最低生活保障制度的建立。2006 年 12 月，中央农村工作会议提出在全国范围建立农村最低生活保障制度。2007 年 7 月，《国务院关于在全国建立农村最低生活保障制度的通知》推动了农村居民最低生活保障制度的普遍建立。2006 年 1 月，国务院修改完善《农村五保供养工作条例》，实现了从集体保障向财政供养的重大转变。此外，2003 年 6 月，国务院颁布《城市生活无着的流浪乞讨人员救助管理办法》，改收容遣送为救助管理。

党的十八大以来，我国不断深化社会保障制度改革，全面建成了覆盖城乡居民的中国特色现代社会保障制度体系，社会保障内容日益完善，养老、医疗、失业、工伤、生育等各项社会保险制度体系不断优化，新型综合社会救助体系正式建立并走向制度化，社会福利与社会服务体系不断完善。社会保障制度建设越来越注重城乡居民社会保障需求的多样性、全面性，保障内容从侧重于低水平的经济保障到兼顾精神保障与服务保障，从生存型保障走向兼顾发展型保障，从狭义的社会保障走向广义的民生保障。我国建立了世界上规模最大的社会保障网络，为实现共同富裕奠定了制度基础。当然，社会保障制度体系的建立与完善不是实现共同富裕的唯一因素，也不是决定性因素，共同富裕的实现还依靠社会保障收入再分配作用的发挥，依靠其他经济社会政策的协同发力，社会保障不能取代其他经济社会政策的功能。

（二）中国社会保障的发展及其收入再分配作用

中国社会保障促进共同富裕的作用也体现在对收入分配关系的调节上，但是社会保障的收入再分配作用是比较复杂的，很难用一个绝对的标准进行衡量。

中国社会保障是包括社会保险、社会福利、社会救助等在内的综合体系，不同的制度发挥着不同的再分配作用。社会保险通过责任分担的筹资机制、待遇给付机制调节其资金收支行为，进而影响不同群体之间的收入差距。由于权利与义务的结合性、缴费与待遇的关联性和多层次性等，社会保险调节收入分配的机制比较复杂，效果差异较大。社会救助与社会福利主要依靠政府财政或公共资金的投入，对收入分配具有明显的正向调节作用。社会救助制度重点面向低收入群体，有利于直接缩小不同群体之间的收入差距。当然，社会救助水平的高低、瞄准机制的完善程度直接影响其调节收入分配的力度和效果。社会福利的投入水平、对特殊群体的支持力度及基本公共服务的均等化程度直接影响其收入再分配作用的发挥。

覆盖面是衡量社会保障收入再分配作用的重要标准，决定着劳动者和城乡居民有无社会保障、能否公平享有社会保障。改革开放以来，中国社会保障特别是社会保险的覆盖面不断扩大。2022年末，全国参加基本养老保险人数

105307.3 万人，参加失业保险人数 23806.6 万人，参加工伤保险人数 29116.6 万人；全国基本医疗保险参保人数 134592.5 万人（见表 4），参保率稳定在 95% 以上；[1] 全国共有 4143.0 万老年人享受老年人补贴，共有困难残疾人生活补贴对象 1178.5 万人，重度残疾人护理补贴对象 1545.4 万人；共有城市低保对象 682.4 万人、农村低保对象 3349.6 万人，实施临时救助 1100.1 万人次。[2]

表 4 1990~2022 年中国社会保险参保人数

单位：万人

年份	基本养老保险			基本医疗保险			工伤保险	失业保险	生育保险
	合计	城镇职工	城乡居民	合计	城镇职工	城乡居民			
1990	6166.0	6166.0	—	—	—	—	—	—	—
1995	10979.0	10979.0	—	745.9	745.9	—	2614.8	8237.7	1500.2
2000	13617.4	13617.4	—	3786.9	3786.9	—	4350.3	10408.4	3001.6
2005	17487.9	17487.9	—	13782.9	13782.9	—	8478.0	10647.7	5408.5
2006	18766.3	18766.3	—	15731.8	15731.8	—	10268.5	11186.6	6458.9
2007	20136.9	20136.9	—	22311.1	18020.0	4291.1	12173.3	11644.6	7775.3
2008	21891.1	21891.1	—	31821.6	19995.6	11826.0	13787.2	12399.8	9254.1
2009	23549.9	23549.9	—	40147.0	21937.4	18209.6	14895.5	12715.5	10875.7
2010	35984.1	25707.3	10276.8	43262.9	23734.7	19528.3	16160.7	13375.6	12335.9
2011	61573.3	28391.3	33182.0	47343.2	25227.1	22116.1	17695.9	14317.1	13892.0
2012	78796.3	30426.8	48369.5	53641.3	26485.6	27155.7	19010.1	15224.7	15428.7
2013	81968.4	32218.4	49750.1	57072.6	27443.1	29629.4	19917.2	16416.8	16392.0
2014	84231.9	34124.4	50107.5	59746.9	28296.0	31450.9	20639.2	17042.6	17038.7
2015	85833.4	35361.2	50472.2	66581.6	28893.1	37688.5	21432.5	17326.0	17771.0
2016	88776.8	37929.7	50847.1	74391.6	29531.5	44860.0	21889.3	18088.6	18451.0
2017	91548.3	40293.3	51255.0	117681.4	30322.7	87358.7	22723.7	18784.2	19300.2
2018	94293.3	41901.6	52391.7	134458.6	31680.8	102777.8	23874.4	19643.6	20434.1
2019	96753.9	43487.9	53266.0	135407.4	32924.7	102482.7	25478.4	20542.7	21417.3
2020	99864.9	45621.1	54243.8	136131.1	34455.1	101676.0	26763.4	21689.5	23567.3
2021	102871.4	48074.0	54797.4	136296.7	35430.9	100865.9	28286.5	22957.9	23751.7
2022	105307.3	50355.0	54952.3	134592.5	36243.4	98349.1	29116.6	23806.6	24621.5

资料来源：《中国统计年鉴 2023》。

---

[1] 《2022 年全国医疗保障事业发展统计公报》，国家医保局。

[2] 《2022 年民政事业发展统计公报》，民政部。

社会保障的收入再分配作用，本质上是对资金收支行为的调节，社会保险基金收支规模的扩大为发挥其收入再分配作用创造了条件。随着参保人数不断增加，中国社会保险基金收支规模也不断扩大，社会保险基金收入、支出和累计结余均呈现快速增长的趋势（见表5）。2022年，基本养老保险、失业保险、工伤保险三项社会保险基金收入合计71583亿元，支出合计66122亿元。其中，基本养老保险基金收入68933.2亿元，支出63079.0亿元；失业保险基金收入1596.1亿元，支出2017.8亿元；工伤保险基金收入1053.3亿元，支出1025.0亿元；基本医疗保险基金收入30922.2亿元，支出24597.2亿元。[①]

表5 1990~2022年中国社会保险基金收支与累计结余

单位：亿元

年份	收入	支出	累计结余
1990	186.8	151.9	117.3
1995	1006.0	877.1	516.8
2000	2644.9	2385.6	1327.5
2005	6975.2	5400.8	6073.7
2006	8643.2	6477.4	8255.9
2007	10812.3	7887.8	11236.6
2008	13696.1	9925.1	15225.6
2009	16115.6	12302.6	19006.5
2010	19276.1	15018.9	23407.5
2011	25153.3	18652.9	30233.1
2012	30738.8	23331.3	38106.6
2013	35252.9	27916.3	45588.1
2014	39827.7	33002.7	52462.3
2015	46012.1	38988.1	59532.5
2016	53562.7	46888.4	66349.7
2017	67154.5	57145.6	77312.1
2018	79254.8	67792.7	89775.5
2019	83550.4	75346.6	96977.8

① 《中国统计年鉴2023》。

年份	收入	支出	累计节余
2020	75512.5	78611.8	94378.7
2021	96936.8	86734.9	104872.1
2022	102504.8	90719.1	116822.0

资料来源：《中国统计年鉴2023》。

　　社会保障的基本原则是互助共济、责任共担，其资源来自政府、市场、社会、家庭等不同主体。其中，加大政府社会保障支出力度有利于减轻家庭和个人的负担，具有很好的调节收入分配效果。改革开放以来，中国各级政府积极加大对社会保障的投入力度，无论是狭义（口径一）的社会保障支出，还是中义（口径二）或广义（口径三）的社会保障支出，均呈现不断增长的趋势（见表6）。社会保障与就业支出、社会保险基金支出、教育支出与医疗卫生支出的总和已经超过了财政总支出的50%，如果加上住房保障支出，已经超过了财政总支出的2/3。政府社会保障支出规模的增长，有利于发挥社会保障调节收入分配的作用。

表6　1978~2022年中国政府社会保障支出

单位：亿元，%

年份	口径一	口径二	口径三	占财政总支出的比重			占GDP的比重		
				口径一	口径二	口径三	口径一	口径二	口径三
1978	18.91	—	129.40	1.65	—	11.53	0.52	—	3.55
1986	35.58	—	432.53	1.61	—	19.62	0.35	—	4.21
1992	66.45	—	916.77	1.78	—	24.50	0.25	—	3.41
1994	95.14	—	1456.20	1.64	—	25.14	0.20	—	3.02
1996	128.03	—	2005.35	1.61	—	25.26	0.18	—	2.82
1998	595.63	2210.98	4527.34	5.52	17.81	36.47	0.71	2.62	5.36
2000	1517.57	3604.52	6493.56	9.55	20.05	36.13	1.53	3.63	6.54
2002	2636.22	5590.43	9604.93	11.95	22.36	38.41	2.19	4.65	7.98
2004	3116.08	7223.71	12368.39	10.94	22.16	37.95	1.95	4.52	7.74
2006	4361.78	9950.23.	16898.14	10.79	21.63	36.73	2.06	5.18	7.97

续表

年份	口径一	口径二	口径三	占财政总支出的比重			占GDP的比重		
				口径一	口径二	口径三	口径一	口径二	口径三
2008	6804.29	15098.51	26865.76	10.87	21.30	37.90	2.26	5.02	8.94
2010	9130.62	21639.32	38273.52	10.16	24.08	37.38	2.26	5.37	9.49
2011	11109.40	26834.81	49761.15	10.17	21.47	39.82	2.35	5.67	10.52
2012	12585.50	30939.20	59426.40	9.99	20.89	40.12	2.36	5.79	11.13
2013	14490.54	38831.40	69113.06	10.33	22.98	40.91	2.46	6.60	11.75
2014	15968.85	44607.02	77825.54	10.52	24.05	41.96	2.51	7.01	12.23
2015	19018.69	51540.50	89765.56	10.81	23.97	41.75	2.81	7.62	13.27
2016	19853.92	55825.38	97056.93	10.57	24.13	41.95	2.66	7.48	13.00
2017	27496.12	63676.37	108280.18	13.54	25.29	43.01	3.30	7.65	13.01
2018	30117.55	83744.14	131537.16	13.63	29.05	45.63	3.28	9.11	14.31
2019	32898.22	93142.40	144604.68	13.77	29.70	46.11	3.33	9.44	14.66
2020	36204.97	99104.69	154680.82	14.74	30.58	47.73	3.57	9.78	15.26
2021	37385.18	107802.69	164414.22	15.22	32.43	49.47	3.25	9.38	14.31
2022	40021.08	113708.07	175692.38	15.36	32.38	50.03	3.31	9.40	14.52

注：口径一包括抚恤和社会福利救济支出、行政事业单位离退休费、社会保障补助支出。口径二在口径一的基础上增加除财政补助之外的社会保险基金支出，计算口径二比重的分母（财政总支出）包含除财政补助之外的社会保险基金支出。口径三在口径二的基础上增加了教育、医疗卫生支出。这里需要注意的是2002年社会保障财政支出相对比重较高，与国家财政对社会保险基金补助支出的大幅增加有关。

资料来源：根据历年《中国统计年鉴》《中国财政年鉴》《中国卫生健康统计年鉴》有关数据整理。其中1998~2008年社会保险基金支出数据来源于《中国财政年鉴2008》，2010~2015年数据来源于全国财政支出决算报告，《中国统计年鉴2015》中对2013年以前的GDP数据根据第三次经济普查做了修正。2015年GDP数据来源于《中华人民共和国2015年国民经济和社会发展统计公报》。2016~2022年数据来源于财政部《全国一般公共预算支出决算表》、2018~2022年《全国社会保险基金支出决算表》。由于统计口径不同，有些年份数据有所差异。

近年来，学界围绕中国社会保障调节收入分配效果开展了许多实证研究。大多数研究认为，总体来看社会保障制度有利于缩小收入差距，[1] 且再分配作用不断增强。[2] 有关研究显示，经过税费调节和各项社会保障项目的

---

① 王延中等：《中国社会保障收入再分配效应研究——以社会保险为例》，《经济研究》2016年第2期。

② 李实、朱梦冰：《中国社会保障制度的收入再分配效应：一些新发现》，《社会保障评论》2023年第1期。

作用，全国居民收入差距的基尼系数有所下降。① 当然，由于对现实国情的把握程度、数据来源、研究视角和研究方法的不同，学界对中国社会保障调节收入分配的具体作用也存在较大分歧、争议，甚至相互矛盾。一些学者认为，中国社会保障制度在缓解贫困和调节收入分配方面都发挥了一定的作用，但作用有限，某些社会保障政策甚至产生了负面作用。② 比如，社会保障收入特别是养老金收入在缩小收入差距方面发挥主要作用，而社会保险缴费仍具有扩大收入差距的作用。③ 还有学者认为，中国社会保障制度设计中的个人账户制度、社会身份制度等，对收入分配具有"逆向调节"作用，存在一定的累退效应。④

（三）社会保障制度成为社会治理的重要支撑

中国社会保障促进共同富裕的作用，还体现在社会治理方面，即增强发展的平衡性、协调性、包容性，促进社会团结。

新中国成立至改革开放前，采取的是计划管理或政社合一的社会治理体制。城市主要通过单位制承担社会管理职能，将从业人员组织起来，农村通过生产合作社将农民组织起来，其基础是单位保障和集体保障制度。这一体制改变了旧中国留下的"一盘散沙"的社会局面，实现了国家对社会的组织、动员和控制，保持了高度统一的社会秩序，但客观上也导致社会缺乏必要的流动性、活力和自我调节机制。⑤

改革开放以后，随着农村家庭联产承包责任制的全面落实和城镇单位制的日渐瓦解，人口流动加速，极大解放和增强了社会活力。但与此同时，随着各类工作单位逐步收缩为单纯的生产部门，个体逐步原子化，社会又面临

---

① 李实等：《中国社会保障制度的收入再分配效应》，《社会保障评论》2017 年第 4 期。
② 何文炯：《我国现行社会保障收入再分配的机理分析及效应提升》，《社会科学辑刊》2018 年第 5 期。
③ 李实、朱梦冰：《中国社会保障制度的收入再分配效应：一些新发现》，《社会保障评论》2023 年第 1 期。
④ 宋晓梧等：《"共同富裕与社会保障治理"笔谈》，《社会保障评论》2022 年第 3 期。
⑤ 张来明：《中国社会治理体制历史沿革与发展展望》，《社会治理》2018 年第 9 期。

促进城乡紧密结合与协调的新任务。中国及时顺应这一形势，建立独立于单位之外、管理服务社会化的新的社会保障体系。新的制度能够保障人们在年老、失业、患病、工伤、生育时的基本收入和基本医疗不受影响，消除后顾之忧，也有利于化解经济社会改革与转型中的社会风险，尤其是为国有企业改革的推进和市场经济体制的建立与完善做出了重要贡献。比如，20 世纪 90 年代实施的下岗职工基本生活保障、失业保险、最低生活保障"三条保障线"极大地缓冲了国有企业的改革压力，降低了社会震荡风险。在 1998 年和 2007 年两次金融危机期间，中国出台了一系列社会保障政策举措，减轻了企业负担，促进了内需与经济增长，降低了社会风险。同时，社会保障强调互助共济、责任分担，是共建与共享的结合，有利于增强个体的社会参与和社会认同，是将个体联系起来的重要纽带，成为将原子化的个体黏合起来的基础制度。[1]

中国社会保障制度在发展过程中按照基本公共服务均等化的要求，消除体制分割，缩小城乡、区域差距，逐步缩小职工与居民、城市与农村的资金筹集和保障待遇差距。同时，科学划分中央政府与地方政府的责任，实施养老保险全国统筹，努力在全国范围内实现制度统一和区域互助共济。这些都在战略上为缩小地区、城乡、贫富差距创造了条件。[2]

四 更好发挥社会保障促进共同富裕作用的建议

我国社会保障制度为保障和改善民生、促进社会公平、推动实现共同富裕发挥了重要作用，但仍存在发展不平衡、不充分的问题，社会保障尚未实现人群全覆盖，资金筹集与配置机制不完善，社会保障的收入再分配作用尚未得到充分发挥，在推动实现共同富裕方面还有较大提升空间。

---

① 郑功成、郭林：《中国社会保障推进国家治理现代化的基本思路与主要方向》，《社会保障评论》2017 年第 3 期。
② 宋晓梧等：《"共同富裕与社会保障治理"笔谈》，《社会保障评论》2022 年第 3 期。

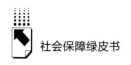

（一）社会保障促进共同富裕面临的形势与挑战

社会保障促进共同富裕是一个长期的过程，是一项复杂的系统工程，影响因素众多，需要正确审视面临的形势与挑战，积极推进社会保障制度改革。

一是人口结构与就业形态的变化。近年来我国人口出生率和死亡率下降、人均预期寿命延长，人口老龄化速度不断加快，导致老年人口抚养比快速上升，给社会保障体系建设带来了巨大的压力。人口老龄化导致养老保障资源需求迅速增长，老年人劳动能力和收入水平的下降使其更加容易陷入贫困，导致老年人与成年劳动者的收入差距扩大。在推进共同富裕的进程中，需要充分考虑老年人的需求，处理好代际公平问题，缩小城乡之间、地区之间老年人的养老保障待遇差距。此外，近年来新业态呈现快速发展的态势，给劳动关系和社会保障带来冲击。新业态从业人员具有较高的职业伤害风险和生活风险，而现有的社会保障体系难以满足新业态从业人员的需求，部分新业态从业人员还没有被社会保障体系覆盖。因此，推进新业态从业人员的社会保障成为实现共同富裕的一项重要任务。

二是社会保障收入再分配机制仍需完善。收入再分配是社会保障促进共同富裕的重要途径。总体来看，社会保障为缩小不同群体之间的收入差距发挥了积极作用，但是社会保障的收入再分配机制还不完善，收入再分配的调节力度还不够大，尤其是养老保险的收入再分配作用还不够理想，甚至起到一定的负面作用。城乡之间、地区之间和职业群体之间的社会保障待遇差距相对较大，不利于共同富裕的实现。社会救助具有直接的收入分配调节功能，但是目前我国社会救助的力度相对不足，发展型救助功能不够完善，不利于低收入者收入水平和人力资本水平的提升。社会保险的"社会统筹与个人账户相结合"模式还存在一些弊端，尤其是个人账户的设置影响其收入再分配功能，不利于互助共济与社会公平。社会保险资金筹集、待遇给付、基金投资机制的不完善也影响其收入分配调节作用的发挥。

三是社会保障治理机制有待优化。社会保障促进共同富裕作用的发挥不仅取决于完善的制度设计，而且取决于科学的社会保障治理体系。在实践中，我国社会保障治理体系与治理能力现代化建设还存在短板，在一定程度上制约其促进共同富裕作用的发挥。社会保障的统筹层次总体偏低，大部分社会保障项目仍由市县级统筹，在一定程度上限制了社会保障资源的配置与互助共济。社会保障城乡侵害、地区分割、人群分割的局面尚未得到根本改变。社会保障的经办服务体系有待完善，社会保障的信息化、标准化水平有待提升。社会保险基金投资机制不够健全，影响基金的安全性与收益，不同程度影响参保者的权益。政府、市场、社会、家庭、个人的职责划分还不够明确，部分基层政府部门在社会保障发展中的职责定位不够明晰，兜底保障不够充分，财政转移支付机制及不同层级政府之间的责任分担机制还不够完善，影响了社会保障的公平性与促进共同富裕作用。

四是社会保障发展质量有待提升。目前我国已经建立了世界上规模最大的社会保障网络，实现了社会保障制度全覆盖，但是社会保障发展的质量仍有较大提升空间，社会保障的管理服务体制、运行机制有待完善，社会保障的公平性、效率性、安全性、可持续性仍需加强。社会保障内容重经济保障和物质保障、轻服务保障和精神保障，重生存型保障、轻发展型保障，保障的主动性、预防性不足，影响了社会保障的效果。在中国式现代化进程中，更好地发挥社会保障促进共同富裕作用还有较大的提升空间。

（二）完善社会保障制度促进共同富裕的建议

未来应该着眼于政治、经济、社会层面，继续推动社会保障制度改革，助力实现共同富裕。

1. 以中国式现代化引领社会保障制度改革

党的二十大报告提出，从现在起，中国共产党的中心任务就是团结带领全国各族人民全面建成社会主义现代化强国、实现第二个百年奋斗目标，以中国式现代化全面推进中华民族伟大复兴。中国式现代化是中国共产党领导的社会主义现代化，是人口规模巨大的现代化，是全体人民共同富裕的现代化，是物质文明和精神文明相协调的现代化，是人与自然和谐共生的现代

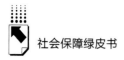

化，是走和平发展道路的现代化。共同富裕是中国式现代化的重要特征之一，因此，未来需要完善社会保障制度，扎实推动共同富裕。第一，在社会保障促进共同富裕的进程中，要从讲政治的高度，提升对社会保障重要性的认识，在中国共产党的领导下，坚持以人民为中心的发展思想，建设人民满意的服务型政府，完善各级政府的社会保障职能。第二，要准确把握城乡居民多样化的社会保障需求，坚持需求导向推动社会保障制度建设，既要把握全体国民的普遍性需求，也要把握不同群体的特殊需求，精准施策。第三，要把握中国现实国情与未来发展趋势，充分认识人口老龄化带来的机遇与挑战，充分认识中国经济社会发展趋势与资源承载能力，处理好社会保障与经济发展的关系，在强化社会保障顶层设计和长远规划的基础上，循序渐进推动社会保障发展。第四，完善社会保障内容体系，既要大力推动经济保障与物质保障的发展，也要积极推动服务保障和精神保障的发展；既要积极推动生存型保障的发展，也要积极构建发展型社会保障体系，提升人力资本水平，满足劳动者多层次、多样化的社会保障需求。第五，要着力增强社会保障制度的公平性，完善社会保障的互助共济机制，加强对低收入者的保障，缩小不同群体之间的待遇差距，加快实现基本社会保障公共服务的均等化。

2. 加大社会保障的收入分配调节力度

经济层面的共同富裕是共同富裕的核心。在推进社会保障制度改革的过程中，要强化公平保障，完善社会保障制度设计，加大社会保障的收入再分配调节力度，增强社会保障的经济公平性。第一，改革和完善社会保险制度模式。改革"社会统筹与个人账户相结合"的社会保险制度模式，进一步完善基本养老保险全国统筹，增加基本养老保险社会统筹构成，完善其他社会保险的社会统筹模式，改革基本医疗保险个人账户。第二，扩大社会保障覆盖面。以最低生活保障制度为核心的社会救助应该实现"应救尽救""应保尽保"，保障低收入者的各类基本需求；基本社会保险应该从制度全覆盖走向人群全覆盖，实现人人享有基本社会保险的目标，加强灵活就业人员、新业态从业人员的社会保险制度设计，加强对低收入者和特殊困难群体的支持，将这些人群纳入基本社会保险的范围。第三，推动社会保障制度整合与统筹。探索职工与居民基本社会保险制度的整合，实现社会保障的城乡统筹，提高社会保障的统筹层次，优化社会保障资源配置机制，增强社会保障制度的互助共济性。第四，完善社会保障筹资机制。规范、做实社会保险的缴费基数，适当降低社会保险费率，取消低收入者的缴费基数下限，加强对低收入者的缴费支持，完善居民社会保险筹资方式，改革定额缴费的办法，建议采取按统筹地区城乡居民人均可支配收入的一定比例进行缴费。完善财政责任分担机制，在做好财政对社会保险补贴工作的同时，加大各级财政对社会救助与社会福利事业的投入力度，满足重点、急需人群的社会保障需求。加大中央财政对中西部地区、农村地区、边疆地区、民族地区的社会保障转移支付力度，补齐社会保障短板。第五，完善社会保障待遇给付机制。适当提高低收入者的养老金替代率，提高城乡居民基础养老金水平，增强社会保险待遇给付的累退性，防止"劫贫济富"现象的出现。提高城乡居民基本医疗保险的报销比例，扩大报销目录范围，减轻城乡居民的就医负担。提高社会救助与福利津贴待遇水平，强化对特殊群体的支持与保障。完善社会保障待遇调整办法，建立公平、统一的指数化调整机制。

3. 强化兜底保障、应急保障与互助保障

继续强化社会保障的社会治理功能，增强社会保障推动共同富裕的社会属性，使社会保障成为不同群体的黏合剂，防范社会问题与社会风险，促进社会和谐与社会团结。第一，重点加强对特定群体的兜底保障。在做好对所有劳动者和城乡居民普遍保障工作的同时，进一步强化对特殊群体的兜底保障，包括留守老人和儿童、残疾人、遭受意外事件者，为其提供基本的经济保障、医疗保障、精神保障与服务保障。第二，加强对低收入者的保障，防止规模性返贫。进一步发挥养老保障、医疗保障、社会救助作用，巩固脱贫攻坚成果，在强化生存型保障的同时，积极推进发展型保障，提高低收入者的人力资本水平与发展能力，增强脱贫的可持续性。第三，完善社会保障的应急功能。在做好常态化保障的同时，完善社会保障的应急功能，发挥社会保障在应对经济下行风险、公共卫生事件、自然灾害、意外事件等应急状态

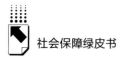

社会保障绿皮书

下的作用，强化应急响应，完善应急状态下的社会保障资源筹集与分配机制，满足应急时期城乡居民的社会保障需求。第四，完善社会保障的责任分担机制与共建共享机制。增强劳动者和城乡居民在社会保障中的主体性，增强责任意识与互助意识，积极履行社会保险缴费义务，参与慈善捐赠与志愿服务，实现"人人为我"与"我为人人"的结合，使城乡居民在共建共享中促进邻里和谐、增进社会团结。

分报告

G.2

共同富裕与城镇企业职工养老保险
制度改革*

房连泉**

摘　要： 城镇职工养老保险是我国基本养老保险体系的重要组成部分，起到老年收入维持和再分配的重要功能，在促进共同富裕中发挥社会保障制度的基础支撑作用。本报告对城镇企业职工养老保险的发展现状和面临的挑战进行分析，对基金收支形势进行预测。展望中长期，在现代化建设中养老保险体系应实现以下发展目标：全体覆盖，保障老年基本生活收入；建设共富型大社保体系，发挥再分配调节作用；实现养老保障与经济社会各个系统的协同发展，良性互动；适应社会结构变化，提升养老保险体系发展质量。改革建议：以私营部门和灵活就业群体为扩面重点，实现法定人员全覆盖；提高参保群体的缴费水平，促进高质量覆盖；深化体制机制改革，优化养老保

---

　*　本报告的部分内容已发表，见房连泉《中国、美国和智利三国养老金制度的再分配效果比较》，《黑龙江社会科学》2013年第3期。

　**　房连泉，中国社会科学院中国式现代化研究院研究员，研究方向为社会保障。

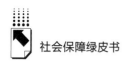

险制度结构；提高社会保障统筹层次，建立一体化的社保体系；深化财务机制
改革，促进可持续发展；强化经办服务能力建设，建设统一社保公共服务平台。

关键词： 养老保险　企业职工　共同富裕　再分配

一　养老保险制度促进共同富裕的作用机制

本报告首先探讨养老保险制度的再分配功能及其在实现共同富裕中的作
用机制，说明企业职工养老保险制度对未来实现共同富裕发展目标的基础支
撑作用。

（一）养老金制度与共同富裕

社会养老保险制度的基本目标在于应对人口老龄化风险，为老年人提供
有效的收入保障。国家建立养老金计划的意义在于弥补私人市场的缺陷：一
是防止个人短视，即个人在年轻工作时过多的消费会造成老年储蓄不足，国
家强制储蓄的目的在于熨平个人生命周期内的收入和消费波动；二是实现社
会公平和再分配目标，对于老年贫困人口，私人保险市场是无法提供保险的，
国家强制实施的社会保障计划可以通过集合处理风险的方式，实现收入再分
配。因此，简单总结起来，社会养老保险制度有两项基本功能：一种是老年
收入维持，或者说在生命周期中起到养老储蓄的收入替代功能；二是再分配
功能，调节社会成员之间的老年收入水平，使之有利于低收入群体，再分配
功能体现在代内和代际两个维度上。这两项功能都与老年群体的共同富裕目
标息息相关：一方面，养老储蓄计划源于市场初次收入分配，单个劳动者的
工资或劳动所得收入水平越高，用于养老的资产储备就会越多，老年时获得的
收入保障也越充分；另一方面，就再分配目标而言，主要是指养老保险制度作
为二次分配手段，具有缩小初次收入分配差距的调节作用，通过"提低限高"
促进老年人共同富裕。因此，在讨论养老保险制度在促进共同富裕中的功能时，

需要同时强调这两个方面，既要做大养老储蓄"蛋糕"，又要分好"蛋糕"。

为实现上述功能，社会养老保障体系可以实施不同的制度模式。融资方式主要有两种：一种是现收现付制（PAGO），另一种是完全积累制（Full-Funded）。待遇给付方式也分为两种：一种是待遇确定型（DB 型），另一种是缴费确定型（DC 型）。从再分配效果上来看，一般情况下，现收现付制实行 DB 型给付方式，社会再分配功能较强；而完全积累制则适用 DC 型给付方式，采取自我储蓄式的个人账户养老金计划，缺乏社会群体间的养老金转移支付功能。这两大类制度在劳动力激励、再分配和应对老年风险等方面，具有不同的设计目标和作用机制，详细情况见表1。在 1981 年智利养老金制度私有化改革之前，世界大部分国家的养老金制度为传统的现收现付制。最早以立法形式出台的养老保险制度出现在 19 世纪末的德国，到 20 世纪 20 年代之后，该制度模式逐步扩展到欧洲大陆及美洲国家。1935 年，美国颁布世界上第一部《社会保障法》，建立起老年、遗属与残疾社会保障计划（OASDI）。到 20 世纪 60 年代，随着西方福利国家"黄金时代"的到来，现收现付制在欧美国家逐步普及。但是，随着 20 世纪下半叶以来全球人口老龄化速度的加快，这种制度模式面临越来越严重的财务冲击。自 20 世纪 80 年代以来，继智利改革之后，至今全球已有 30 多个国家在养老金制度改革中，引入了强制性的积累制个人账户养老金计划。

表 1　DB 型现收现付制与 DC 型完全积累制的特点比较

	DB 型现收现付制	DC 型完全积累制
融资来源	工薪税费	工资关联缴费
再分配效果	代际、代内再分配作用	再分配因素少
覆盖面	全体覆盖	就业关联
缴费与给付关联	关联性小	保险精算
组织管理	集体	个人
劳动力激励	负面激励	正向激励
老年风险	高	低
市场风险	较低	较高

资料来源：房连泉《中国、美国和智利三国养老金制度的再分配效果比较》，《黑龙江社会科学》2013 年第 3 期。

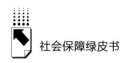

在现实世界中，大部分国家实行"混合型"制度，主要是指部分积累制，即将现收现付制与完全积累制结合在一起，兼具以上两种制度的特点。我国自 20 世纪 90 年代开始建立城镇职工基本养老保险制度（以下简称"城镇制度"），"统账结合"式框架（即"社会统筹+个人账户"）即属于部分积累制，既保留了现收现付制，又学习"智利模式"，引入了积累制个人账户计划。制度设想的初衷在于将社会保险的互济再分配功能与个人账户的激励效应相结合，建立起混合型的养老金制度。经过近 30 年的发展，我国基本养老保险制度取得了举世瞩目的成就，建立了世界上最大的社会保障网，至 2021 年末已覆盖全国 10.2 亿人口，其中城镇职工养老保险参保人数达 4.3 亿人；[①] 70%的城镇就业人口已加入基本养老保险体系，考虑到部分个体人员和灵活就业者、在城市打工的农民工等群体为自愿参保性质，基本养老保险已接近实现法定人员全覆盖目标。

（二）企业职工养老保险制度的再分配效应

国内外有不少文献研究养老保险制度的收入再分配问题，主要方法有两类：一是运用微观个体数据，对不同人群参加养老保险的内部回报率进行分析；二是通过比较劳动者参加养老保险制度前后基尼系数的变化，评估养老保险制度的收入再分配效应。[②] 对于中国养老保险制度的再分配效应，不同的研究方法和研究者得出的结论不尽一致。王晓军和康博威的研究发现，中国现行的社会养老保险制度有明显的收入再分配效应，即养老保险制度实现了高收入人群向低收入人群的再分配，缩小了居民间的收入差距。[③] 王小鲁和樊纲认为，中国养老保险制度会引起逆向收入转移，扩大了高收入群体和

---

① 《2021 年度人力资源和社会保障事业发展统计公报》，人力资源和社会保障部网站，http://www.mohrss.gov.cn/xxgk2020/fdzdgknr/ghtj/tj/ndtj/202206/t20220607_452104.html。

② M. J. Boskin, "Too Many Promises: The Uncertain Future of Social Security," *Southern Economic Journal* 3 (1987): 813.

③ 王晓军、康博威：《我国社会养老保险制度的收入再分配效应分析》，《统计研究》2009 年第 11 期。

低收入群体间的收入差距。[①] 从代内与代际分配角度看，彭浩然和申曙光比较了 2005 年改革前后养老保险制度的收入再分配效应，认为新制度存在较弱的代内再分配效应，但会造成严重的代际不平等。[②] 李实等的研究同样发现，离退休人员养老金收入差距较大，是造成城镇内部收入分化扩大的一个重要原因。[③]

以下从两个角度分析城镇企业职工养老保险制度的再分配效应：一是从养老金待遇的计发公式出发，通过国别对比分析中国养老保险制度的再分配因素；[④] 二是借鉴已有来自微观数据的研究成果，比较参加养老保险制度前后居民基尼系数的变化，分析养老保险制度的再分配效应。

1. 养老金待遇计发中的再分配因素

我国城镇企业职工基本养老保险的养老金待遇同样采取混合型的结构式计发办法，将现收现付制 DB 型待遇和个人账户式 DC 型待遇结合在一起。在目前的政策框架下，城镇企业职工养老保险制度养老金待遇的计算方法如下：[⑤]

$$月基本养老金 = 基础养老金 + 个人账户养老金$$

$$基础养老金 = \frac{(当地上年度在岗职工月平均工资 + 本人指数化月平均缴费工资)}{2} \times 缴费年限 \times 1\%$$

$$= 当地上年度在岗职工月平均工资(1 + 本人平均缴费工资指数) \div 2 \times 缴费年限 \times 1\%$$

其中：本人平均缴费工资指数 $= (a_1/A_1 + a_2/A_2 + \cdots + a_n/A_n)/N$

a_1、a_2、a_n 为参保人员退休前 1 年、2 年、n 年本人缴费工资额；

① 王小鲁、樊纲：《中国收入差距的走势和影响因素分析》，《经济研究》2005 年第 10 期。
② 彭浩然、申曙光：《改革前后我国养老保险制度的收入再分配效应比较研究》，《统计研究》2007 年第 2 期。
③ 李实、赵人伟、高霞：《中国离退休人员收入分配中的横向与纵向失衡分析》，《金融研究》2013 年第 2 期。
④ 房连泉：《中国、美国和智利三国养老金制度的再分配效果比较》，《黑龙江社会科学》2013 年第 3 期。
⑤ 《国务院关于完善企业职工基本养老保险制度的决定》，中国政府网，http://www.gov.cn/zwgk/2005-12/14/content_127311.htm。

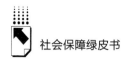
A_1、A_2、A_n 为参保人员退休前 1 年、2 年、n 年当地职工平均工资；

N 为企业和职工实际缴纳基本养老保险费年限。

$$个人账户养老金 = 个人账户全部储存额／计发月数$$

其中：计发月数与城镇职工平均预期寿命和职工本人所属退休年龄段相关联，由国家公布每个退休年龄段的计发月数。根据目前的规定：50 岁退休者的计发月数为 195 个月，55 岁为 170 个月，60 岁为 139 个月。

从上述公式出发，中国养老保险制度的再分配因素具有如下特点。

第一，养老金中的再分配因素主要来自基础养老金部分，基础养老金的计算基数采用了社会平均工资与个人指数化缴费工资的平均数，养老金与当地社会平均工资挂钩，保障了退休者一定的购买力水平。同时，计算公式体现了一定的收入关联性和再分配性，总体对低收入群体有利。

第二，基础养老金的再分配性主要体现为简单的算术平均待遇公式，与美国的 OASDI 制度相比，缺乏对低收入群体的累进性再分配功能；同时，由于养老金与各省份社会平均工资水平挂钩，地区间收入水平的差异会带来流动人口养老金权益的不公平性问题。

第三，缺乏制度化的待遇正常调整机制。从国际上看，不管是 DB 型还是 DC 型的养老金待遇确定方式，其养老金待遇设计都采取了年度化的调整机制，将养老金与社会平均工资或生活成本指数挂钩，以保护退休者的消费购买力。而在目前我国养老保险制度的养老金政策框架下，每年的养老金待遇调整主要来自行政指令，尚未出台制度化的待遇调整机制。

第四，在个人账户养老金待遇上，职工养老保险制度中的个人账户与"智利模式"具有一定的相似性，采用了年金化的待遇支付方式。但不同的是，职工年金待遇根据政策规定确定，由于"账户基金"尚未实现市场化投资运作，尚不存在市场化的年金产品提供机制；同时，在计发月数的制定方法上，"城镇制度"的账户养老金确定方式存在一定的缺陷，即以城镇人口的平均预期寿命为计算依据，而不是以退休人员的预期余命为除数，这种做法不符合国际惯例，也难以覆盖退休者的长寿风险因素。

第五，从以上公式可以看出，职工养老保险制度养老金待遇的计算过程较为复杂。与美国和智利相比较，我国特色"复合式"的养老金待遇结构复杂，在既定缴费水平下，参保者很难对未来的养老金待遇水平做出准确预测。

总的来说，从养老金待遇设计上看，我国养老保险制度的混合型养老金待遇确定方式存在设计机制不透明、再分配效果弱化、缴费激励性差等问题，经过近 30 年的改革运行，养老金待遇给付政策正面临进一步改革的压力，调整养老金待遇计发公式、完善相关的配套政策是大势所趋。

2. 城镇企业职工养老金对收入分配基尼系数的影响

在多层次养老保险体系中，中国是第一支柱发展在先，第二支柱在后且覆盖率低，如无第一支柱，老年贫困率恐将超过 90%。目前，中国的基本养老金替代率在国际上处于中等水平，低于欧洲一些高福利国家，但已高于美国、加拿大、英国、德国、韩国等国家的水平。[①] 根据第七次全国人口普查数据，对接近 70% 的城市老年人口来说，离退休金/养老金是最主要的生活来源（见表 2），充分说明养老金对于保障老年人口基本生活的重要性。

表 2　全国城市 60 岁及以上老年人口性别、主要生活来源

单位：人，%

主要生活来源	60 岁及以上人口数量			60 岁及以上人口数量占比		
	合计	男	女	合计	男	女
总计	8584585	4062662	4521923	100.00	47.33	52.67
劳动收入	629030	435245	193785	7.33	10.71	4.29
离退休金/养老金	5994356	2939432	3054924	69.83	72.35	67.56
最低生活保障金	130290	58845	71445	1.52	0.69	0.83
失业保险金	282	141	141	0.00	0.00	0.00
财产性收入	55212	29199	26013	0.64	0.34	0.30
家庭其他成员供养	1484248	468687	1015561	17.29	5.46	11.83
其他	291167	131113	160054	3.39	1.53	1.86

资料来源：国家统计局第七次全国人口普查数据。

---

① 郑秉文：《在老龄化社会实现共同富裕》，《政策瞭望》2022 年第 3 期。

在此借鉴李实等的研究成果，[①] 对城镇职工养老金收入对居民家庭基尼系数的影响加以说明。其通过对比初次分配收入和再分配收入的不平等程度，来衡量社会保障制度的收入再分配效果。初次分配的收入指的是市场收入，包括各生产要素所有者获得的包括工资收入、经营收入、利息收入、实物收入等在内的各项收入的总和。再分配收入是指在初次分配收入中扣除各项税费，再加上养老金收入后的可支配收入。该研究运用家庭收入调查数据（China Household Income Project Survey，CHIPS）2013 年的家庭收入样本数据进行计算，通过比较初次收入和再分配收入二者之间基尼系数的差距，可以观察养老保险制度是否降低了收入分配不平等程度，结果见表 3。可以看出，现行的养老保险制度对城镇地区收入再分配的调节作用更为明显。在城镇内部，经过养老保险费和养老金待遇的调节后，居民的收入增长了 20%，反映收入差距的基尼系数下降了 22% 左右，远高于农村地区。在城镇 60 岁及以上的老年人群体中，养老金占个人可支配收入的比例高达 68%，说明了养老保险制度对维持老年生活的重要性。

表 3　2013 年中国养老保险制度对收入水平及差距的影响

单位：元，%

	初次分配收入及差距		再分配收入及差距		基尼系数的下降幅度
	均值	基尼系数	均值	基尼系数	
全部样本	23428	0.5563	26480	0.5007	-9.99
农业户口	12743	0.5283	13048	0.5172	-2.10
城镇户口	31266	0.5229	37539	0.4054	-22.47
农民工	33811	0.4167	33604	0.4080	-2.09

资料来源：李实、朱梦冰《中国社会养老保险制度的收入再分配效应》，《中欧社会保障项目研究报告》2018 年第 2 期。

---

① 李实、朱梦冰：《中国社会养老保险制度的收入再分配效应》，《中欧社会保障项目研究报告》2018 年第 2 期。

二 城镇企业职工养老保险发展状况及面临的挑战

本部分首先回顾城镇企业职工基本养老保险发展的历史，对养老保险制度政策变化、覆盖面结构和基金收支等情况进行考察，在此基础上分析当前实现共同富裕发展目标面临的问题和挑战。

（一）城镇企业职工养老保险制度的历史发展

在计划经济体制下，我国实行全民所有制下由单位承担养老金的离退休制度。改革开放以后，为适应经济体制改革的要求，从 1983 年开始推行职工退休费用的社会统筹机制，探索建立独立于企业之外的社会养老保险制度。党的十二届三中全会提出"加快劳动制度的改革"，随后合同制工人的人数迅速增加。为保障合同制职工的合法权益，国务院于 1986 年发布《国营企业实行劳动合同制暂行规定》，其中对劳动合同制工人的养老保险制度进行规范，开始进行由企业和劳动合同制工人双方缴纳费用的养老保险试点，为 20 世纪 90 年代企业职工养老保险制度的建立奠定了基础。1993 年，党的十四届三中全会通过了《中共中央关于建立社会主义市场经济体制若干问题的决定》，关于社会保障制度的发展目标，明确提出了"建立多层次的社会保障体系"、"城镇职工养老和医疗保险金由单位和个人共同负担，实行社会统筹和个人帐户相结合"以及"建立统一的社会保障管理机构"等目标。1995 年，《国务院关于深化企业职工养老保险制度改革的通知》确定了"社会统筹与个人帐户相结合"的实施方案。1997 年，《国务院关于建立统一的企业职工基本养老保险制度的决定》对养老保险制度进行了统一。该决定明确了如下基本问题：统一规定个人账户的规模和资金来源；统一规定企业缴费的比例；统一规定养老金计发办法；扩大了城镇职工基本养老保险制度覆盖的范围；规定了基本养老保险基金的财政管理办法。2015 年，《国务院关于机关事业单位工作人员养老保险制度改革的决定》将机关事业单位养老金制度的形式与城镇企业职工基本养老保险制度统一起来。自

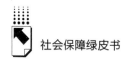

2016 年以来，国务院出台一系列企业职工基本养老保险减税降费政策，三年内两次调整企业缴费，2019 年印发《降低社会保险费率综合方案》，提出养老保险费率和缴费基数"双降"政策，大幅减轻企业养老保险缴费负担。2018 年，《国务院关于建立企业职工基本养老保险基金中央调剂制度的通知》提出在全国范围内建立养老保险基金的中央调剂制度。制度旨在调节长期以来地区间企业职工基本养老保险基金的不均衡负担问题，也是为分阶段实现基本养老保险制度可持续发展而制定实施的重要政策。这一时期的征缴体制开始了新的探索。2018 年，中共中央办公厅、国务院办公厅印发《国税地税征管体制改革方案》，提出自 2019 年 1 月 1 日起社会保险费由税务部门统一征收。在此基础上，2021 年 12 月中国正式发布《企业职工基本养老保险全国统筹制度实施方案》，自 2022 年 1 月起，企业职工基本养老保险制度从中央调剂制度正式进入全国统筹的新时期。全国统筹制度的建立有助于解决全国范围内基金结构性失衡的问题、缓解财政压力，增强制度的可持续性。

（二）养老保险体系的发展成就和面临的挑战

1. 制度覆盖面不断扩大，仍存在覆盖缺口和地区不平衡问题

图 1 反映了 1991~2022 年城镇就业人口和在职参保职工人数的变化趋势。在此期间，在职参保职工人数与城镇就业人口基本保持同步增长，城镇就业人口由 1991 年的 1.75 亿人增加到 2022 年的 4.59 亿人，年均增速为 3.16%；在职参保职工人数则由 5600 万人增加至 3.67 亿人，年均增速为 6.25%。这些数据充分说明 30 年来社会保障体系建设取得的成就是巨大的，尤其是在 2000 年之后的 20 年，社保覆盖面经历了一个高速扩张过程。单从参保率指标上看（在职参保职工人数/城镇就业人口），此期间社保覆盖率总体呈上升趋势，由 1991 年的 32.4% 上升到 2022 年的 79.9%，但仍有 1/5 左右的城镇就业人口未加入基本养老保险制度。这些群体主要为个体人员、灵活就业者、在城市打工的农民工，以及新业态下的平台经济就业者等群体。

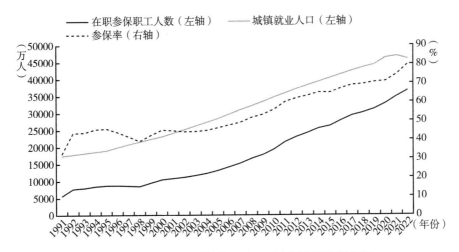

图1 1991~2022 年城镇就业人口养老保险覆盖面变化

资料来源：根据历年《中国统计年鉴》和《人力资源和社会保障事业发展统计公报》数据计算得出。

衡量一个地区养老保险覆盖率的指标是参保率。表4 比较了全国 31 个省份 2022 年城镇职工养老保险（包括机关事业单位和企业）的覆盖面情况。可以看出，各地之间的覆盖面差别较大，较低的地区（如云南、甘肃、广西）覆盖率仅为 47%~56%，较高的地区达到 90% 左右甚至超过 100%，其中一个主要因素是外来流动人口参保带来的影响。在部分东部经济发达省份，流动人口达到人口总数的 40%~60%，推动了覆盖面的扩大。

表4 2022 年全国 31 个省份职工养老保险参保覆盖率

单位：万人，%

地区	城镇就业人口	在职参保职工人数	参保率	流动人口占比
北京	991	1539.6	155.4	54.0
天津	518	556.4	107.4	34.4
河北	2103	1364.4	64.9	20.8
山西	987	751.2	76.1	27.7
内蒙古	739	559.8	75.8	37.5

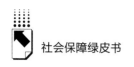

续表

地区	城镇就业人口	在职参保职工人数	参保率	流动人口占比
辽　宁	1425	1240.6	87.1	30.4
吉　林	681	535.3	78.6	32.6
黑龙江	844	851.1	100.8	20.4
上　海	1179	1123.7	95.3	56.6
江　苏	3509	2639.0	75.2	28.4
浙　江	2819	2525.3	89.6	41.8
安　徽	1790	1183.0	66.1	30.2
福　建	1507	1442.4	95.7	35.9
江　西	1309	976.9	74.6	24.0
山　东	3297	2511.0	76.2	24.2
河　南	2573	1919.9	74.6	16.7
湖　北	1897	1318.8	69.5	28.4
湖　南	1881	1352.3	71.9	22.8
广　东	5389	4431.9	82.2	40.1
广　西	1331	746.0	56.0	21.9
海　南	316	274.0	86.7	29.2
重　庆	1087	980.1	90.2	34.7
四　川	2508	2320.7	92.5	27.9
贵　州	981	598.9	61.0	23.7
云　南	1281	611.1	47.7	22.2
西　藏	75	50.8	67.7	16.9
陕　西	1236	991.7	80.2	23.5
甘　肃	618	343.1	55.5	18.5
青　海	157	124.0	79.0	25.9
宁　夏	211	210.6	99.8	36.0
新　疆	692	581.5	84.0	20.6

注：不包括港澳台。

资料来源：根据历年《中国统计年鉴》和《全国人力资源和社会保障统计公报》等资料整理。

2. 不同就业部门覆盖面存在结构性失衡

按照《中国统计年鉴》的统计划分，城镇就业人口分为城镇单位就业人员（即非私营单位）和私营单位就业人员（包括私营企业和个体就业人员）两大类，其中非私营单位主要包括国有单位、集体单位和其他单位三类。2000年，城镇私营单位与非私营单位就业人员规模基本持平，随后私营单位和个体就业人员快速增长，到2020年达到2.92亿人。在此期间，非私营单位就业人员数量经历了"先升后降"的过程,到 2014 年达到 1.82 亿人的总量高峰,随后开始逐步下降,到 2022 年降到 1.67 亿人。[①]

与就业结构的变化相对应,社保参保的人群结构也在发生改变。表 5 对 2010~2019 年部分年份参加城镇企业职工基本养老保险的各类群体结构进行了统计,并将各类群体的就业占比与养老保险参保占比进行了对比。可以看出,国有及集体单位的就业人员参保占比明显高于就业占比;而各类私营企业的就业人员参保占比明显低于就业占比,说明了各类私营企业普遍参保不足。2019 年,与就业市场上各类私营企业占主导地位(53.8%)的情况不同,在全部参保人群中,各类私营企业参保占比为 48.7%,低于就业占比 5 个百分点。

表5　2010~2019 年城镇职工基本养老保险参保群体就业结构的变化

单位：%

就业群体	占比	2010 年	2011 年	2012 年	2013 年	2014 年	2015 年	2018 年	2019 年
国有及集体单位	参保占比	38.6	35.4	33.6	31.9	30.1	29.1	21.0	19.8
	就业占比	30.5	27.9	26.5	21.5	19.6	18.2	14.7	13.4
港澳台及外资企业	参保占比	8.4	8.9	8.9	8.2	8.6	8.5	7.6	7.0
	就业占比	7.8	8.2	7.9	9.2	8.5	7.6	5.7	5.5
各类私营企业	参保占比	31.2	34.0	35.3	37.4	39.2	40.3	46.9	48.7
	就业占比	42.5	44.0	45.5	50.2	51.8	53.0	54.3	53.8
个体就业人员	参保占比	21.7	21.7	22.1	22.4	22.1	22.1	24.4	24.4
	就业占比	19.2	19.9	20.1	19.1	20.1	21.2	25.2	27.2

注：2016 年和 2017 年统计数据缺失。

资料来源：根据历年《中国统计年鉴》和《中国养老金发展报告》数据计算。

表 6 进一步对 2010~2019 年部分年份城镇各类就业群体参加基本养老保险的参保率情况进行了估算。可以看出,国有及集体单位就业群体的参保率接近 100%,基本达到全覆盖;港澳台及外资企业多数年份的参保率也达到了 80% 左右;而各类私营企业的参保率则处于 50%~65% 区间,且总体水平有下降趋势。值得说明的是,以个体身份参保的人员参保率也较高(尤

---

① 根据历年《中国统计年鉴》数据计算。

其是在 2015 年之前），但这并不能说明个体就业人员的实际参保率就是高的，背后的原因可能在于：一是关于个体就业的统计失真，与现实差别较大；二是部分企业就业人员可能选择退出企业养老保险，选择以个体身份参保（可节省 8 个百分点的缴费）；三是部分地区存在农村户籍人口以个体身份参加城镇社保的情况。

表6　2010~2019 年城镇各类就业群体参保率

单位：%

就业群体	2010 年	2011 年	2012 年	2013 年	2014 年	2015 年	2018 年	2019 年
国有及集体单位	97.2	95.4	94.5	96.7	98.7	99.6	92.9	96.5
港澳台及外资企业	89.8	89.7	92.2	67.1	74.2	79.6	80.9	84.6
各类私营企业	61.2	63.4	63.6	55.9	55.5	54.2	50.7	50.6
个体就业人员	94.2	89.7	90.2	88.3	80.4	74.4	57.0	61.6

注：各类群体参保率=各类群体参保人数/各类群体就业人数。2016 年、2017 年统计数据缺失。
资料来源：根据历年《中国统计年鉴》和《中国养老金发展报告》数据计算得出。

3. 基金收支规模不断扩大，财务压力逐步加大

图 2 说明了 2001~2021 年企业职工养老保险基金收支情况。2001~2021年，基金收支规模不断扩大，基金年均收支增速分别达到了 16.9% 和16.8%。但是随着制度赡养率的不断上升，2012~2021 年基金可支付月数（累计结余/当年支出×12）总体呈下降趋势，特别是在 2020 年，全部基金收入有大幅下滑；到 2021 年，累计结余为 5.1 万亿元，可支付月数下降至14.9 个月。近年来基金备付能力呈明显加速下滑趋势，给养老保险财务可持续带来挑战。在实际运行中，城镇企业职工基本养老保险对政府财政补贴的依赖程度不断加深，2021 年全国财政补贴的规模达到 6600 亿元，占一般公共预算支出的比例上升到 2.68%。① 虽然政府财政补贴的注入大大缓解了制度费率的上涨压力，但过度依赖财政补贴不仅不利于实现基金自平衡，而且可能给财政带来巨大压力。

---

① 2021 年全国财政预决算数据。

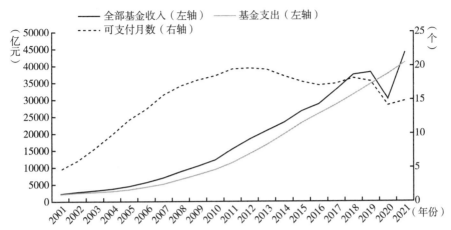

图 2　2001~2021 年企业职工养老保险制度历年基金收支情况及可支付月数

资料来源：根据历年《中国统计年鉴》和《全国人力资源和社会保障统计公报》等整理。

4. 养老金待遇水平不断提高，但替代率水平呈下降趋势

图 3 说明了 2001~2021 年企业职工养老保险月人均养老金及替代率变化情况。2001~2021 年，企业职工养老保险待遇水平不断提升，特别是自 2005 年以来已经历了"17 连调"。月人均养老金由 2005 年的 727 元提高到

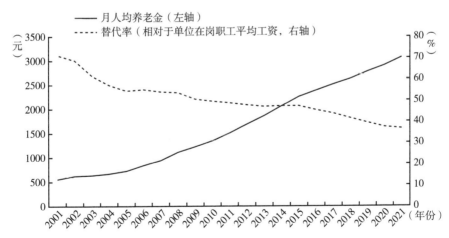

图 3　2001~2021 年企业职工养老保险月人均养老金及替代率

资料来源：根据历年《中国统计年鉴》和《人力资源和社会保障事业发展统计公报》计算得出。

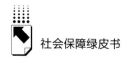

2021 年的 3070 元，年均增速达到 9.42%。在相对水平上，以当年度城镇非私营业单位在岗职工工资平均水平进行比较，养老金替代率水平整体呈下降趋势，由 2005 年的 54.5%下降至 2021 的 36.7%左右。

图 4 比较了 2019 年全国及 31 个省份企业职工养老保险月人均养老金及替代率。当年度全国月人均养老金为 2781 元，替代率为 35.7%。但分析起来，全国各省份存在较大的非均衡性，部分中西（北）部地区月人均养老金绝对水平和替代率相对较低（如重庆、四川等地），而部分东部省份月人均养老金绝对额仍相对较高。

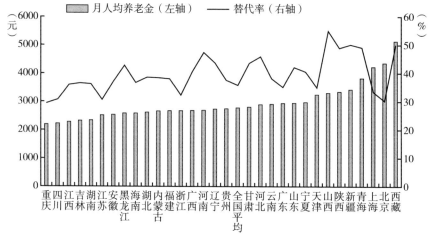

图 4　2019 年全国及 31 个省份企业职工养老保险月人均养老金及替代率

资料来源：根据历年《人力资源和社会保障事业发展统计公报》计算得出。

5. 缴费水平不足，影响高质量发展

长期以来各项社会保险项目存在缴费基数不实、征收不足等问题。本部分以全国税收调查数据库（2007 ~ 2020 年）为基础，考察各类企业实际缴纳社保费的情况。① 在数据库中抽取企业缴纳（或计提）的各项社保费数

---

① 全国税收调查数据库从全国各地提取了具有代表性的企业信息，既包括规模以上企业，也包括抽样的中小民营企业。其中，2007 年的样本量为 30 多万个，2008 ~ 2020 年的样本量都在 60 万个左右，每年调整中的数据变量超过 400 个，具有丰富的企业信息，包括企业各项缴纳税金、各项社保总缴费（计提）金额及企业职工人数、营业收入、利润等。

据，除以企业当年度工资（及奖金）总额，可计算出企业社保实际费率情况，进行数据清洗剔除异常值后，得到 2007~2020 年的社保实际费率（见表 7）。除 2008 年受金融危机影响实缴水平较低外，2007~2020 年，调查企业总体费率处于 17%~22% 区间。按法定规定，我国五项社保费率中企业缴纳的部分为 31% 左右。企业实际缴费充足率为 60% 左右。

表 7　2007~2020 年企业社保实际费率

单位：%

	2007 年	2008 年	2009 年	2010 年	2011 年	2012 年	2013 年
社保总费率	17.5	14.4	17.1	17.2	18.3	18.1	18.6
养老	8.8	6.5	9.1	9.2	10.0	11.0	11.3
医疗	2.6	2.1	2.8	2.9	3.1	4.5	4.6
失业	0.7	0.6	0.7	0.7	0.8	1.0	1.0
工伤	—	—	—	—	—	0.6	0.6
生育	—	—	—	—	—	0.4	0.4
	2014 年	2015 年	2016 年	2017 年	2018 年	2019 年	2020 年
社保总费率	19.1	20.6	19.0	19.6	21.2	21.6	14.9
养老	11.7	12.4	10.8	12.8	13.3	12.5	7.0
医疗	4.9	4.9	4.1	5.1	5.2	5.3	5.4
失业	1.0	0.9	0.6	0.6	0.7	0.6	0.5
工伤	0.6	0.7	0.6	0.5	0.6	0.5	0.3
生育	0.4	0.4	0.3	0.4	0.5	0.5	0.5

资料来源：根据全国税收调查数据库（2007~2020 年）数据计算。

以 2016 年为例，图 5 对比了不同（所有制）类型企业的社保实际费率。可以看出，国有企业和集体企业的社保费率明显高于民营企业、外资企业、其他企业。

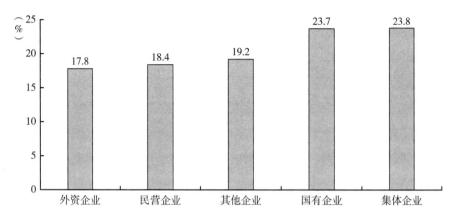

图 5　2016 年国内不同类型企业社保实际费率比较

资料来源：根据全国税收调查数据库（2016 年）数据计算。

三　2023~2035年企业职工养老保险运行精算分析

本部分基于《中国养老金精算报告 2019~2050》[①]，对 2023~2035 年全国企业职工养老保险的基金收支和待遇情况进行精算分析。

（一）参保结构预测

图 6 呈现了 2023~2035 年中国企业职工养老保险的赡养率（退休人口/参保缴费人口）的变化情况。在预测期间，赡养负担有大幅提升，由 2023 年的 42.3%上升到 2035 年 57.9%，届时将出现 1.7 名参保者抚养 1 名退休者的情况。上述情况说明按照目前的发展趋势，参保人口结构不容乐观。

（二）基金收支形势预测

图 7 呈现了 2023~2035 年中国企业职工养老保险的基金收支和结余的变化情况。在预测期间，中国企业职工养老保险基金当期收入和当期支出都稳

①　郑秉文主编《中国养老金精算报告 2019~2050》，中国劳动保障出版社，2019。

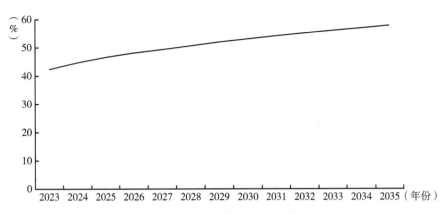

图 6　2023~2035 年中国企业职工养老保险赡养率预测

资料来源：根据《中国养老金精算报告 2019~2050》绘制。

步增长。其中，基金当期收入增速由预测期初的 7.8% 下降至期末的 4.4% 左右；而基金当期支出增速大体保持在 6% 以上的速度。因此，基金当期结余将逐步降低，至 2028 年出现当期收不抵支，之后当期赤字逐步增大，并开始消耗基金累计结余，至 2035 年累计结余耗尽。上述情况说明，按照目前的趋势，在不改革的情况下，企业职工养老保险制度在未来十几年内财务状况将逐步恶化，最终出现收不抵支的情况。

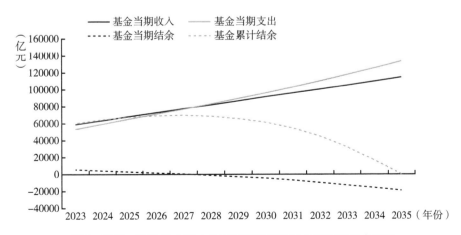

图 7　2023~2035 年中国企业职工养老保险基金收支和结余预测

资料来源：根据《中国养老金精算报告 2019~2050》绘制。

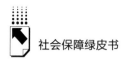

（三）养老金待遇水平预测

图 8 呈现了 2023~2035 年中国企业职工养老保险月人均养老金及替代率的变化情况。2023~2035 年月人均养老保险金平均增速为 4.0%，由 2023 年的 3425 元/月增加到 2035 年的 5475 元/月。但替代率整体呈下降趋势，由 2023 年的 37.5% 下降到 2035 年的 31.9%，下降 5.6 个百分点。上述情况说明，如果按照目前的发展态势，中国企业职工养老保险待遇在未来十几年内增速将明显低于社会平均工资，老年收入相对年轻人收入水平将逐步下降。

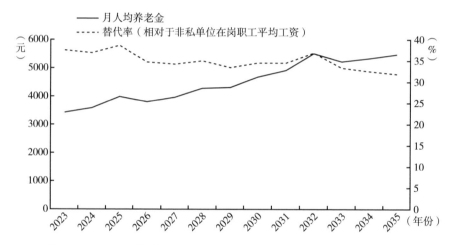

图 8　2023~2035 年中国企业职工养老保险月人均养老金及替代率预测

资料来源：根据《中国养老金精算报告 2019》绘制。

四　健全完善企业职工养老保险体系的改革建议

进入新时代，以习近平同志为核心的党中央根据形势发展变化，对现代化建设提出两个阶段的目标。第一个阶段，在 2020 年全面建成小康社会的基础上，奋斗 15 年到 2035 年，基本实现社会主义现代化，"人民生活更为宽裕，中等收入群体比例明显提高，城乡区域发展差距和居民生活水平差距显著缩小，基本公共服务均等化基本实现，全体人民共同富裕迈出坚实步伐"①；第二个阶段，在基本实现现代化的基础上，再奋斗15年到2050年，建成富强民主文明和谐美丽的社会主义现代化强国，全体人民共同富裕基本实现，我国人民将享有更加幸福安康的生活。党的二十大报告进一步明确了中国式现代化发展道路，指出"中国式现代化是全体人民共同富裕的现代化"，并对健全社会保障体系提出更高的要求。以下就新形势下为实现共同富裕发展目标，对职工养老保险体系发展目标定位和应采取的改革措施进行分析。

（一）促进共同富裕养老保险制度的发展目标

社会保障制度是现代化目标的应有之义，是现代化社会治理体系的重要组成部分，也是防范养老风险、保障老年人群共同富裕的基本制度安排。展望中长期，在现代化建设中养老保险体系应实现以下发展目标。

1. 全体覆盖，保障老年基本生活收入

经过几十年的发展，养老保障制度框架已经基本健全，建立了基本社会养老保险、企业年金和个人养老保险三个层次的保障体系，各类社会群体都已被纳入，基本实现了制度全覆盖的目标。"十四五"乃至中长期，养老保险制度将向全民覆盖的目标迈进，继续实施全民参保计划，建立人人享有、覆盖全生命周期的保障体系。国际经验表明，社会福利水平是一个国家经济实力和文明进步的重要体现。随着经济持续发展，中国逐步迈入高收入发展阶段，人民群众对高质量和全覆盖社保体系的需求越来越强烈。与经济和就业结构的变化趋势相适应，下一步企业职工养老保险体系扩大覆盖面的重点在民营企业和灵活就业群体。从更长远的目标来看，到2035年全国将基本实现现代化发展目标，届时养老保险应实现人群全覆盖、高质量覆盖。从前述分析中可以看出，当期职工养老保险替代率水平并不高，并呈下降趋势。从国际上看，基本养老保险待遇一般保持40%以上的替代率，我国城镇企

---

① 习近平：《决胜全面建成小康社会 夺取新时代中国特色社会主义伟大胜利——在中国共产党第十九次全国代表大会上的报告（2017年10月18日）》，人民出版社，2017，第28页。

业职工养老保险制度的初设目标为58%左右。在下一步的改革中，养老保险体系应重点突出待遇水平的保障目标，通过提高覆盖质量，实现多缴多得、长缴多得，促进待遇水平提高。如上所述，针对城镇企业职工养老保险的参保结构特点，尤其应提高中小企业就业者、农民工、外来流动人口以及新业态下灵活就业人员等群体的覆盖面和缴费水平，提升其养老金待遇水平，并保障制度财务的可持续发展。

2. 建设共富型大社保体系，发挥再分配调节作用

社会保障制度作为二次分配工具，在保障底线公平和调节收入分配方面起着不可替代的作用。党的十八大以来，社会保障制度按照兜底线、织密网、建机制的基本要求，在全面打赢脱贫攻坚战方面发挥了重要作用。随着全面建成小康社会目标的实现，促进全体人民共同富裕成为新发展阶段的基本任务，社保制度将在促进人的全面发展、强化互助共济和缩小三大差距（城乡、区域、收入差距）方面发挥调节功能。城镇企业职工养老保险为收入关联型保障制度，由于收入水平、就业状况和缴费历史等因素的影响，不同个体的待遇水平存在差距。在未来的发展中，一方面，应大力实施就业优先战略，保障高质量就业，提高职工收入水平，并缩小初次分配收入差距，为提升养老保险待遇水平的均衡性提供条件。另一方面，应通过对低收入群体的缴费补贴、完善养老金计发办法和待遇调整机制等措施，进一步加强养老保险体系的再分配功能。针对城乡、区域之间的差距问题，一是应尽快补齐农村地区社会保障项目缺失、水平不高的短板，大幅提高城乡居民养老保障待遇水平；二是应提升社会保险基金统筹层次，制定科学合理的财政转移支付机制，均衡区域间社保费负担和养老金保障水平。

3. 实现养老保障与经济社会各个系统的协同发展、良性互动

习近平总书记指出，"我国社会保障制度改革已进入系统集成、协同高效的阶段，要准确把握社会保障各个方面之间、社会保障领域和其他相关领域之间改革的联系，提高统筹谋划和协调推进能力，确保各项改革形成整体合力"①。

---

① 习近平：《促进我国社会保障事业高质量发展、可持续发展》，《求是》2022年第8期。

进入新时代，我国经济社会发展面临的国际国内环境发生了重大变化。经济结构转型、人口老龄化加快、新型城镇化推进等基本形势的变化，相应地对养老保障制度的改革提出新的要求。"十三五"以来，在供给侧结构性改革大背景下，国家适时推出减税降费政策和扶持措施，发挥社保制度在减轻企业负担、促就业等方面的调节作用，社保改革与宏观调控政策密切联动。同时，为应对出生率下降、人口老龄化和新就业形态增加等方面的挑战，养老保险政策在诸多方面做出了改革。从长期看，养老保险制度的可持续发展与经济增长、生育和就业等政策因素密切相关，只有实现高质量的经济增长、人口结构优化和高质量就业，才能促进养老保险制度的可持续发展。展望未来，养老保障制度将在增进公平性、适应流动性和运行规范性等方面，不断做出动态调整，实现与经济社会各项改革的良性互动发展。

4. 适应社会结构变化，提升养老保险体系发展质量

随着经济发展和生活水平的提高，社会阶层结构不断变化，中产阶层群体规模不断扩大。"十四五"时期，社会发展将进入后小康社会阶段，消费结构将进一步优化升级，社会保障尤其是养老保险在人民生活中的地位日益提高，成为国家治理体系的重要组成部分。根据《中共中央　国务院关于支持浙江高质量发展建设共同富裕示范区的意见》要求，到2025年，浙江城乡区域发展差距、城乡居民收入和生活水平差距持续缩小，低收入群体增收能力和社会福利水平明显提升，以中等收入群体为主体的橄榄型社会结构基本形成。[①] 面对社会结构的转型，养老保险体系建设需要做出适应性调整：一是制度结构和体制机制需要尽快定型，成为社会预期的稳定器，城镇企业职工养老保险需要在制度模式、费率、退休年龄和基金管理等方面加快改革进程，建立稳健的运行机制和财务保障机制，为经济社会发展构建安全网；二是社保体系需要适应统筹城乡、就业一体化和人口流动等方面的要求，在保障公平性和增强流动性方面做出调整，加强不同层次社保制度之间

---

① 《中共中央　国务院关于支持浙江高质量发展建设共同富裕示范区的意见》，中国政府网，http://www.gov.cn/zhengce/2021-06/10/content_ 5616833. htm。

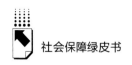

的衔接，在区域间的转移接续方面实现更加方便快捷；三是加强统一经办服务体系的建设，以实现全国统筹和制度统一为前提，以信息化网络平台建设为抓手，建设全国统一的经办服务体系，满足参保人多样化、个性化和及时化的社保服务需求。

（二）未来主要的改革举措

从当前到2035年是完善养老保险体系、实现高质量可持续发展的关键时期，需要做出合理的设计规划，制定切实可行的改革保障措施。

1.以私营部门和灵活就业群体为扩面重点，实现法定人员全覆盖

2021年职工养老保险制度已覆盖城镇就业人口的75%左右，但仍有1/4左右的就业群体被排斥在制度之外。同时，在养老保险制度内部，仍存在相当一部分参保人口中断缴费的情况，估计占比为10%～15%。为此，"十四五"期间应以推进"全民参保计划"为抓手，重点瞄准私营单位和灵活就业者，推进社保覆盖面扩展。一方面，应从社保制度改革着手，减轻缴费负担，降低参保门槛，放开参保户籍限制，为中小微企业和个体经营者参保创造便利条件；另一方面，要加强社保参保的法治建设，规范企业参保缴费行为，做到"应保尽保"。为此，在建立适应中小企业和灵活就业群体的参保计划方面，可以在先行地区进行试点。例如，随着城市化率的提高，在东部发达省份可探索建立全省一体化的职工养老保险体系；在参保条件上放开户籍限制，在缴费标准上以城乡居民平均收入为缴费基数，建立城乡一体的养老保险体系。

2.提高参保群体的缴费水平，促进高质量覆盖

虽然目前养老保险制度已实现广覆盖目标，但仍存在参保质量不高的突出问题，主要表现在参保年限短、中断缴费、缴费水平不足以及费基不实等方面。表7的分析表明，基本养老保险缴费充足率仅为60%左右，尚存在很大的提升空间。尤其是对于大规模的私营就业部门和个体就业人员来讲，社保覆盖率和缴费水平较国有、集体单位明显低一些，其中有相当一部分群体缴费水平仅达到社保最低门槛。社保缴费水平低，一方面给社保基金的可持

续性带来影响，另一方面长期下去势必会影响老年退休者的养老金待遇水平。因此，下一步养老保险制度改革的一个重要方向是，在实现人群全覆盖目标的基础上，提高覆盖质量。在这方面主要的建议措施如下。一是强化就业优先政策，坚持经济发展就业导向，扩大就业容量，提升就业质量，促进充分就业。通过实施充分就业战略，保障社保参与率。二是实施全民收入倍增计划，提高城乡居民收入水平，提升缴费能力。三是深入推进社保征收体制改革，促进征缴法治化，实现应收尽收。四是加强政策宣传和社会引导，弘扬"长缴多得、多缴多得"的储蓄文化，强化劳动者参保和养老规划意识，提高全社会养老财富储备水平。

3. 深化体制机制改革，优化养老保险制度结构

我国养老保险制度已基本定型，但在制度运行参数和管理体制等方面还有诸多需要深化改革的地方，应在健全多层次可持续的养老保障体系上持续发力，补齐短板。一是大力发展企业年金、职业年金、个人储蓄型养老保险和商业养老保险，补齐二、三支柱的短板。在这方面，应扬长避短，加强制度创新。例如，为提升第二支柱企业年金的参与率，除了加大税收优惠力度外，还要在引入自动加入机制、实行个人投资权、放开机构准入和投资渠道等方面对民营企业予以大力支持；针对第三支柱税优型个人养老金制度，需要大幅提高税优比例，扩大试点范围，简化管理流程，利用互联金融科技，使之走向大众普惠。二是适当延长社保缴费最低年限。考虑目前职工的职业生涯平均周期，养老保险最低缴费年限可延长至 25 年以上。三是出台制度化的养老金调整机制。建立科学、合理的基本养老金调整机制，是保障退休人员基本生活的重要举措，也是退休人员分享经济社会发展成果的重要体现。养老金调整应主要参考物价变动和职工工资增长情况，调整幅度的确定应兼顾基本养老保险基金和财政负担支付能力。

4. 提高社会保障统筹层次，建立一体化的社保体系

实现养老保险全国统筹，是均衡社保费负、促进地区均衡发展的重要手段。目前，基本养老保险全国统筹制度已正式实施，未来将进一步走向全国统收统支制度。在此过程中，全国在统一养老保险政策执行、基金收

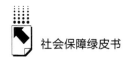

支管理、基金预算管理、责任分担机制、信息系统、经办管理服务和激励约束机制等方面需进一步完善相关政策，实现全国统筹管理。一是规范各地区养老保险制度，实施省内统一的管理体制，将养老保险收支、基金结余和预算管理等事项提升到省级层面。二是在央地社保事权划分框架下，合理确定地方社保责任，建立地方财政的投入长效机制。三是加强社保信息平台建设，做到数据集中化管理，建立全国互联互通的社保信息数据库。四是在基金收支管理方面，建立绩效考核体系，引入奖惩办法，加强地区层面的约束管理。

5. 深化财务机制改革，促进可持续发展

近年来的社保降费是国家保经济促就业的重要举措，这也在一定程度上形成了倒逼机制，使得社保制度改革提速。如上所述，由于种种历史原因，养老保险体系面临财务可持续性挑战。养老保险制度长期的收支平衡取决于养老金参数的合理设计。一是在收入端，在扩大覆盖面的同时，进一步做实缴费基数，适当延长缴费年限，提升制度收入能力。二是在支出端，尽快推出延迟退休政策，建立养老金待遇指数化调整机制。三是在基金运营方面，应加大委托投资运营力度，建立城镇企业职工基本养老保险基金委托投资运营常态化机制，并加快划转国资充实社保基金，提高基金盈利水平。目前，城镇企业职工基本养老保险基金委托投资到账 1 万多亿元，仅为结余基金的20%。自 2016 年底委托投资以来，基本养老保险基金平均投资收益率低于同期全国社保基金投资收益率。"十四五"时期，城镇职工基本养老保险基金委托投资理论值可达 5 万亿元甚至更高，基金规模大，对投资体制和投资策略提出新的要求。建议借鉴国外"缴费型主权养老基金"管理经验，拓展基本养老保险基金的投资渠道，鼓励境外投资。建立引导长期投资的绩效评估机制和绩效评估周期，鼓励长期资产配置。四是建立健全养老保险精算和预算管理制度。党的十八届三中全会首次提出养老保险"坚持精算平衡原则"；2020 年出台的《中共中央　国务院关于新时代加快完善社会主义市场经济体制的意见》，进一步强调"促进基本养老保险基金长期平衡"。目前，全国已建立相应的养老金精算制度，并出台了相应的社保基金预算办法。在向全国统筹转型的过程中，有必要加强精算报告制度建设，在全面掌握地方客观数据（包括人口、就业、工资等指标）的基础上，科学制定每年的基金收支计划。在此基础上，加强数据标准化和精算能力建设，通过基金预算体系，强化社保基金收支硬约束。

6. 强化经办服务能力建设，建设统一社保公共服务平台

社保经办和管理服务体系是民生保障中的重要社会基础设施，全国统管、信息互联、方便快捷、全民共享是未来的发展方向。一是应树立"全国一盘棋"的思想，将各层次养老保障制度纳入统一的治理框架。基本养老保险制度应加快向全国统筹机制靠拢，实现全国各省份之间的社保待遇便利化转移接续。二是应在二、三支柱计划的管理上，实现整合监管，消除部门和行业之间的分隔，建立全国统一的投资运营管理平台，为企业和参保者个人提供一站式的社保金融服务。三是建设统一的社保公共服务平台，实现社保事项便捷"一网通办"。四是实现基层公共服务平台的网格化管理。应充分发挥政府、社会各方力量，整合和利用基层服务组织和社会服务机构的网络和服务资源，在全国所有街道、乡镇建立劳动就业和社会保障服务平台，争取在所有社区、行政村设立劳动就业和社会保障服务站；行政村普遍实行社会保障协管员制度。完善以城市（含县区）为核心，以街道（乡镇）、社区（行政村）等基层服务网点为基础的经办管理服务网络。五是优化经办模式和服务手段，提升信息化建设和应用水平。大力推行"网上社保"业务经办，拓展公共服务渠道，探索开展外包服务。以标准统一、流程规范为保障，实现社会保障"一卡通"。以数据集中和有效应用为核心，促进数据共享与业务协同，实施精准管理，建设统一的社会保险信息系统，加快推进社会保险数据省级集中管理。六是社会保险领域全面应用大数据、云计算等新技术，强化经办管理数字化。探索开展基于大数据的业务监督、信息分析及决策支持应用。健全业务监管模式，完善基金监督系统，探索建立信息化业务监管模式，逐步扩大业务应用范围，提升决策支持能力。

G.3
共同富裕与医疗保障制度改革

柯洋华*

摘　要：　医疗保障是社会保障的重要组成部分，深化医保制度改革是实现全民共同富裕的必然要求。医疗保障助力共同富裕，关键是发挥其分配性、福利性和生产性三方面的作用。理论和实践证明，医疗保障推进共同富裕不是自动发生的。我国基本医疗保险存在逆向再分配和不公平问题，地区和人群间待遇水平差距过大，基本医疗保障未能很好地满足老年人、流动人口和灵活就业人员的需求，重特大疾病费用负担的化解机制亦不完善，多层次医疗保障体系尚不健全，制约了医疗保障缩小收入差距、预防和减轻贫困、促进社会公平正义等作用的发挥。在共同富裕的长远目标下，医疗保障制度须持续深化改革，坚持统筹思维，稳步推进更加统一公平的基本医疗保障制度建设，增强基本医疗保障三重制度体系的反贫困功能和再分配效应，补齐多层次医疗保障制度短板，使其更适应经济社会的发展并为之提供支撑。

关键词：　医疗保障　共同富裕　再分配　反贫困

一　医疗保障促进共同富裕的功能和机制

医疗保障是社会保障的重要组成部分，保障的是最普遍、最迫切的需求即健康需求。不同国家和地区有不同的医疗保障制度模式和实践形式，一般

---
　*　柯洋华，国务院发展研究中心社会与文化发展研究部副研究员，研究方向为社会保障、老年福利与服务。

通过社会医疗保险、医疗救助、慈善捐赠、医疗互助、商业健康险等多种制度的组合，以社会机制化解个人和家庭面临的疾病导致的经济风险。社会保障有保险、扶贫、收入再分配、平滑消费、刺激消费和社会稳定器的功能，[①] 医疗保障同样如此，这些功能都是实现共同富裕的重要支撑。

（一）医疗保障制度具有再分配效应

医疗保障制度通常是社会福利体制的一部分，社会福利体制从筹资方式上可分为基于税收和基于社会保险两大类。基于税收的医疗保障制度，再分配效应主要通过公共财政收支政策实现，一些国家和地区的全民健康保险和社会救助性医疗保障项目属此类。以公共医疗救助为例，通常以基于税收的财政收入为筹资来源，财政资金从富裕地区、富裕人群向欠发达地区、低收入群体转移，有利于为后者利用医疗卫生服务、提高健康水平提供经济支持，具有显著的福利性。[②] 基于医疗保险的医疗保障制度，天然地具有互助共济属性，无论是社会医疗保险还是商业医疗保险，都遵循大数法则，在筹资和补偿环节体现出收入再分配效应。[③] 具体表现为以多数健康主体的资金补贴少数患病主体、低医保支出者补贴高医保支出者；社会医疗保险通常是用人单位和雇员共同缴费，但雇员是唯一的直接受益者，所以还体现了资本和劳动者之间的再分配。值得注意的是，现有研究既证明了社会医疗保险的收入再分配作用，也发现了不当的制度安排可能导致"逆向再分配"。[④]

---

① 李实：《中国社会保障制度的收入再分配效果》，"中国—欧盟社会保障改革项目"（EU-China Social Protection Reform Project）研究报告，2016。

② 王延中、龙玉其：《社会保障与收入分配：问题、经验与完善机制》，《学术研究》2013 年第 4 期。

③ 李亚青：《城镇职工基本医疗保险的"逆向再分配"问题研究——基于广东两市大样本数据的分析》，《广东财经大学学报》2014 年第 5 期。

④ 国内外此类研究数量不少，仅列举近期国内部分相关研究如后。裴建廷等：《我国职工医疗保险福利再分配公平性研究：基于 CHFS 数据的实证研究》，《中国卫生经济》2021 年第 10 期；丁少群、苏瑞珍：《我国农村医疗保险体系减贫效应的实现路径及政策效果研究——基于收入再分配实现机制视角》，《保险研究》2019 年第 10 期；金双华、于洁：《医疗保险制度对收入分配的影响——基于陕西省的分析》，《中国人口科学》2017 年第 3 期。

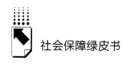

（二）医疗保障制度具有反贫困功能

疾病是公认的导致贫困最常见的风险因素之一，常与低收入互为因果，因此也成为产生和加剧贫富差距的主要因素。医疗保障本质上是医疗相关费用补偿，补偿收入可能占据低收入家庭收入相当大的比重，从而起到反贫困作用。而无论是政府举办的医疗救助，还是以社会力量为主的慈善捐赠和医疗互助，通常都以弱势群体为扶助对象，免除缴费义务，给予现金、实物或服务支持，作为社会安全网提供兜底保障，实现底线公平。

医疗保障制度发挥反贫困作用有两条主要路径：一条是直接路径，通过社会化的医疗费用补偿，确保医疗卫生服务可负担，避免个体因病致贫、家庭陷入贫困陷阱，可归类为"治标"；一条是间接路径，通过提供经济支持提升医疗服务的可及性，提高医疗服务利用率和健康平等性，同时降低健康脆弱性和经济脆弱性，促进人的社会融入、能力提升和自我实现，可归类为"治本"。"标""本"兼治，医疗保障制度就可发挥"提低"作用，有助于推动共同富裕。

（三）医疗保障制度可为经济社会发展提供支撑

除了分配性，医疗保障制度还具有生产性，[①] 表现为影响人的经济行为和为经济社会发展提供条件。医疗保障制度通常是一种经济补偿制度，会直接改变一个家庭的收支水平，从而影响个人和家庭的消费意愿、能力、水平和结构。疾病及其支出是一种普遍但不确定的风险，社会化的医疗费用补偿能降低家庭医疗消费支出的不确定性，减少预防性储蓄，从而释放家庭消费。商业健康险也是健康服务产业的一部分，是解决医疗费用问题的市场化手段，世界上许多国家积极发展商业健康险，不同的只是商业健康险在医疗保障体系中的角色。与此同时，作为健康服务的付费方，商业健康险也能从

---

① 郑功成等：《社会保障促进共同富裕：理论与实践——学术观点综述》，《西北大学学报》（哲学社会科学版）2022年第4期。

需求侧引导和撬动社会资本投入医疗服务、药品器械制造、康养服务等产业，提供更充裕的经济发展成果供国民共享。

医疗保障制度对经济社会发展的支撑作用还体现在它的外部性上。以第三次分配为例，医疗慈善捐赠和医疗互助不仅可以分担医疗费用，发挥非正式制度更灵活、更直接、更开放的优势，调动和分配更多社会资源，还能传播利他的、共济的文化，营造相互信任和依靠的社会环境，缓解经济下行、社会转型和重大危机期间易产生的各类负面社会情绪，对有形财富和无形财富都能形成积累和分配。

当然，不同类型和模式的医疗保障制度有不同的作用机制，医疗保障制度对共同富裕的促进作用不会自动发生，不符合一时一地具体情况的医疗保障制度反而可能扩大初次分配收入形成的差距、违背公平正义原则，成为有碍共同富裕的因素。

二 共同富裕视角下我国医疗保障制度改革成就

（一）基本医疗保障制度体系建成，基本实现全民医保

1998 年，城镇职工医疗保险制度开始实施，正式拉开了我国医疗保障社会化改革的序幕。这一改革基于改革开放前期地方的自发探索和后期国家层面的组织试点，改变了自 1949 年以来实行的医保体系，即农村实行合作医疗、城市实行公费和劳保医疗的模式。这一医保模式产生于计划经济时期，呈现单位/集体办社会的特征，覆盖了城市企业职工和部分家属，在农村则为农村居民提供了低成本低水平的医疗保障。从促进共同富裕的角度来看，其弊端在于，公费和劳保医疗在行业间、企业间缺乏互助共济性，更发达的地区、经济效益更好的企业往往提供更高水平的医疗保障，城市的保障水平远高于农村，但无论城乡，提供的医疗服务水平都不高。随着改革开放的推进，医疗服务使用缺乏约束机制、企业医疗费用负担过重、非公有制经济部门就业者医疗保障缺失等问题凸显，医疗保障社

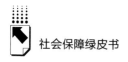

会化呼之欲出。城镇职工医保制度建立后，各种模式的就业者不断被纳入制度覆盖范围，灵活就业者、非公有制经济从业者和农民工参加医疗保险有了制度依据。

与此同时，农合制度持续衰落，广大的农村居民缺乏医疗保障。调查显示，接近 80% 的农村人口 2002 年没有任何医疗保险，[①] 直接后果之一是个人医疗现金支出占卫生总费用的比重在 21 世纪初期攀升至接近 60%，[②] 医疗支出负担大部分落在个人身上。在此背景下，2003 年和 2007 年，新型农村合作医疗（简称"新农合"）和城镇居民基本医疗保险制度相继建立。农村和城市医疗救助制度先后开始试点。2009 年新一轮医改启动，提出加快建立多层次医疗保障体系。作为基本医疗保险制度的延伸，大病保险于 2012 年开始试点，引入商业医保机构运营，意在补偿基本医疗保险参保者的大额医疗支出。2011 年，职工医保、城镇居民基本医疗保险和新农合三大基本医疗保险项目已覆盖超过 13 亿人，并多年保持 95% 的覆盖率水平。2021 年，医疗保障待遇清单明确基本医疗保险、补充医疗保险和医疗救助构成了基本医疗保障制度，为参保者形成了"三重"医保网。在短短十几年的时间里，中国实现了超大规模人口的医保覆盖，其中全国纳入监测范围的农村低收入人口参保率稳定在 99% 以上。[③]

在推进制度全覆盖的过程中，基本医疗保险制度的统一性也不断加强。从城乡医疗救助统筹实施、城乡居民医保整合，到医疗保障待遇清单制度的建立、全国医保用药范围基本统一，都是基本医疗保障不断弥合制度碎片以提高制度公平性和效率的体现。从共同富裕的角度，基本实现全民医保并加强制度的统一性，最重要的意义在于保证人人享有基本医疗保障，从而最大限度地实现健康机会公平和横向公平。

---

① 卫生部统计信息中心：《第三次国家卫生服务调查分析报告》，《中国医院》2005 年第 1 期。
② 根据《中国统计年鉴》和国家卫生健康委员会数据计算。
③ 根据国家医疗保障局《2021 年全国医疗保障事业发展统计公报》，纳入监测范围的农村低收入人口包括农村特困人口、农村低保对象、乡村振兴部门监测的防止返贫监测对象及部分省份民政部门认定的农村低保边缘家庭成员。

（二）医疗保障水平持续提高，极大地化解了因病致贫风险

首先，基本医疗保险的保障能力不断提高。在医保支付方式改革、高值药品和耗材集中带量采购常态化、医保目录动态调整、职工医保门诊统筹、异地医疗费用结算等政策合力下，医保规范医疗行为、减轻就医费用负担的作用持续发挥。加上城乡居民大病保险和职工大额医疗费用互助等补充医疗对封顶线以上大额医疗支出的适当补偿，职工医保和居民医保的门诊和住院政策内报销比例均逐年提升。以罕见病为例，由于市场规模小、研发难度大，罕见病用药费用巨大，患者贫困风险高发。为此，国家医保局自成立以来连续 4 年开展罕见病独家药品准入谈判，截至 2022 年 11 月，已有 45 种国内上市的罕见病用药纳入医保，覆盖 26 种罕见病；其中 19 种通过谈判纳入，平均降价 52.6%。[①]

其次，医疗救助的兜底保障作用持续发挥。一方面，医疗救助领域的财政投入逐年加大，中央层面的补助主要流向中西部地区。2023 年医疗救助支出约 746 亿元，中央财政补助资金达到 297 亿元。90%的中央医疗救助补助金流向了中西部地区，其分配依据包括各地财力水平、救助需求程度等。[②] 另一方面，医疗救助方式明显优化、范围明显扩大、水平明显提升，兼顾资助参保和困难群众大额医疗，费用补偿从传统救助对象进一步向因病致贫家庭和支出型贫困家庭扩展，重特大疾病医疗救助走向按病种和按费用相结合，人均救助资金支出水平保持稳定增长。

最后，多层次医疗保障制度中的社会力量逐渐壮大，新兴慈善捐赠和社会医疗救助模式发挥特殊作用。相较于政府举办的医疗保障项目，来自市场部门的商业健康险和来自志愿部门的慈善捐赠、医疗互助和救助项目更加灵活，有利于应对更多元化的医疗保障需求。数据显示，我国商业健康险给付支出占卫生总支出的比重逐年提升，从 2012 年的 1.1%增长到

---

① 《45 种罕见病用药被纳入国家医保目录　罕见病用药保障能力持续提升》，证券时报网站，http://www.stcn.com/article/detail/715457.html。

② 《2023 年全国医疗保障事业发展统计公报》。

2022 年的5.3%。① 互联网平台医疗互助和个人捐赠成为补充医疗保障新兴模式。以大病救助为例，大病众筹数字平台型某头部企业 2016 年 7 月至 2022 年 3 月累计筹款额约为 509 亿元，救助了近 250 万名大病患者，爱心捐赠人数超 4 亿人次。②

整体来看，医疗保障能力提升减轻了个人医疗费用负担。从全国医疗卫生总费用的构成来看，医保成为医疗服务的主要付费者，个人现金卫生支出占卫生总费用的比重从 2001 年最高峰时的60%左右降至 2023 年的 27.3%，社会卫生支出比重则从 2001 年的24.1%上升到了 2023 年的 46.0%（见图 1）。

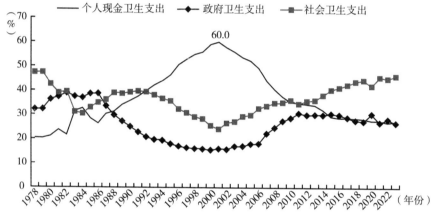

图 1　1978~2023 年全国医疗卫生总费用构成

资料来源：1978~2022 年数据来自 Wind 数据库，2023 年数据来自《2023 年我国卫生健康事业发展统计公报》。

（三）医保领域财政补贴持续扩大，发挥了积极的再分配作用

首先，财政补助是居民医保基金的主要筹资来源，既"补入口"又"补出口"。"补出口"是指支持农村居民和城镇非就业人员参保缴费时按缴

---

① 2012 年数据根据国家卫生健康委和中国银保监会数据计算，2022 年数据来自中国银保监会 2023 年 4 月发布的《关于进一步丰富人身保险产品供给情况的通报》。
② 数据来自该公司在 2022 年 8 月 10 日媒体沟通会上披露的数据。

费水平给予一定额度的补贴，鼓励参保并减轻缴费负担；"补入口"则是在待遇给付时对基础养老金部分给予补助，提高待遇水平。居民医保面向的群体相对于城镇职工，整体收入水平更低，且更晚受到基本医疗保险制度覆盖，因此财政给予参保缴费补贴有其必要性。2012~2022 年，居民医保人均实际筹资水平从 312 元增至 960 元，其中人均财政补助从 244 元增至 620元，对居民医疗保险以较快的速度广泛覆盖起到了关键作用。居民医保财政补助向欠发达的中西部地区倾斜，体现了积极的再分配效应。

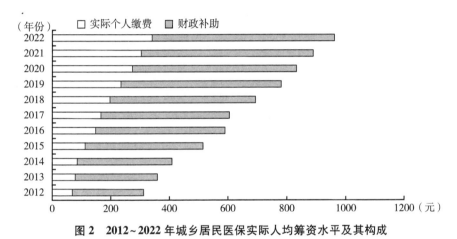

图 2 2012~2022 年城乡居民医保实际人均筹资水平及其构成

资料来源：《中国医疗保障统计年鉴 2023》。

其次，医疗救助领域的财政补助向欠发达地区倾斜。根据 2014 年的《社会救助暂行办法》，低保家庭成员、特困供养人员以及县级以上政府规定的其他特殊困难人员被界定为医疗救助对象，他们的个人缴费部分可获得财政补贴。2018 年，农村建档立卡贫困人口被纳入医疗救助范围，同样享受个人参保缴费的定额补助。从各地实践来看，对特困供养群体一般是全额补助，对建档立卡贫困人口和低保家庭则以部分补贴为主。

（四）医保稳经济保民生，助力破解经济社会发展重大难题

社会保障是社会的安全网和稳定器，医疗保障作为社会保障的核心项目亦是如此。我国城镇职工医疗保险制度建立之初，就肩负着为国有企业减

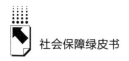
负、为经济社会转型维稳的重任。20 世纪 90 年代开始逐步建立职工医疗保险等社会保障体系，实现医疗费用更大范围内的互助共济，减轻了企业负担，有利于现代企业制度和社会主义市场经济体制形成。

医疗保障参与脱贫攻坚同样发挥了积极的收入再分配作用。监测数据显示，我国农村 40%的家庭贫困户属于因病致贫或因病返贫。① 医保部门通过定额或全额资助参保缴费，实行倾斜性的待遇给付政策，确保贫困人口基本医疗有保障。截至 2020 年底，共帮助贫困人口超过 4.6 亿人次，减负超过 3000 亿元，② 对消除绝对贫困、如期实现全面小康有不可或缺的作用。

数次重大公共卫生危机期间，基本医疗保险为有效防控疫情提供了重要保障。以新冠疫情防控为例，对病毒感染者和疑似感染者，基本医疗保险临时扩大医保目录、放宽适应症、加快对症药品和疫苗采购、"先救治、后结算"，加上医疗救助和财政托底，有效化解了人群筛查、检验和治疗费用风险。对因疫情停（减）工停（减）产的企事业单位，通过缓征、减征职工医保缴费等政策，减轻支出负担、助力生产经营。可以说，医疗保障制度及其措施从多方面缓解了重大突发疫情对医疗卫生系统和社会秩序的冲击。

三 共同富裕视角下医疗保障制度存在的问题

从共同富裕的视角来看，医疗保障领域存在的主要问题包括：基本医疗保险公平性不足甚至导致负向分配，非基本医疗保障发展滞后，与基本医疗保险制度的协同不足；医疗保障制度整体对因病致贫返贫的抑制和缓解作用还不彻底，与经济社会发展还存在诸多不适应之处。值得注意的是，这些问题一些是制度本身的缺陷，另一些则受限于医疗保障制度运行的环境。

---

① 《民政部：约四成农村贫困人口乃因病致贫》，中国政府网，https：//www.gov.cn/xinwen/2017-01/23/content_ 5162653.htm。
② 《推进健康扶贫和医保扶贫　确保贫困人口基本医疗有保障发布会》，国家医疗保障局网站，http：//www.nhsa.gov.cn/art/2020/12/25/art_ 89_ 4203.html。

（一）基本医疗保险筹资存在逆向分配和公平性不高问题

首先，居民医保分等级定额缴费机制导致筹资负担分布不公。居民医保制度整合之初为了鼓励参保并多缴多得，实行了按人头分等级定额缴费的筹资机制，缴费水平不与家庭收入水平关联，这就产生了缴费负担上的"逆向补偿"，即参保缴费负担中低收入户比高收入户重、农村居民比城镇居民重、欠发达地区居民比经济发达地区居民重。[①]

其次，职工医保筹资环节的制度安排公平性不高。一是个人账户的设置，有其历史合理性，但有悖社会保险互助共济的本质，实行家庭共济是一种进步但未触及根本。二是缴费规则各地不一，使得不同地区及其用人单位缴费负担差距较大。主要是最低缴费年限、缴费基数和费率水平差异过大。以最低缴费年限为例，如广州市目前按 2014 年的规定执行，男职工满 15 年、女职工满 10 年；北京市的规定是男性满 25 年、女性满 20 年；浙江省的规定是男女均为年满 20 年；上海市的规定是男女均满 15 年。《医疗保障待遇清单制度》出台后，一些地方开始遵照落实，其中就包括统一本省职工最低缴费年限。然而，即便如此，落实节奏也不尽一致。

（二）基本医疗保险待遇人群和地区间差距较大

首先，居民医保待遇给付水平总体明显低于职工医保。我国基本医疗保险制度改革的起点始于城镇就业部门，然后向居民扩展，两个制度因人群分割。职工医保和居民医保筹资水平差距明显，导致待遇给付水平同样存在较大差距。以住院费用为例，2023 年我国城镇职工和城乡居民医保基金对住院费用的支付比例分别为 84.6% 和 68.1%，也就是说，居民医保参保者的自负比例大约相当于职工医保参保者的两倍。居民医保的主要参保者是农村居民，制度间的待遇差距同时体现为城乡居民的待遇差距。

---

① 李珍、张楚：《论居民医保个人筹资机制从定额制到定比制的改革》，《中国卫生政策研究》2021 年第 7 期。

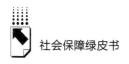

其次，居民医保地区间待遇差距较大。由于居民医保财政补贴水平只明确了最低标准和中央财政对东中西部不同的补贴比例，地方在完成规定补贴之外是否额外补贴以及补贴多少，主要取决于地方财政能力，因此总的财政补贴水平差异较大。2022年，城乡居民医保年人均筹资水平较高的上海和北京市分别达到2735元和2785元，较低的西藏和吉林分别只有794元和616元。筹资水平的较大差距也会体现在待遇水平上。

最后，城乡二元结构加剧了居民医保制度内待遇给付不公平。为了加快统筹，城乡医保整合之初采取了"一制多档"的过渡性政策，即同一制度内待遇给付水平与缴费水平挂钩。这就导致有更高缴费能力的参保者（通常为高收入者和城市居民）能享受更高的给付水平。同时，城市医疗资源尤其是优质医疗资源丰富，农村相对匮乏，城镇参保者医疗服务利用率更高、医疗消费水平更高。大病保险作为基本医疗保险的延伸，也存在待遇给付城乡间不公平的问题。以起付线设置为例，各地在城乡居民医保统一后采用统一的起付线，以定额或以当地城乡居民年平均收入为参照系，但农村居民人均纯收入明显低于城镇居民可支配收入，这就导致同一起付线，但农村居民缴费负担更重（见图3）。

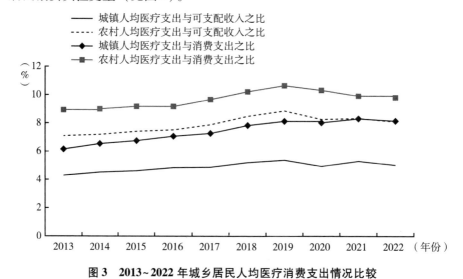

图3　2013~2022年城乡居民人均医疗消费支出情况比较

资料来源：《中国统计年鉴2023》。

（三）医疗保障制度的反贫困功能还有待挖掘

1. 基本医疗保险仍存在大量未覆盖群体

基本医疗保险仍存在未被制度覆盖的人群，从绝对数量角度看，这并非一个可以忽视的规模。虽然长期保持 95% 左右的覆盖率，若进一步考虑重复参保者、参而不缴者，事实上仍有相当大规模的人口在基本医疗保险体系之外，以流动人口、低收入人口和灵活就业者为主，[①] 这些人群收入低且不稳定的概率更高，因病致贫风险也更高。

2. 重特大疾病医疗保障不足

首先是基本医疗保险控费作用不足。医疗福利刚性和医药技术高速发展，使得医疗费用连年快速增长，增速快于 GDP 增速，医保报销不足以扭转医疗支出扩大的不平等局面，[②] 进一步加剧了筹资环节导致的收入逆向再分配。尽管近年来卫生支出结构不断优化，但是个人现金卫生支出占卫生总支出的比重仍然偏高，2023 年为 27.3%，与 WHO 提出的 15%~20%[③] 相比还有较大距离，个人医疗负担尤其是大病支出负担仍然较重，家庭灾难性卫生支出风险仍然偏高。"看病难、看病贵"问题仍然是困扰多数居民的重大社会问题。[④] 高收入人群是医药技术进步的主要或更早的受益者，但低收入人群承受更多技术进步带来的医药费用整体提升压力。

其次是大病保险和医疗救助制度化解大额医疗费用支出风险的能力有限。一是大病保险和医疗救助制度筹资不足。大病保险资金来源于基本医疗保险划拨，无独立筹资制度，筹资渠道单一导致筹资水平有限。医疗救助资

① 王超群：《中国基本医疗保险的实际参保率及其分布特征：基于多源数据的分析》，《社会保障评论》2020 年第 1 期。

② 顾昕、惠文：《共同富裕视域下全民医保的再分配效应研究》，《财经问题研究》2022 年第 12 期。

③ WHO 在《2010 年世界卫生报告》中倡导的卫生支出目标为：广义政府卫生支出占 GDP 的比重不低于 5%，个人卫生现金支出占全国卫生总支出的比重为 15%~20%，此时灾难性卫生支出的发生率可以忽略不计。

④ 任莉颖：《2013~2019 年中国居民对当前主要社会问题关注度的研究报告》，载李培林等主编《社会蓝皮书：2020 年中国社会形势分析与预测》，社会科学文献出版社，2020。

金的主要来源是财政收入，一般而言，这就意味着富裕地区的医疗救助资金更为充足和稳定。当前各地医疗救助统筹层次以市、县级统筹为主，不同财力的统筹单位间救助能力和水平差距大。贫困地区的居民往往更需要医疗救助，医疗救助筹资水平反而更低。二是大病保险和医疗救助起付线、封顶线和给付比例设置不合理。大病保险和医疗救助补偿范围对标基本医疗保险目录，而重特大疾病患者医疗费用负担多来自医疗保险目录外昂贵的药品、检验和诊疗，各地设置的年救助封顶额度与不予救助的政策外费用相比严重偏低。同时，封顶线和给付比例缺乏梯度，多数地区还未综合考虑患者家庭收入水平和医疗支付情况。三是基本医疗保障三重制度未实现完全有效衔接，一些地区仍采取事后医疗救助，患者现金垫支压力过大甚至因此放弃治疗的情况时有发生。当前各地重点救助对象即特困供养人员和低保家庭的救助机制相对健全，但低收入人群的医疗救助还不够精准、及时。一些地区财政能力不足，或资助参保缴费的比例偏低，或覆盖人群范围有限，导致经济困难群体基本医保参保率偏低，发生重大医疗支出时更难承受。

3. 多层次医疗保障制度发展滞后

首先是商业健康险增长乏力。2023 年，商业健康险的保险深度和保险密度分别仅为 0.72% 和 640.9 元/人，[①] 不仅与发达国家有一定的距离，也未达到国务院设定的发展目标。2022 年商业健康险理赔即给付金额占卫生总费用的比重仅为 5.3%，[②] 意味着商业健康险分担的医疗费用有限。商业健康险优惠政策对撬动保险消费有效需求的作用不佳，反而可能造成新的不公平。以税优健康险为例，其仅面向个人所得税纳税群体，中低收入者无法享受优惠，实际覆盖人群有限。同理，免税的个人账户资金可以购买商业健康险，但这一好处也仅限于职工医保参保者，而未惠及更大规模的居民医保参保者。

其次是慈善捐赠和医疗互助仍然薄弱。尽管中央文件提及二者在医疗保

---

① 根据中国银保监会网站公布的保险保费收入及国家统计局公布的相关数据计算。其中，保险密度＝保费收入/总人口，保险深度＝保费收入/国内生产总值。

② 中国银保监会：《关于进一步丰富人身保险产品供给情况的通报》，2023 年 4 月。

障制度体系中有一席之地，但对于其内涵、属性、功能和发展方向尚无明确表述。近年来，参与医疗互助的社会力量日渐壮大，成为新的健康风险分散机制，但还有巨大潜力未被释放。主要制约因素如下。一是与政府部门的基本医疗保障制度衔接不畅，难以有效掌握救助对象及其需求信息。二是慈善捐赠和医疗互助开展的社会土壤较贫瘠，相关人才、机构和文化培育不足。更重要的是，随着新技术更多介入，政策对慈善捐赠和医疗互助行为的规范不够完善。这既导致参与者缺乏足够动力或者持续性，又可能导致信息安全风险、道德风险和社会性风险。以医疗网络互助为例，它既不属于《慈善法》规范范畴，也不能适用保险业相关法律法规，监管空白导致该领域出现一些有悖利他、自愿、互助文化的事件，如骗捐、高额管理费抽成等。

（四）医疗保障制度与经济社会环境的协调性不足

1. 基本医疗保险尚未很好地适应人口老龄化形势

在需求侧，老年人是医疗服务利用的主要人群，退休人员医疗费用占职工医保医疗费用的比重已接近60%，[①] 人口快速老龄化与医疗技术进步等叠加，将带来慢性病和癌症防治、预防保健、康复护理、安宁疗护等健康需求和费用激增。在供给侧，职退比将进一步下降，当前基本医疗保险存在退休人员无须缴费且待遇水平更高、健康管理功能和康复护理保障严重不足等问题，长期护理保险仍处于试点阶段，失能费用分担机制悬而未决。人口老龄化形势下，基本医疗保险供需矛盾凸显。

2. 流动人口医疗权益未得到很好的保障

尽管基本医疗保险在解决异地就医结算方面有了巨大进步，但随着城市化进程加快，人口流动表现出一些新特征，如家庭化迁移，这意味着大量老年人和儿童等非劳动力加入流动人口行列，异地就医需求进一步加大。与此同时，我国正致力于推进更包容的城镇化，关键环节之一是农业转移人口的

[①] 根据《2023年全国医疗保障事业发展统计公报》，2023年全国城镇职工医疗保险支出的医疗机构费用中，用于退休人员的占比约为56.9%。

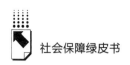

包括医疗权益在内的社会保障和公共服务权益市民化。然而基本医疗保险仍以地市级统筹为主，各统筹单位之间的政策差异仍然存在，基本医疗保险的可携带性仍然不足，各地费率、最低缴费年限规定不一，跨省住院费用、门诊慢特病费用异地直接结算还未在所有统筹地区全面实现，纳入门诊异地结算的慢特病病种数量有限。

3. 就业形态多元化和非标准化给医保制度带来新挑战

我国城镇职工基本医疗保险制度设计基于正规部门就业者明确稳定的劳动关系。随着零工经济、平台经济兴起，就业者劳动关系模糊化、松散化、收入来源多元化，[①]灵活就业者规模日趋庞大，现有基本医疗保险难以适应。以参保为例，灵活就业人员在就业地参保仍存在户籍限制，一些地方仅限本省（区、市）内的灵活就业者参加本地职工医疗保险，而居民医保由于高度依赖地方财政补贴更易排外。同时，灵活就业人员还面临更重的参保缴费负担。一方面，雇主责任缺失导致他们若参加职工医保则须自行承担单位和个人缴费责任，缴费负担远高于有固定雇主的就业者；另一方面，灵活就业者通常收入不稳定，每月按固定缴费基数扣除保费形成更大的支出压力。这抑制了灵活就业者在就业地参保的意愿，转而参加就医和结算更不便、保障水平更低的户籍地居民医保。若灵活就业人员总数以 2 亿人计，2022 年参加职工医保的比例仅有 24.4%。[②] 这既会导致其医疗权益受损，还会加大财政补贴的压力，对医保基金安全性和可持续性构成威胁。

四　走向共同富裕的医疗保障制度深化改革思路

我国医疗保障实践中兼具正向和负向收入再分配效应，为既往经济社会发展提供了有力的支撑，也在新的时代变迁中出现了不适应不协调之处。走

---

① 严妮等：《新就业形态下平台经济从业者社会保险制度探析》，《宏观经济管理》2020 年第 12 期。

② 根据《中国医疗保障统计年鉴 2022》，参加职工医保的灵活就业者为 4852.6 万人，该数字除以灵活就业总人数即得灵活就业者参加职工医保的比例。

向共同富裕的医疗保障制度，必须增强与相关制度的协同性、与经济社会环境的适应性。发挥其分配性、福利性和生产性三个方面的积极作用。

（一）以统筹思维深化医疗保障制度改革

医疗保障是政治问题，同时是经济和社会问题，还受到技术进步等因素的影响。医疗保障制度实践中出现一些有悖共同富裕的结果，不都是制度本身的问题，仅靠改革制度本身无法解决问题。以居民基本医疗保险城乡统筹后的逆向再分配为例，城乡优质医疗资源均衡、城乡居民收入差距缩小如不能实现，即便基本医疗保险制度完全统一，城乡居民的医疗服务可及性和可负担性也难实现真正的公平。因此，从宏观层面，医疗保障制度改革要统筹政治、经济、社会、技术等发展，统筹政府、市场和社会的主体责任；从中观层面，医疗保障制度要与医疗卫生服务体系、医药卫生产业协同发展，医疗保障制度改革要与公立医院综合改革、分级诊疗体系建设、药品领域改革协同推进；于医保制度本身，基本医保须与补充性医疗保障协调互补，须致力于实现城乡、地区和人群间缴费负担和待遇水平的均衡。医疗保障制度改革还要在纵向上统筹当前与长远。共同富裕是远景目标，医保助力共同富裕的实现也是持续性任务。医疗保障制度改革不仅要着眼解决迫在眉睫的需求和问题，还要结合经济社会和技术发展趋势，增强改革的前瞻性。

（二）稳步推进基本医疗保障制度统一

制度统一是基本医疗保障制度发挥积极的收入再分配作用的关键。在制度高度碎片化的背景下，推进制度统一必须循序渐进。

首先要明确基本医疗保障制度统一的内涵。在 21 世纪中叶实现基本医疗保险制度全民统一，是学术界围绕基本医疗保险改革目标形成的难得共识。[1] 随着医疗救助被纳入基本医疗保障制度范畴，医疗救助制度规范统一亦不容

---

① 李珍、黄万丁：《全民基本医保一体化的实现路径分析——基于筹资水平的视角》，《经济社会体制比较》2017 年第 6 期。

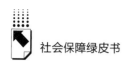

忽视。统一的基本医疗保障制度的核心要义在于筹资和保障水平均等化，在医疗保障管理职能已经统一的前提下，关键在于基金整合。

其次要逐步实现单项基本医疗保障制度内部统一，缩小制度间差距。一是提高基本医疗保险基金统筹层次，在夯实市级统筹的基础上向省级统筹推进。二是完善基本医疗保险筹资机制，改居民医保分等级定额缴费为按收入定比缴费，改职工医保个人账户为门诊互助共济并提高门诊保障水平，加快地区间职工医保费率和最低缴费年限的统一，进一步明确缴费基数的确定规则并落实。三是加快缩小居民医保与职工医保的待遇水平差距，关键是提高居民医保补偿水平。四是促进医疗救助统筹层次与基本医疗保险统筹层次相协调，均衡不同财政能力的地区间医疗救助筹资和支付水平。五是进一步完善落实医疗保障待遇清单，检查和清理过去一些地方自行设立的过度保障政策，补齐保障不足的短板。

最后要分类施策推动实现"应保尽保"。调整相关法律法规，增强基本医疗保险参保强制性。拓宽参保缴费渠道，优化参保服务，便于新生儿、流动人口、灵活就业人员等特殊人群参保；推广新生儿"落地参保"政策，即新生儿出生之日起自动享受基本医疗保险待遇。加大困难群众参保支持力度，适当扩大基本医保资助参保人群范围，提高低保户和低收入家庭参保缴费补贴的救助比例；建立健全统计、收入申报、税收等相关机制，探索以家庭为单位组织参保，既有利于避免选择性参保，也有利于打通不同身份家庭成员所在的医保基金池。

（三）强化基本医疗保障制度的反贫困功能

因病致贫是全民共同富裕的主要障碍，必须强化医保制度的防贫、减贫功能，为个人和家庭尤其是低收入群体积累健康资本，在发挥"提低"作用的同时，为做大"经济蛋糕"打下健康基础。

进一步增强基本医疗保障的费用负担化解能力。多措并举强化基本医保控费功能，深化基本医疗保险招采方式和支付方式改革，完善基本医疗保险目录动态调整机制，强化医保战略性购买和支付杠杆的作用。完善大病保险和医疗救助筹资和待遇给付机制，加大中央和省级政府对医疗救助的财政投入力度，在大病保险和医疗救助起付线、封顶线和报销比例的设定上更多体现与家庭经济状况的关联性，在合理确定和调整基本医疗保险目录的前提下，全面把握包括目录外支出和非医疗经济损失在内的医疗费用总支出，精准识别因病致贫家庭。基于家庭医疗支出负担而不是医疗保障基金负担研判医疗救助兜底的底线目标，探索建立重特大疾病合规费用个人自付费用封顶制度。

（四）完善多层次医疗保障制度体系

健全多层次医疗保障制度体系，意义在于增加分散医疗费用风险的社会化机制，最大限度地减轻个人和家庭负担。关键是明确基本医疗保障"保基本"的边界，为多层次医疗保障制度协调发展留出空间。目前来看，基本医疗保险门诊和住院补偿水平相对合理，大病保险和医疗救助的保障水平偏低。适当提高基本医疗保障水平的同时，要加快商业健康险等补充性医疗保障的发展，形成共建共治共享格局。

加强多方协作，加快商业健康险发展。首先要处理好补充性医疗保障与基本医疗保障的关系，鼓励和支持商业健康险配合基本医保政策，围绕健康管理、长期护理、非基本医疗保障需求等开发更多产品和服务。其次要处理好政府与市场的关系，明确政府在商业健康险发展中的引导者、支持者和监管者地位。加强卫生健康系统、政府有关部门与健康险行业的协同，建立健康相关信息和技术共享机制，为与基本医保衔接、延展产业链和提高保险产品研发能力提供更坚实的基础。对于近年来兴起的城市定制型商业健康险产品即惠民保，地方政府不宜过度介入其目录制定和定价机制，除了共享数据帮助险企提高产品研发和运营管理水平，政府应更多承担政策支持、公众教育、企业监管和数据共享责任，为民众理性参保提供充分的知识和信息，鼓励行业协会开展自治自律。

规范和支持并重，挖掘慈善捐赠和医疗互助作为第三次分配在分散健康风险领域的作用。在规范方面，对于医疗互助尤其是网络平台上的互助，应

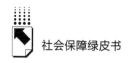

加强顶层设计、健全法治体系，根据其属性的特殊性，为医疗费用网络众筹平台建立准入、报备和退出机制，针对资金筹集和使用情况创新指导或监管机制，鼓励建立行业组织，通过"黑名单"或行业公约等机制实行自我约束和规范，提高相关组织运行透明度和社会公信力。在支持方面，政府对慈善捐赠和医疗互助领域出现的新模式应保持审慎包容态度，加大税率杠杆的力度，加快推动慈善信托发展，鼓励有条件的个人和企业等参与助医类慈善捐赠活动。加快慈善捐赠和金融方面的人才和专业组织培育，探索数字技术和医疗慈善事业的融合，让助医类慈善捐赠和互助服务更精准、更专业。

（五）提高医保制度与经济社会发展的适应性

一是适应人口老龄化形势，完善医保制度体系，在满足健康养老需求的同时，增强医疗保险可持续性。落实延长医保最低缴费年限政策，探索适应退休人员收支特点的退休后缴费参保机制。尽快建立长期护理保障制度，各地长期护理保险试点政策五花八门，试点周期过长可能推高未来制度整合成本，应总结各地已积累的数据和经验，明确长期护理保障制度时间表。增强医保的健康管理和预防功能，延展医保控费的作用链条，从源头上减少医疗费用不合理支出。

二是要适应人口流动和灵活就业新形势，完善两类人群参保和享受待遇机制，既提升其医疗保障权益，也为形成统一的国内大市场创造条件。流动人口和灵活就业者通常有较大的重合，同时二者在医保参加和待遇享受方面面临很多类似的问题。从长远来看，要根本解决两类群体医疗权益保障不足问题，依赖全国统一的职工基本医疗保险或统一的基本医疗保险，这一目标短期内难以实现，在此之前需要更务实的对策。首先是放开流动人口在常住地和灵活就业人员在就业地参加基本医疗保险的各类政策限制，改革财政补贴机制和政府绩效评价方式，激励和支持地方政府接纳流动人口、灵活就业者在本地参保和享受医疗救助。其次是完善基本医保住院和门诊费用异地就医结算服务，实现全国异地就医直接结算，尽可能缩小流动人口与本地人口同病就医支出的差距。针对灵活就业人员通常无单位的特点，适当降低灵活就业者参保费率，鼓励其参加保障水平更高的职工医疗保险。最后是针对两类人群风险意识弱、自主参保意愿不强、组织性不强的特点，加强疾病风险和医疗保障相关知识的宣传教育，优化参保缴费服务，探索基于社区和云平台的社保公共服务，为及时便捷参保创造条件。

三是要完善重大公共卫生危机医药相关费用保障机制。应及时复盘新冠疫情等重大突发疫情期间医保政策的具体安排和成效，总结经验和教训。解决好疫情背景下医保基金长期安全稳定和短期灵活调整之间的关系，以及医保基金和公共卫生资金、其他财政资金的利用如何高效协同，资金投入如何与医疗和社会服务衔接等关键问题，据此建立完善医保应对重大公共卫生危机的长效机制。

G . 4
共同富裕与社会救助体系建设*

宁亚芳**

摘　要：　全体人民共同富裕是中国式现代化的核心内涵。进入相对贫困治理阶段，社会救助制度在缩小低收入群体收入差距和发展差距方面应当发挥更好的作用。现行社会救助项目在覆盖面"应保尽保"、待遇水平逐年提高、政府承担资金投入主要责任等方面发挥了推进共同富裕的作用，但也存在不少短板：救助对象精准识别机制有待进一步健全，城乡社会救助制度不公平问题较为突出，救助待遇的保障水平有待提高，救助方式依然较为单一，社会救助在反贫困和缩小收入分配差距方面承压较大。伴随着我国人口结构和劳动就业状态的新变化，社会救助推进共同富裕也面临三个方面的挑战：相对贫困问题成为贫困治理重点，人口老龄化加重老年人群体的救助压力，非正规就业群体就业脆弱性问题突出。围绕中国式现代化推进共同富裕的要求，本报告从推进城乡社会救助对象识别办法的统一与优化、拓展低收入群体服务类社会救助供给、优化社会救助资金多元主体投入和财政责任分摊机制、提升社会救助管理经办服务效能等方面提出了建议。

关键词：　社会救助　共同富裕　相对贫困

共同富裕是中国特色社会主义的本质要求，也是全国各族人民的共同美

---

* 该报告的部分内容已发表，见宁亚芳《以社会救助推进共同富裕：逻辑、效能、问题与对策》，《贵州师范大学学报》（社会科学版）2024 年第 2 期。

** 宁亚芳，中国社会科学院大学社会与民族学院副教授、中国社会科学院民族学与人类学研究所副研究员，研究方向为社会救助与反贫困。

好向往。党的二十大报告指出，"中国式现代化是全体人民共同富裕的现代化"，并在"增进民生福祉，提高人民生活品质"① 这一部分中提出了"健全分层分类的社会救助体系"② 的要求，作为扎实推进共同富裕的重要部署。进入中国特色社会主义新时代，我国社会救助制度积极发挥兜底性、基础性保障作用，为消除绝对贫困和全面建成小康社会发挥了重要作用，是帮助低收入群体融入共同富裕进程的重要制度安排。作为一项民生政策，社会救助资金来源于国家财政投入，且定向用于低收入群体，社会救助能够推进共同富裕成为共识。然而，在人口结构、贫困状态、人口流动等多方面因素的影响之下，社会救助制度如何深化改革，以何种路径、从何种角度发力来推动实现共同富裕，是一个值得深思的理论与实践问题。基于党的二十大报告关于扎实推进共同富裕的要求，本报告从学理上阐释社会救助推进共同富裕的逻辑，并对社会救助推进共同富裕的效能进行分析，结合社会救助推进共同富裕面临的问题与挑战，提出相关建议。

一 社会救助与共同富裕的关系

（一）社会救助的内涵及其基本功能

社会救助是世界上最古老的社会保障制度，③ 但作为一种近代以来的国家制度安排，则肇始于工业革命时期。1601 年英国颁布的《伊丽莎白济贫法》成为西方资本主义国家以国家公共财政直接救济穷人的重要标志。起源于西方的社会救助制度最初并非着眼于推进共同富裕。诞生于工业革命时期且服务资本主义发展的社会救助制度（当时也称"济贫制度"），不仅无法推进共同富裕，反而具有浓厚的惩戒色彩。英国济贫法制度尤其是新济贫法制度的惩罚性功能是由该制度的本质属性所决定的。为了避免贫困人群对济贫法制度下的救

---

① 《中国共产党第二十次全国代表大会文件汇编》，人民出版社，2022，第 19 页。
② 《中国共产党第二十次全国代表大会文件汇编》，人民出版社，2022，第 40 页。
③ 唐钧：《社会救助的历史演进》，《时事报告》2004 年第 3 期。

济产生依赖，也为了给英国工业化提供充足的劳动力，济贫法制度实行极端严格的管理和极为低劣的条件，这使得济贫法制度尤其是新济贫法制度的惩罚性功能始终存在，并在 19 世纪中期达到顶峰。① 直到 1909 年英国的济贫法和济贫事业皇家委员会首次提出"公共援助"（public assistance），肇始于资本主义工业革命时期的社会救助制度才开始展露出一些合乎人道主义精神的色彩。② 19 世纪末，德国的俾斯麦政府创建了社会保险制度，并且逐步在西方主要的资本主义国家兴起和普及，社会救助制度的功能则更加聚焦"安全网"式的兜底保障。二战之后的一段时间内，西方资本主义国家迎来经济快速增长并推进了福利国家建设，西方的社会救助制度在救助理念、救助水平、救助方式等方面都有了深刻转型，社会救助制度的积极性、发展性、包容性等特征更加明显。值得注意的是，由于资本主义市场经济存在扩大贫富差距的根本缺陷，西方资本主义国家的社会救助制度虽能在减轻贫困人口贫困程度方面起到一定的作用，但与中国特色社会主义的共同富裕在出发点、内涵、功能上有本质区别。

说西方资本主义国家的社会救助制度无法从根本上促进共同富裕，并不意味着也要否定社会救助制度作为一种减贫机制所能产生的积极作用。一方面，社会救助制度本身是一种再分配手段，客观上具备促进共同富裕的潜力。另一方面，在以人民为中心的中国特色社会主义制度下，旨在定向帮扶受助者满足基本生活需要的社会救助制度，能够在正确的理念下发挥促进共同富裕的实效。因此，全面把握社会救助与共同富裕的关系，一个基本任务就是要弄清楚社会救助的基本内涵与功能。在不同国家制度和历史文化环境中，社会救助的定义各不相同。甚至有学者戏称，"先在社会保障制度中剔除那些不属于社会救助的计划，然后找到余留内容，便得到社会救助的范畴"③。不同国家的社会救助内涵、标准、方式、运行办法等都存在差异。但也要看到，由于社会救助通

---

① 丁建定：《试论英国济贫法制度的功能》，《学海》2013 年第 1 期。
② 唐钧：《社会救助的历史演进》，《时事报告》2004 年第 3 期。
③ J. Ditch，"A Second Coming for Social Assistance"，in J. Clasen ed.，*Comparative Social Policy : Concepts Theories and Methods*（Oxford，Malden M. A. ：Blackwell Publishers，1999），p. 115.

常被各国定位为有针对性地帮助需要救助的群体满足基本生活需要，因此也有一些能够基本取得共识的社会救助定义。例如，美国 1999 年出版的《社会工作词典》提出的"社会救助是一种由政府一般税收提供资金，并通过对申请者的需求和家计进行审核的社会保障形式。在大多数国家，这是一种补缺型的福利供给。但在那些没有采用社会保险供款系统的国家，社会救助则是他们的主要福利计划"①。这个定义表明，以政府力量向受助者定向提供财政等资源支持以满足受助者的基本生活需求是社会救助的本质特征，这种本质特征的基本内涵包括政府责任、依托公共财政、有条件筛选、定向提供等方面。

中国自古以来就有国家救济鳏寡孤独者的理念，历朝历代在扶贫济困等方面有十分丰富的实践。新中国成立之后，社会保障体系也不断适应社会主义现代化建设进行改革完善。20 世纪 90 年代，为配合国有企业改革，中国率先推进了城镇的社会保障体系建设，其中城镇最低生活保障是我国社会救助制度的早期实践。随着社会保障体系改革的推进，中国的社会救助体系也由最初的最低生活保障制度拓展为涵盖最低生活保障制度、专项救助、临时救助在内的综合性救助体系，成为肩负免除国民生存危机、维护社会底线公正、促进国家长治久安责任的国家治理机制。② 目前，以基本生活救助、专项社会救助、急难社会救助为主体，社会力量参与为补充，覆盖全面、城乡统筹、分层分类、综合高效的中国特色社会救助体系基本建成。③ 中国特色社会救助体系的内涵则在于，在坚持以人民为中心的发展思想指导下，国家充分运用公共资源，为受助者提供致贫风险全覆盖、生命周期全覆盖、城乡居民全覆盖的精准化、体系化的帮扶。社会救助制度的财政投入、救助内容、救助方式等随着人民群众对美好生活需要的变化而稳步调整，其功能已不是简单的收入再分配和缓解贫困，还体现为提升受助者发展能力、保障人

---

① R. L. Barker, *The Social Work Dictionary* (Washington, D. C.: NASW Press, 1999), p. 447.

② 郑功成：《中国社会救助制度的合理定位与改革取向》，《国家行政学院学报》2015 年第 4 期。

③ 《用心用情用力绘就民生幸福底色——"中国这十年"系列主题新闻发布会聚焦民政工作历史性成就》，《中国社会报》2022 年 9 月 9 日。

民群众的人民主体地位等方面，这些内容与西方资本主义国家的社会救助功能存在本质区别。

（二）社会救助推进共同富裕的理论逻辑

共同富裕是中国特色社会主义的本质要求。早在 1992 年的南方谈话中，邓小平就将共同富裕定位为社会主义的本质，指出"社会主义的本质，是解放生产力，发展生产力，消灭剥削，消除两极分化，最终达到共同富裕"①。新时代以来，习近平总书记从国家现代化的角度进一步发展了共同富裕理论，在党的二十大报告中提出"中国式现代化是全体人民共同富裕的现代化"，为社会救助体系的创新发展指明了方向。社会救助作为我国的一项重要社会政策，其推进共同富裕的根本逻辑在于通过运用国家财政和社会资源，定向为弱势群体提供帮助，从而缩小弱势群体与其他群体的生活差距、发展差距，促进社会公平。具体来看，在救助理念、受助对象确定、救助资金拨付、救助资源整合、救助方式等多个方面都体现着社会救助制度促进共同富裕的理论逻辑及路径选择。

1. 救助理念坚持兜底和补短原则

我国社会保障体系主要由社会保险、社会救助和社会福利构成。其中，社会救助的根本目标就在于向贫困群体、弱势群体提供救助，为这些群体的基本生活提供兜底性的保障，并通过专项救助措施减轻受助对象的经济负担，补齐这些群体在发展能力方面的短板。随着我国摆脱了绝对贫困，学术界希望给社会救助制度赋能的呼声越来越高，例如，有人建议社会救助在提升救助待遇水平的同时，还要在提升低收入者发展能力方面做出更大的贡献，扩大社会救助的功能边界。但是也要看到，在整个社会保障制度体系中，社会救助的法定责任和功能定位是清晰明确的，就是为贫困群体和弱势群体提供兜底保障、补齐发展短板。随着经济社会发展水平的提高，社会救助兜的这个"底"在内容和水平上也逐步改变，这是适应共同富裕要求的

---

① 《邓小平文选》（第三卷），人民出版社，1993，第 373 页。

体现。社会救助坚持兜底和补齐原则的逻辑决定了社会救助促进共同富裕的目标和任务,核心着力点不是让贫困群体和弱势群体通过获取救助而直接达到富裕状态,而是通过救助帮扶获得缩小与其他群体在收入、发展能力方面的差距的机会,享有体面的基本生活。

2. 救助申请坚持向全民开放

社会救助政策的救助对象既包括无劳动能力的相对贫困人口、有劳动能力的低收入人口,也包括面临灾难性支出的中高收入人口。不同收入水平的群体在面临贫困或者灾难性支出负担时,都可以依据政策规定申请并获得社会救助。社会救助通过设立分类分层的救助机制,为处于不同收入水平的群体在面临贫困或不同的重大经济支出负担时提供必要的救助,这种救助申请上的全民性、开放性特征,是社会救助能够推进共同富裕的重要逻辑。

3. 救助资金坚持政府主责

社会救助的最主要的责任主体是政府,这也决定了社会救助资金主要来源于政府财政拨款。《社会救助暂行办法》规定:"国务院民政部门统筹全国社会救助体系建设。国务院民政、应急管理、卫生健康、教育、住房城乡建设、人力资源社会保障、医疗保障等部门,按照各自职责负责相应的社会救助管理工作。"[1] 县级以上地方人民政府中对应的相关部门则负责当地的社会救助管理工作。为了使社会救助工作能够稳定有序开展,《社会救助暂行办法》也明确规定"将政府安排的社会救助资金和社会救助工作经费纳入财政预算"[2]。在中国特色社会主义制度下,政府财政资金的拨付和使用本身就具有推进共同富裕的功能和性质,社会救助资金专门定向用于帮扶贫困群体和脆弱群体,使得政府财政资金的正向收入调节作用进一步放大,扩大了财政资金推进共同富裕的效应。例如,有研究指出,社会救助类项目本质上是一种财政的转移支付,其再分配属于纵向再分配,即由较

---

[1] 《社会救助暂行办法》,国家法律数据库,https://flk.npc.gov.cn/detail2.html? ZmY4MDgwODE2ZjNjYmIzYzAxNmY0MTI0YmFiZjE5YmI。

[2] 《社会救助暂行办法》,国家法律数据库,https://flk.npc.gov.cn/detail2.html? ZmY4MDgwODE2ZjNjYmIzYzAxNmY0MTI0YmFiZjE5YmI。

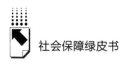

高收入阶层向低收入阶层转移等。收入的纵向转移可以缩小贫富差距，使基尼系数变小。此外，从社会救助资金的构成来看，除了政府财政预算和补贴等公共财政性资金，还包括来自社会捐赠、福利彩票收益分成等的互助性资金，政府将不同性质的资金统筹用于社会救助事业，也是推进共同富裕的重要路径。

4. 救助资源坚持社会协作

从提出申请救助到最终完成社会救助待遇的递送，需要政府部门、金融部门、村委会和居委会、社会组织、慈善组织、企业等多个主体的共同参与和协作。正是在多主体共同协作的过程中，救助申请者的救助需求得以精准识别，各类社会救助资源得以整合并精准匹配，社会救助主体的协作也让受助对象感受到关心关怀。这些机制有利于增强弱势群体的获得感、幸福感、安全感，使受助对象切实感受到共同富裕。

5. 救助方式坚持分类多样

社会救助方式主要包括现金、物质和服务，针对不同类型的受助群体的不同需求，提供多样化的救助保障。对于无劳动能力的受助对象，通常除了给予必要的生活经费之外，还会根据救助对象的实际需求提供生活物资、日间照料、居住等服务。对于有劳动能力的低收入人口，则会根据低收入群体在医疗、教育、住房、就业等方面面临的支出负担，给予现金补贴或者心理疏导等服务。对于一般的社会群体，则会根据其面临的灾难性支出，给予必要的资金补贴和相关的服务类救助。社会救助在方式上依据群体类别不同给予差异化、精准化的帮扶，能够切实保障救助对象的基本生活，缓解过重的经济负担、提升发展能力等。社会救助方式的分类多样，精准地帮扶不同受助对象参与共同富裕进程，并享有共同富裕的成果。

我国在社会保障制度体系建设中，既借鉴了国际上社会救助制度运行的一般规律，更坚持了以人民为中心的发展思想，形成了中国特色社会救助制度体系。在中国特色社会主义制度之下，我国的社会救助制度在保障基本生活、缩小收入差距、调节收入分配、缩小发展差距、促进协作共融等方面作用的发挥，构成了其推进共同富裕的基本逻辑。然而，相较于新时代扎实推进共同富裕的要求，社会救助想要按照上述逻辑扩大和深化共同富裕效应，还有诸多优化空间。习近平总书记强调，"我国现代化坚持以人民为中心的发展思想，自觉主动解决地区差距、城乡差距、收入分配差距，促进社会公平正义，逐步实现全体人民共同富裕，坚决防止两极分化"[①]。围绕缩小差距和促进社会公平正义，我国社会救助制度需要根据城乡融合发展实际、贫困形态特征、经济社会发展状态等进行动态优化。

二 社会救助促进共同富裕的效能分析

我国社会救助制度体系在建立之初，将最低生活保障制度作为最主要的组成部分。在经济社会发展水平不断提升的过程中，社会救助制度逐步增加了专项救助、临时救助、社会帮扶等内容。2014 年发布的《社会救助暂行办法》对社会救助制度体系做出了规范，即我国确立了包括最低生活保障、临时救助、灾害生活救助、特困人员供养、医疗救助、住房救助、就业救助、教育救助在内的社会救助制度，形成了以基本生活保障为基础、以专项救助为支柱、以社会力量参与为补充的社会救助体系。目前，除了少数地区率先推进了城乡低保统筹发展和城乡低保制度并轨之外，大多数地区还是按照城乡地区分别开展社会救助。结合前述对社会救助推进共同富裕理论逻辑的探讨，本部分将根据数据的可及性，从覆盖范围、待遇标准、救助资金投入等方面分析社会救助推进共同富裕的效能。

（一）覆盖范围

我国社会救助制度按照"应保尽保""应助尽助"的原则，积极发挥基础性兜底保障作用，为陷入绝对贫困或者面临灾难性支出的脆弱群体提供帮扶。新时代以来，社会救助体系年均保障低保人员 4000 万人以上、特困人

---

① 习近平：《新发展阶段贯彻新发展理念必然要求构建新发展格局》，《十九大以来重要文献选编》（中），中央文献出版社，2021，第 823 页。

员近 500 万人、临时救助人员 1000 万人次左右、各类生活无着流浪乞讨人员 230 万人次以上。① 此外,低保家庭和低收入家庭还可以根据在医疗、教育、就业、住房等方面面临的困难申请专项救助,以减轻经济负担。基于可及性数据的分析发现,新时代以来,我国城乡低保人数均处于总体下降趋势,城市低保人数由 2012 年的 2143.5 万人降至 2023 年的 663.6 万人,城市低保人数占城镇人口比重由 2012 年的 2.97% 降至 2023 年的 0.71%。农村低保人数由 2012 年的 5344.5 万人降至 2023 年的 3399.7 万人,农村低保人数和农村特困人员供养人数占农村人口比重由 2012 年的 9.24% 降至 2023 年的 8.04%(见表 1)。相比农村而言,城市低保人数降幅更为明显。

表 1　2012~2023 年城乡低保人数和农村特困人员供养人数及其占比

单位:万人,%

年份	城市低保人数	农村低保人数	农村特困人员供养人数	城市低保人数占城镇人口比重	农村低保人数和农村特困人员供养人数占农村人口比重
2012	2143.5	5344.5	545.6	2.97	9.24
2013	2064.0	5388.0	537.3	2.77	9.52
2014	1877.0	5207.0	529.1	2.45	9.42
2015	1701.1	4903.6	516.7	2.15	9.18
2016	1480.2	4586.5	496.9	1.81	8.87
2017	1261.0	4045.2	466.8	1.50	8.11
2018	1007.0	3519.1	455.0	1.17	7.34
2019	860.9	3455.4	439.1	0.97	7.41
2020	805.1	3620.8	446.3	0.89	7.98
2021	737.8	3474.5	437.3	0.81	7.85
2022	682.4	3349.6	434.5	0.74	7.71
2023	663.6	3399.7	435.4	0.71	8.04

资料来源:《中国统计年鉴 2023》、《2023 年民政事业发展统计公报》和《中华人民共和国 2023 年国民经济和社会发展统计公报》。

---

① 《十年来,我国基本建成了中国特色社会救助体系——兜牢民生底线　增进民生福祉》,中国政府网,http://www.gov.cn/xinwen/2022-09/09/content_ 5709081.htm。

对于城乡低保覆盖范围处于何种水平,需要辩证看待。覆盖范围的大与小,与低保标准的设定密切相关,也与诸如户籍制度、就业政策和精准扶贫措施等有关系。最低生活保障旨在帮助低收入人口满足最基本的生活需求,随着经济社会发展的进步、城市地区"零就业"家庭帮扶和农村地区的精准扶贫兜底保障,需要最低生活保障法定救助的人数规模总体上趋于缩小,并最终聚焦为向"三无"人员提供兜底保障。城市得益于就业机会的增多和"零就业"家庭帮扶措施持续推进,拥有城市非农户籍且有劳动能力的低收入群体需要依靠低保保障生活的情形持续减少。近年来,受益于精准扶贫和巩固拓展脱贫攻坚成果的持续性保障政策,农村低保救助人数比例基本保持稳定,甚至在疫情防控期间略有提升。城乡最低生活保障制度在保障低收入人口的最基本生活方面总体上做到了"应保尽保""应助尽助"。

新时代以来,尤其是在精准扶贫过程中,我国面向农村的教育救助覆盖面明显扩大。民族地区、原集中连片特困地区、原"三区三州"学生资助比例分别为46%、43%、82%,远远高于全国26%的平均资助比例。全国范围内建档立卡辍学学生实现动态清零,因贫失学、辍学已成为历史。① 医疗救助在精准扶贫和抗击新冠疫情中也发挥了十分重要的救急救助作用。据统计,2018年以来,各项医保扶贫政策累计惠及贫困人口就医5.3亿人次,助力近1000万户因病致贫家庭精准脱贫。② 实施门诊和住院救助人数由2020年的8408万人次增至2021年的8816万人次,2020年全国农村建档立卡贫困人口参保率和2021年全国纳入监测范围的农村低收入人口参保率均保持在99%以上。③ 总体而言,在现行制度标准下,社会救助制度在兜底保障贫困群体和脆弱群体的基本生活方面发挥了重要作用。

---

① 《教育部:2021年资助低保家庭学生700多万人,年资助金额572亿元》,教育部网站,http://www.moe.gov.cn/fbh/live/2022/54709/mtbd/202208/t20220830_656606.html。

② 《2020年全国医疗保障事业发展统计公报》,国家医疗保障局网站,http://www.nhsa.gov.cn/art/2021/6/8/art_7_5232.html。

③ 《2020年全国医疗保障事业发展统计公报》和《2021年全国医疗保障事业发展统计公报》。

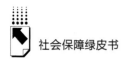

（二）待遇标准

按照《社会救助暂行办法》规定，社会救助制度坚持托底线、救急难、可持续，与其他社会保障制度相衔接，社会救助水平与经济社会发展水平相适应。[①] 社会救助各项政策中，最低生活保障待遇按照最低生活保障标准执行补差救助原则，灾害救助、医疗救助、教育救助、失业救助、住房救助和临时救助等的待遇，一般由县级以上人民政府结合本地经济社会发展情况动态确定，给予定额或者最高限额的救助待遇。随着经济社会发展，各项社会救助待遇标准总体上不断提升。以城乡最低生活保障标准为例，2017~2023年，城乡低保标准的年均增长率略高于城乡居民人均可支配收入和人均消费支出的年均增长率。其中，城市低保标准的年均增长率为 6.4%，同期城镇居民人均可支配收入和人均消费支出的年均增长率分别为 6.1%和 5.1%；农村低保标准的年均增长率为 9.6%，同期农村居民人均可支配收入和人均消费支出的年均增长率分别为 8.3%和 8.8%。

从城乡低保标准的替代率来看，2017~2023 年，城市低保平均标准占居民人均可支配收入比重维持在 18%左右，农村低保平均标准占居民人均可支配收入比重在 33%左右。与发达国家将贫困线设计为居民可支配收入的50%~60%相比，我国的低保标准依然相对偏低。从低保标准的购买潜力来看，城市低保平均标准占居民人均消费支出比重在 30%左右，而农村低保平均标准占居民人均消费支出比重则在 40%左右，农村低保在维持受助对象基本消费水平方面略好于城市低保。但总体而言，城乡低保标准在维持生活消费支出方面属于保基本的水平。表 2 的数据显示，2017~2023 年，城镇低保平均标准占居民人均消费支出比重要低于城镇居民人均食品烟酒和衣着支出占消费支出比重，这意味着，低保待遇无法使城镇低保对象满足平均水平上的食品类和衣着类消费。农村低保平均标准占居民人均消费支出比重略

---

① 《社会救助暂行办法》，国家法律数据库，https://flk.npc.gov.cn/detail2.html? ZmY4MDgwODE2ZjNjYmIzYzAxNmY0MTI0YmFiZjE5YmI。

高于农村居民人均食品烟酒和衣着支出占消费支出比重，低保待遇使农村低保对象刚刚满足平均水平上的食品类和衣着类消费。因此，尽管城乡最低生活保障待遇标准稳步提升，但低保对象与一般群众在消费能力方面还存在很大的差距。

表2　2017～2023年城乡低保标准及相关占比

单位：元/（人·年），%

年份	低保标准		低保平均标准占居民人均可支配收入比重		低保平均标准占居民人均消费支出比重		居民人均食品烟酒和衣着支出占消费支出比重	
	城镇	农村	城镇	农村	城镇	农村	城镇	农村
2017	6487.2	4300.7	17.8	32.0	26.5	39.3	35.8	36.8
2018	6956.4	4833.4	17.7	33.1	26.6	39.9	35.1	35.4
2019	7488.0	5335.5	17.7	33.3	26.7	40.0	35.0	35.4
2020	8131.2	5962.3	18.6	34.8	30.1	43.5	35.9	37.9
2021	8536.8	6362.2	18.0	33.6	28.2	40.0	36.2	38.1
2022	9027.6	6985.2	18.3	34.7	29.7	42.0	35.2	38.2
2023	9430.8	7455.6	18.2	34.4	28.6	41.0	—	—

资料来源：《中国统计年鉴2023》、《2022年民政部事业发展统计公报》、《2023年民政事业发展统计公报》和《中华人民共和国2023年国民经济和社会发展统计公报》。

（三）救助资金投入

我国社会救助资金以政府财政资金为主，社会救助资金由中央财政和地方政府财政共同承担。2018～2022年，我国财政类社会救助资金投入总额[①]分别为2497.75亿元、2593.38亿元、2962.34亿元、2861.04亿元和3133.41亿元，总体上呈增长态势。一般而言，社会保障支出占GDP比重、社会保障支出占财政支出的比重这两项指标经常被用于衡量社会保障支出水平。早在2009年，经济合作与发展组织（OECD）34个国家面向低收入家

---

① 根据数据可及性，此处财政类社会救助资金投入总额＝最低生活保障＋临时救助＋特困人员救助供养＋其他生活救助＋医疗救助的财政资金投入决算值总额。

庭的社会救助支出占 GDP 比重和占财政支出比重平均分别为 2.6% 和 5.7%。[①] 2018~2022 年，我国财政类社会救助资金投入总额占 GDP 比重依次为 0.27%、0.26%、0.29%、0.25% 和 0.26%，占一般公共预算支出比重分别为 1.13%、1.09%、1.21%、1.16% 和 1.20%（见表3），与 OECD 国家的平均水平依然存在较大差距。从中央和地方财政的责任分工来看，地方政府在社会救助资金支出方面承担了更大的责任。

表3 2018~2022 年财政类社会救助资金支出情况

单位：亿元，%

		2018 年	2019 年	2020 年	2021 年	2022 年
财政类社会救助资金投入总额		2497.75	2593.38	2962.34	2861.04	3133.41
财政类社会救助资金投入总额占 GDP 比重		0.27	0.26	0.29	0.25	0.26
财政类社会救助资金投入总额占一般公共预算支出比重		1.13	1.09	1.21	1.16	1.20
最低生活保障	中央支出	3.43	3.20	2.81	2.46	—
	地方支出	1459.06	1449.92	1677.07	1624.61	1813.78
临时救助	中央支出	0.91	1.39	1.15	0.67	—
	地方支出	159.08	166.60	188.92	142.64	152.29
特困人员救助供养	中央支出	0.24	0.23	0.21	0.22	—
	地方支出	296.13	344.20	408.94	410.28	462.93
其他生活救助	中央支出	0.09	0.12	0.12	0.02	—
	地方支出	109.13	109.82	116.96	97.95	106.69
医疗救助	中央支出	1.20	1.05	1.11	1.12	—
	地方支出	468.48	516.85	565.05	581.07	597.72

注：《中国财政统计年鉴 2023》中的"2022 年中央一般公共预算、决算收支"表格未列出财政类社会救助资金的投入情况。经查核，《中国财政统计年鉴 2023》中的"2022 年全国一般公共预算、决算收支"表格所列财政类社会救助资金的投入数与"2022 年地方一般公共预算、决算收支"所列财政类社会救助资金的投入数相同。

资料来源：GDP、一般公共预算支出的数据来源于 2019~2023 年《中国统计年鉴》，其余数据来源于 2019~2023 年《中国财政统计年鉴》。

---

① 张立彦：《政府社会救助支出存在的问题与对策》，《经济纵横》2013 年第 9 期。

从社会救助具体项目的财政支出情况来看，最低生活保障支出占社会救助支出的比重最高，2018～2022年，一直维持在57%左右；其次是医疗救助，其财政支出占社会救助财政总支出的比重维持在19%左右；特困人员救助供养财政支出占比由2018年的11.9%增至2022年的14.8%；其他生活救助支出占比整体呈下降态势（见图1）。

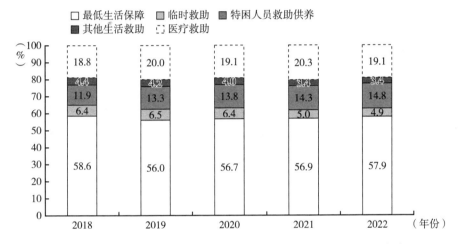

图1　2018～2022年社会救助具体项目财政支出占社会救助财政总支出的比重

由此表明，社会救助资金投入依然以最低生活保障、特困人员救助供养和医疗救助为主，社会救助推进共同富裕依然以保障基本生活和减轻因病致贫的经济负担为主。以医疗救助项目为例，2021年，全国医疗救助支出为619.90亿元，资助8816万人参加基本医疗保险，实施门诊和住院救助10126万人次，全国纳入监测范围农村低收入人口参保率稳定在99%以上。[①]但是相较于OECD国家，我国社会救助资金投入水平还有待进一步提升，并且社会救助具体项目中的资金投入结构应当进一步优化，以适应相对贫困治理的现实要求。

① 《2021年全国医疗保障事业发展统计公报》，国家医疗保障局网站，http：//www.nhsa.gov.cn/art/2022/6/8/art_ 7_ 8276. html？ from＝timeline。

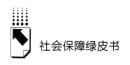

三 社会救助体系推进共同富裕存在的问题

（一）救助对象精准识别机制有待进一步健全

2020 年中共中央办公厅、国务院办公厅印发的《关于改革完善社会救助制度的意见》明确提出了建立健全分层分类社会救助体系的任务要求，而建立健全分层分类的社会救助体系的核心基础在于精准识别社会救助的对象，并按照救助对象的实际需求进行精准的分层分类。从共同富裕的视角来看，就是要通过精准识别，找出推进共同富裕进程中需要重点给予援助和扶持的救助对象。我国现行社会救助对象的识别办法大致以评估家庭收入和资产情况为主，划定最低生活保障标准来筛选救助对象。然而，在相对贫困治理阶段，城乡社会救助制度融合发展和救助对象类型需求的扩展对原有的救助对象识别机制和办法提出了新的要求。以 2023 年数据为例，我国低收入组家庭和中间偏下收入组家庭对应的人口数量超过 5.64 亿人，[①] 同年我国城乡低保救助人数和农村特困人员总数为 4649.6 万人，[②] 其占我国中间偏下和低收入组家庭对应人口数的比重仅为 8.2%。在最低生活保障标准之上的贫困边缘家庭和低收入家庭按什么样的标准纳入哪些范围的救助，是共同富裕视角下社会救助制度改革优化的政策难点。2023 年，农村低保对象占农村人口的比重、城市低保对象占城市人口的比重分别仅为 7.13% 和 0.71%，如果现行识别机制不做出调整，那么城市和农村的低收入家庭和特殊困难家庭仍将无法获得有效的社会救助。

（二）城乡社会救助制度不公平问题较为突出

受城乡二元结构影响，我国社会救助制度建设过程中，于 1999 年建立

---

① 依据《中华人民共和国 2023 年国民经济和社会发展统计公报》测算。
② 依据本报告表 1 数据计算得到。

城市低保制度、于 2007 年建立农村低保制度。按照属地管理原则,以低保
制度为主体的城乡社会救助制度各自发展完善,在识别办法、救助办法、救
助标准等方面都存在城乡差异。在相当长的一段时间内,贫困人口只能到户
籍所在地的农村或者城镇申领社会救助。随着我国经济社会发展水平的不断
提高,人口从农村向城市、从小城市向大城市等跨区域流动规模扩大,社会
救助制度城乡差距大的状况越来越不适应新型城镇化的发展趋势。这种不适
应的难点主要表现在两个方面。一是"人户分离"的流动人口无法完全享
有实际工作地(居住地)户籍人口所能享受的社会救助权益。尽管新冠疫
情期间有小部分地区规定外来务工人员可以申请临时救助,但户籍身份依然
是流动人口及时、有效获得实际工作地(居住地)社会救助的主要门槛。
二是同一行政划内城乡社会救助待遇差异较大。2015 年,上海和北京先
后全面完成城乡低保标准的统一并轨。随后,浙江、福建、广东、山东等在
全省或下辖市县区层级实现了城乡低保标准的统一。[1] 但是各地区城乡社会
救助待遇差较大,不公平问题依然较为突出。以 2022 年全国各省份城乡低
保标准为例,仅有北京、天津、上海、浙江 4 地的城乡低保标准相同,广
西、云南、西藏、陕西、甘肃和青海的农村低保标准占当地城市低保标准的
比重不足七成。[2]

(三)救助待遇的保障水平有待提高

社会救助待遇水平是否恰当直接关系受助对象的基本生活质量及其贫
困缓解程度。从国外社会救助制度实践经验来看,OECD 国家的社会救助
替代率一般维持在 50% 左右,也有以美国等为代表的部分国家社会救助替
代率维持在 30% ~ 50%。[3] 与这些国家相比,我国城乡低保标准的替代率依

---

[1] 宁亚芳:《2020 年后贫困标准调整的逻辑与构想》,《中州学刊》2020 年第 7 期。

[2] 依据《中国社会统计年鉴 2023》整理计算得到。

[3] Tony Eardley, "Means Testing for Social Assistance: UK Policy in an International Perspective," in Neil Lunt, Douglas Coyle eds., *Welfare & Policy: Research Agendas and Issues* (London: Auerbach Publications, 1996), pp. 58-78.

然偏低。正如上文所述，2017~2023年，我国城乡低保标准的年均增长率均略高于城乡居民人均可支配收入的年均增长率，但是目前低保待遇水平依然以保障受助对象的食品、衣着等支出为主。其中，城市低保标准替代率维持在18%左右，农村低保标准替代率略超过30%。加之低保待遇水平按照低保标准以补差原则计算，低保受助对象获得的实际低保待遇往往会比低保标准更低。为了解决低保待遇的实际购买力问题，我国建立了低保待遇动态调整机制，但是这种待遇调整主要与物价指数挂钩，因此社会救助只能维持原有的购买能力，而无法实质性地缩小贫困家庭与普通家庭之间的收入和实际生活差距。① 按照推进共同富裕缩小差距的要求，我国社会救助待遇水平还有进一步提升的空间。在兜底的基础上进一步缩小救助对象与其他群体的收入差距、生活质量差距，是提升社会救助待遇水平的着力点。

（四）救助方式依然较为单一

长期以来，我国社会救助待遇给付方式以现金为主，其他的待遇给付方式较少，目前仅有包括集中供养在内的少部分被救助群体可以享受居住、护理、就餐等方面的服务类救助，救助方式单一依然是制约社会救助效能的重要因素。2017年9月，民政部等联合印发《关于积极推行政府购买服务加强基层社会救助经办服务能力的意见》，提出"以强化社会参与、创新服务机制、拓展服务内容、统筹救助资源、提升服务效能为重点"，并明确了向社会力量购买社会救助服务的类别，其中服务性工作类社会救助服务就是指对社会救助对象开展的照料护理、康复训练、送医陪护、社会融入、能力提升、心理疏导、资源链接等服务。② 然而，受政府财政能力以及社会救助服务供给能力的影响，除为数不多的东部地区在拓展社会救助服务方面走在

---

① 关信平：《朝向更加积极的社会救助制度——论新形势下我国社会救助制度的改革方向》，《中国行政管理》2014年第7期。
② 《关于积极推行政府购买服务　加强基层社会救助经办服务能力的意见》，中国政府网，http://www.gov.cn/xinwen/2017-09/27/content_5227967.htm。

前列之外，其他地区的社会救助服务匮乏的状况没有从根本上得到改变，有不少地区的社会救助工作在救助方式上依然存在"重物质、轻服务""重输血、轻造血"现象。[①] 随着社会救助转向更大范围的低收入群体，受助对象对服务类社会救助的需求总量增加且服务类别更加多样。然而我国服务类社会救助的供给依然薄弱，尤其是在一些中西部地区，除了传统意义上的城乡低保待遇采用现金直接发放至银行卡外，并没有专业机构提供专业的服务类社会救助，更没有建立相应的费用保障制度，社会救助方式单一对社会救助效能的制约在中西部地区越发明显。

（五）社会救助在反贫困和缩小收入差距方面承压较大

我国的社会保障制度体系以社会保险为主干，社会救助在整个社会保障制度体系之中处于"兜底保障"的位置。换言之，如果社会保险制度在反贫困和缩小收入差距方面发挥的作用大，社会救助在反贫困和缩小收入差距方面的压力就会小。然而，目前我国养老保险、医疗保险等的反贫困和收入调节效应相对有限，如有学者研究认为，我国社会养老保险收入再分配的作用没有充分实现，甚至存在"逆向调节"。[②] 从反贫困的角度来看，我国城乡居民基本养老保险的待遇水平依然偏低，反贫困效果依然不足。2022 年，全国城乡居民养老保险领取待遇人数达到 1.63 亿人，月人均养老金为 189 元。[③] 依此计算，2022 年全国城乡居民养老保险养老金替代率（居民人均养老金/居民人均可支配收入）分别是 4% 和 11%，远低于城乡低保标准替代率。相比之下，参加城乡居民基本养老保险的老年人群体遭遇贫困的风险概率更大，老年人群体摆脱贫困则更加依赖社会救助制度发挥积极作用。

---

① 石玉：《5 个关键词 点击社会救助改革创新》，《中国民政》2022 年第 15 期。
② 王树文、刘海英：《社会养老保险收入分配效用分析及改革政策建议》，《学术研究》2016年第 5 期。
③ 《夯实民生之基的勇毅前行——2022 年全国社会保障工作述评》，人力资源和社会保障部网站，http://www.mohrss.gov.cn/wap/xw/rsxw/202212/t20221222_ 492116.html。

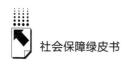

四 社会救助体系推进共同富裕面临的挑战

（一）相对贫困问题成为贫困治理重点

随着我国消除绝对贫困并开启全面建设社会主义现代化国家新征程，城乡居民的相对贫困问题开始成为国家贫困治理的重点。从国际贫困治理经验来看，解决相对贫困问题的两个基本手段是提高贫困线和多维识别贫困，其政策后果就是直接用于贫困治理的财政投入和精准识别多维贫困的政策运行成本增加。相对贫困人口规模和所需的包含财政在内的公共资源投入数量直接影响推进共同富裕的进程和实现程度。尽管学界对我国低收入人口的具体数量存在争议，但一般认为，我国依然处于一个低收入人口占多数的发展阶段。截至 2022 年 7 月底，中国已有 6200 多万低收入人口被纳入动态监测预警范围。[①] 李实等测算估计，中国大概有 9 亿~10 亿人是低收入人群；按照 2019 年人均收入标准测算，家庭人均月收入在 500 元以下的人口有 1 亿人左右，家庭人均月收入在 1000 元以下的大概是 3.1 亿人。[②] 低收入人口收入低的原因是多维的，这也意味着原有的社会救助制度要实现从保障基本生活拓展到解决低收入人口的多维贫困，这对于现行社会救助制度的政策框架和政策理念提出了新的要求。尤其是在精准识别救助对象并提供多元有效的救助待遇方面，现行社会救助制度的完善和优化面临不小的压力。

（二）人口老龄化加重老年人群体的救助压力

人口结构变化是推动社会救助制度调整优化的一个重要驱动因素。近年来，伴随着人口出生率的下降，我国人口老龄化程度显著提升。截至 2021

[①] 《中国已有 6200 多万低收入人口纳入动态监测预警范围》，"中国新闻网"百家号，https：//baijiahao. baidu. com/s？id＝1739394528183625455&wfr＝spider&for＝pc。

[②] 《李实：中国约 9 亿—10 亿人属低收入人群，其中 5 亿—6 亿人是"没钱消费"》，复旦大学网站，https：//brgg. fudan. edu. cn/articleinfo_ 2744. html。

年末，全国 60 周岁及以上老年人口超过 2.6 亿人，占总人口的 18.9%；全国 65 周岁及以上老年人口超过 2 亿人，占总人口的 14.2%；全国 65 周岁及以上老年人口抚养比为 20.8%。[①] 相比全国人口老龄化的总体水平，农村人口老龄化程度更加严重。《中国乡村振兴综合调查研究报告 2021》的抽样调查数据显示，农村常住人口中 60 岁及以上老年人口占比为 23.99%，65 岁及以上老年人口占比为 16.57%。[②] 由于老年人的收入来源单一且水平偏低，人口老龄化的加剧，会导致老年人贫困风险以及全社会的贫困风险增加。而当前，我国城乡居民养老保险的养老金待遇水平又十分有限，农村老年人的经济贫困问题更加突出。人口老龄化还会导致老年人对医疗护理方面的需求激增。目前我国老年人医疗护理服务短缺的局面仍未改变，获得医疗护理服务难、成本高的问题依然存在。人口老龄化加剧，将导致老年人的基本生活保障和医疗护理服务救助需求激增，对当前社会救助制度和资金供给提出现实挑战。

（三）非正规就业群体就业脆弱性问题突出

从我国低收入群体构成来看，除了通过精准扶贫摆脱绝对贫困状态的农村低收入群体之外，流入城市地区且以非正规就业为主的务工群体也是低收入群体的重要组成部分。近年来，随着科学技术的发展与经济发展模式的转型，我国依托互联网平台经济形成的快递服务员、外卖配送员、网约车司机、家政服务、网络主播等就业人群不断增多。一方面，互联网平台经济以其鲜明的灵活性和包容性为进城务工的人员提供了丰富多样的就业机会和增收机会；另一方面，进城务工人员在享受就业灵活性便利的同时，面临就业脆弱性的困扰，因为就业灵活性往往也意味着就业不稳定性，既包括就业关系的不稳定，也包括劳动报酬的不稳定，还体现为劳动就业过程中的劳动保护不足。然而，这些面临就业脆弱性问题的进城务工人员，却

---

① 《2021 年度国家老龄事业发展公报》，中国政府网，http://www.gov.cn/xinwen/2022-10/26/content_ 5721786. htm.

② 魏后凯主编《中国乡村振兴综合调查研究报告 2021》，中国社会科学出版社，2022。

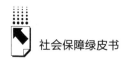
往往很难在工作所在地获得与户籍人口同等的社会保障。随着平台经济的深入发展和新业态的演变，城市地区非正规就业人员的就业脆弱性问题将给社会救助制度的包容性带来更加严峻的挑战，为城市非正规就业人员提供必要且合适的社会救助，是扎实推进共同富裕的一个难点。

五　构建新型社会救助体系的改革建议

中国式现代化进程中的共同富裕是全体人民的共同富裕，推进共同富裕的一个关键着力点和落脚点就是实现人民对美好生活的向往，缩小全体人民的收入差距和发展差距，坚决防止两极分化。围绕扎实推进共同富裕的总体目标，在相对贫困治理阶段，新时代社会救助的转型发展要在精准识别救助对象、提供多样化救助服务、促进制度公平高效运行方面采取优化措施，提升社会救助制度的整体效能。

（一）推进城乡社会救助对象识别办法的统一与优化

在相对贫困治理阶段，每个贫困者的致贫原因与救助需求都更加多样，而且贫困标准也更加多维，识别出需要救助的对象及其真实救助需求，是相对贫困治理阶段社会救助制度优化的首要任务。随着脱贫攻坚胜利收官，学界对我国贫困线以及社会救助标准的划定进行了充分讨论。例如，杨立雄提出改进绝对贫困线计算方法，基于相对贫困理念，以居民人均可支配收入的一定比例（如30%）为计算依据确定最低生活保障标准，从而较大幅度地提升受助家庭的转移支付水平。[①] 2020 年，中共中央办公厅、国务院办公厅印发了《关于改革完善社会救助制度的意见》，提出要"打造多层次救助体系。完善低保、特困和低收入家庭认定办法"[②]。然而，由于当前多地城乡

[①] 杨立雄：《从兜底保障到分配正义：面向共同富裕的社会救助改革研究》，《社会保障评论》2022 年第 4 期。

[②] 《中共中央办公厅　国务院办公厅印发〈关于改革完善社会救助制度的意见〉》，中国政府网，http：//www.gov.cn/zhengce/2020-08/25/content_ 5537371.htm。

社会救助制度尚未实现统一，多维贫困标准识别贫困对象尚未形成普遍适用的政策实践，真正按照分层分类办法开展社会救助实践的相对较少，因此，建议在推进城乡社会救助制度统一的进程中，切实明确识别相对贫困对象的标准。此外，救助对象的精准识别也有赖于经办管理能力的提升。民政部已鼓励各地运用微信、App、小程序、手机短信等智能化手段，推进社会救助全流程线上办理，通过"掌上办""指尖办"，方便困难群众查询办理社会救助。[①] 建议加大对各地区社会救助对象识别手段智能化、数字化建设的支持力度，提升社会救助对象识别能力。

（二）拓展低收入群体服务类社会救助供给

相较于低保救助对象，低收入群体往往都能够通过劳动就业获得一定的收入，维持基本生活状况并非低收入群体面临的首要难题。然而，低收入群体存在收入水平不高、劳动就业脆弱性大、劳动就业过程中意外伤害风险高、劳动就业与照料被扶养人口时间冲突等难题。例如，一些家庭陷入低收入贫困状态，并非这些家庭无人就业或者不愿意就业，而是因为这些家庭中的老年人、婴幼儿无人照顾，只能让部分家庭成员放弃工作照顾家人。这些家庭陷入低收入贫困状态，与其家庭照料服务成本难以合理分担有关。此外，低收入群体在医疗、教育、住房等方面面临困难时，提供有针对性的服务往往比向其提供一笔限额救助资金更能起到帮扶作用。进入相对贫困阶段，我们需要从多维贫困的视角去看待致贫原因和多样化的救助需求，单纯的现金救助难以满足多样化救助需求。而且，低收入群体在获得现金救助后以市场化方式购买所需要的服务，可能会因为社会资本不足等各方面的原因，难以真正获得所需的服务。因此，结合低收入群体救助需求的多样化趋势，建议拓展低收入群体服务类社会救助供给，进一步缩小低收入群体的发展差距。

---

① 石玉：《5 个关键词　点击社会救助改革创新》，《中国民政》2022 年第 15 期。

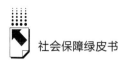

（三）优化社会救助资金多元主体投入和财政责任分摊机制

随着社会救助对象向低收入群体拓展，我国社会救助资金的投入需求规模也将不断扩大，这对进一步加大社会救助资金投入力度及优化社会救助资金投入的责任分摊机制提出了新要求。相较于提供旨在保障基本生活的低保待遇而言，低收入群体在医疗、教育、住房、失业、灾害等方面的救助资金需求更大，这不仅与潜在的低收入群体规模大有关，也与上述专项救助的待遇水平有关。以北京市为例，自 2022 年 7 月起，北京市最低生活保障标准为 15840 元/（人·年）［1320 元/（人·月）］，而同期北京市医疗救助的住院救助封顶线为 16 万元，因病致贫家庭救助封顶线为 15 万元。[1] 尽管专项救助大多以年度封顶或者一次性限额等方式发放救助待遇，但待遇资金量往往明显高于最低生活保障制度。因此，一方面，建议优化中央政府与地方政府的社会救助财政资金责任分摊机制。考虑到缩小低收入群体收入差距和发展差距的目标具有很强的外部性，在当前地方政府财力状况相对偏弱的情况下，建议适度加大中央财政在专项救助方面的投入力度，缓解县级政府缺乏有效财力开展低收入群体专项救助的困难。另一方面，建议加快推进社会救助多元主体参与。低收入群体的专项救助需求除了资金补助之外，还有服务类社会救助，而优质高效的服务类社会救助，除了政府直接提供外，更需要社会组织、非营利组织、市场化专业机构的广泛参与，建议通过政府购买服务、税收减免等方式，调动社会力量提供社会救助服务的积极性，形成多元主体协同提供社会救助的格局。

（四）提升社会救助管理经办服务效能

社会救助管理经办能力是社会救助制度治理能力现代化的体现，也是提升社会救助推动共同富裕效果的重要基础。随着我国城乡融合发展进一步深

---

[1] 《北京市医疗保障局等 7 部门关于健全重特大疾病医疗保险和救助制度的实施意见》，北京市人民政府网站，http://www.beijing.gov.cn/zhengce/zhengcefagui/202303/t20230328_2946600.html。

化，在人口流动加速和低收入群体劳动就业不确定性增强的背景下，快速让低收入群体便捷地表达救助需求、快速识别贫困状态、精准提供社会救助是社会救助制度适应经济社会发展形势变化的重要任务。2020 年，《民政部办公厅关于开展社会救助改革创新试点工作的通知》发布，组织全国 54 个地区开展为期两年的社会救助改革创新试点，① 其中就有不少涉及社会救助管理经办服务效能方面的探索。例如，北京市、上海市、广东省分别牵头推进京津冀地区、长三角地区、粤港澳大湾区社会救助信息互联共享和区域内社会救助政策统筹衔接，积极探索推进对象认定、救助标准、信息系统建设等方面的合作共享、协同发展，促进了区域内救助保障标准、政策创制等联动发展。② 一方面，建议围绕这些好做法、好经验，做好总结提炼和宣传推广，重点推进中西部地区社会救助管理经办服务的网络化、平台化、智能化、数字化改革，提升社会救助管理经办服务能力，缩小地区之间在社会救助管理经办服务方面的差距，切实提升各地低收入受助对象及时获得有效救助的获得感、幸福感。另一方面，建议在管理经办服务中，重点加强救助对象资格的动态监管，在突出"应保尽保"的同时，更加重视提升受助对象生活状态和受助状态的监测，做好低收入受助对象的"应退尽退"，确保救助资源的精准使用。

---

① 《民政部办公厅关于开展社会救助改革创新试点工作的通知》，民政部网站，https：//www. mca. gov. cn/n152/n165/c39168/content. html。

② 《民政部办公厅关于社会救助改革创新试点和 2022 年度社会救助领域创新实践活动有关情况的通报》，中国政府网，http：//www. gov. cn/zhengce/zhengceku/2023 - 02/04/content _ 5740031. htm。

G.5

共同富裕与慈善事业发展

——以 Y 慈善总会参与精准扶贫为例

都闪闪*

摘　要： 我国慈善组织在共同富裕目标的实现中发挥着不可忽视的作用。本报告在对慈善与共同富裕的关系进行理论阐述的基础上，以 Y 慈善总会这一具体的实体慈善组织为分析案例，深入研究了其在精准扶贫、促进共同富裕中的参与路径、存在的问题与完善的对策。慈善组织存在募资渠道狭窄，资金来源方式单一，参与社会扶贫的手段不够丰富，效率不高，慈善项目活动碎片化，与政府部门及其他社会组织联动较少等问题。基于此，本报告提出了完善慈善法治建设；强化慈善事业与社会保障制度的有机衔接；优化政府的激励政策与引导机制；发挥道德的引领作用，营造良好的社会慈善氛围等政策建议。

关键词： 慈善事业　精准扶贫　共同富裕

　　"十四五"规划明确提出，"人民生活更加美好，人的全面发展、全体人民共同富裕取得更为明显的实质性进展"，要"加大税收、社会保障、转移支付等调节力度和精准性，发挥慈善等第三次分配作用，改善收入和财富分配格局"。党的二十大报告中指出，要构建初次分配、再分配、第三次分配协调配套的制度体系，引导、支持有意愿有能力的企业、社会组织和个人积极参与公益慈善事业。这些重要论述不仅体现了党和国家对慈善事业的高

---

* 都闪闪，清华大学社会科学学院在站博士后，研究方向为社会保障与社会政策。

度重视，更体现出慈善事业在发挥第三次分配作用、推进共同富裕进程中的重要地位。

一　慈善事业促进共同富裕的机理分析

（一）第三次分配的概念与特征

第三次分配概念的首次提出是在经济学家厉以宁 1994 年出版的著作《股份制与市场经济》中，他认为在两次收入分配之外，还存在基于道德信念而进行的收入的第三次分配。[①] 目前，官方和学术界对第三次分配的概念阐述存在诸多版本，缺乏权威统一的定义。综合而言，其内涵核心思想可以概括为：第三次分配是基于社会机制作用的按自愿原则进行社会资源和社会财富分配的一种方式，它区别于基于市场机制作用的初次分配和基于行政机制作用的再分配，强调的是在道德力量、精神追求、文化习俗和社会责任等因素作用下，社会主体自发地将收入、财富等资源通过民间捐赠、慈善事业、志愿行动等方式无偿地转移给他方，以促进资源的合理流动，缓解贫富两极分化矛盾，促进社会公平，是对初次分配和再分配不足的补充。

表 1 为三次分配方式的对比，可以发现，与初次分配、再分配相比，第三次分配具有以下特征。一是道德性。初次分配以市场调节为主导力量，以追求自由竞争和效率为价值取向；再分配以政府为主导，主要通过政府财政转移和社会保障制度调节收入不公，以更好地实现社会公平为发展目标。相比之下，第三次分配以满足"需要"为价值取向，具有较强的自发性、道德性和公益性，强调出于自愿而不是强制，主要通过社会慈善机构、公益组织、基金会等展开，强调公共行为和公共责任。二是社会性。初次分配基于市场行为进行生产、交换和流通，具有较强的私人性，再分配以国家为主要的行为主体，具有较强的组织性和公共性。而第三次分配主要发生在介于私

[①]　厉以宁：《股份制与现代市场经济》，江苏人民出版社，1994，第77~79页。

人与国家之间的社会领域，是社会性主体在自愿参与过程中形成的道德性社会资源的再次分配，它超越了私人领域的私有性，也超越了以国家强制力为后盾的公共性，充分体现了运用公益资产实现社会公益分配的社会公共性特征。① 三是民间性。公益慈善组织是从事社会公益慈善事业和致力解决社会性问题的具有民间自愿性质的社会中介组织。② 承接第三次分配资源的主要载体为慈善组织，慈善组织大多由民间机构和社会人士依据相应的法律法规设立，具有较强的民间性。同时，我国近年来大力推动慈善组织"去行政化"，以更好地提高慈善组织的运行效率，完善慈善事业的管理体制和运行机制。

表1　三次分配方式的对比

分配类型	主导力量	资金来源	价值取向	主要受众	实现方式
初次分配	市场调节	个人劳动所得	讲求效率	劳动者	工资、奖金、分红等
再分配	政府调控	政府财政税收	讲求公平	弱势群体	社会保障、转移支付等
第三次分配	社会引导	个人、组织机构捐赠等	讲求需要	弱势群体、贫困家庭等	慈善事业、公益活动等

（二）第三次分配推动共同富裕的作用机制

第三次分配推动共同富裕主要通过再一次调节国民收入来实现，即居民在通过初次分配和再分配获得财富之后，再通过自愿的方式回报社会，在一定程度上可以克服市场分配失灵与政府分配失灵的弊端，再一次影响和调节社会财富的分配格局。厉以宁教授较早提出了"在经济运行的背后存在着第三种调节，这就是道德和习惯的调节"③。具体的作用路径可以分为以下

---

① 白光昭：《第三次分配：背景、内涵及治理路径》，《中国行政管理》2020年第12期。
② 王名等：《第三次分配：理论、实践与政策建议》，《中国行政管理》2020年第3期。
③ 于鸿君：《第三种调节——道德与习惯——评厉以宁〈超越市场与超越政府〉一书》，《经济与信息》1999年第8期。

三个方面。

第一，从经济角度看，单纯地依靠初次分配、再分配，市场机制和刚性的制度安排不可能包办和解决所有社会问题，资源的分配格局并不优化。第三次分配则可以通过社会渠道进一步优化配置这些资源，培育和释放新的增长动能，进一步推动生产力和生产效率提升，从而夯实共同富裕的物质基础。比如，第三次分配中，通过有能力者的捐献实现对落后地区或者弱势群体及有需要者的援助，可以产生调节财富分配的直接效应，同时有利于提高其教育、卫生、社会服务等基本公共服务水平，增强经济发展的内在动能。

第二，从收入分配格局来看，第三次分配再次调节社会财富，有利于缩小地区差距、城乡差距、收入差距，解决发展不平衡不充分的问题，加快形成合理有序的收入分配格局。如我国的基尼系数多年高于国际公认的警戒线，基于人口总数较多的事实，在一定的发展阶段，贫困人口的绝对数量也相对较多。而相较于初次分配、再分配，第三次分配更加强调对收入较低、生活处于困境等社会弱势群体、困难群体的帮扶，在一定程度上起到拾遗补阙、精准救助、守住社会道德底线的作用，有利于进一步缩小社会不同群体、地区之间的贫富差距，对扶贫济困、推动共同富裕起着更加直接的作用。

第三，从社会精神角度看，共同富裕不仅是经济上的共同富裕，同时要求社会及精神上的共同富裕。但实现精神、社会、价值观等"脑袋"的共同富裕，不仅需要市场调节、政府引导，更需要营造善爱之心、和谐社会、互帮互助等社会氛围，第三次分配便是先富起来的群体通过自愿捐献参与慈善事业，达到帮助困难群体和促进社会公益的目的，既是一种软性的又确是不可或缺的良性的解决社会问题和社会阶层对抗与冲突的机制，可以缓解社会不同阶层之间潜在的心理对抗，弘扬社会主义核心价值观，形成扎实推动共同富裕的良好社会氛围的扩散效应。

（三）第三次分配推动共同富裕的主要载体：慈善事业

一方面，第三次分配在实践中的发展与公益慈善事业密切相关。第三次分配主要是在自愿基础上通过个人所得转移等方式进行的再一次分配。[①] 慈善事业也以自愿为其普适性和首要原则，是建立在非强制性基础上的为了更好地实现公共利益的社会性公益事业。[②] 因此，第三次分配是慈善事业最重要的物质基础和发展的本质。同时，慈善事业是第三次分配发挥作用和实现资源更高效率分配的主要物质载体，慈善事业的发达程度影响了第三次分配的效能和结果，组织架构较完善、发展水平较高的慈善组织可以更加精准地实现扶贫济困的目标，能最大限度地实现第三次分配的发展目标。但同时，慈善事业第三次分配的作用并不是自动实现的，慈善事业的发展离不开初次分配、再分配和第三次分配之间的制度协调与配套。如只有企业和各类经济主体更好地生产和流通，慈善事业才能有更稳定、更多样的资金潜在来源和发展主体，政府的转移收入也是各类慈善事业重要的资金构成。[③] 另一方面，慈善事业体现了共同富裕的内涵。共同富裕是全体人民的富裕，不仅包含了生活富裕，也包含了社会和谐、精神自强等"社会价值"的内涵，是物质性和精神性的统一。慈善事业不仅可以作为调节收入分配的"社会价值"力量，也是化解社会贫富冲突的"润滑剂"，可以在社会不同阶层的人群之间建立起沟通、合作、理解、互助的桥梁，有利于促进社会和谐发展。

二　Y 慈善总会参与精准扶贫的状况与问题

（一）Y 慈善总会基本概况

Y 慈善总会位于我国中西部地区，其所在的省份有 31 个县区被列入国务院扶贫开发领导小组办公室的贫困县名单。Y 慈善总会成立于 2001 年 9 月，是所在省份最早建立的慈善组织之一，是由致力于慈善事业的慈善组织

---

① 厉以宁：《股份制与现代市场经济》，江苏人民出版社，1994，第 77 页。
② 郑功成：《发展慈善事业须遵循自愿原则》，《中国社会报》2022 年 5 月 27 日。
③ 郑功成：《构建和谐社会——郑功成教授演讲录》，人民出版社，2005，第 448 页。

及其他社会组织、企事业单位等有关机构和个人自愿组成的全省性、联合性、行业性、枢纽性、非营利性的公益社会团体。自成立以来，Y 慈善总会专注于扶贫济困领域，为其所在地区的扶贫工作做出了突出贡献。截至2020 年 12 月，全国共有县级以上各类慈善会 2707 家。其中地级行政区慈善会 325 家，覆盖率达 97.59%；县级行政区慈善会 2350 家，覆盖率达82.63%。此外，县区级慈善会所属的慈善分会及慈善联络站有 62342 家，其中 Y 慈善总会所在地区的慈善分会及慈善联络站超过了 2 万家。[①]

表 2、图 1 分别为 2014~2020 年 Y 慈善总会的资金收支结构及概况。在资金收支规模上，可以看出，2020 年 Y 慈善总会收入为 9.37 亿元，比 2014年的 0.697 亿元增长了 12 倍有余，资金收入规模显著扩大。结合图 1 可以发现，2014~2020 年 Y 慈善总会的总收入总体呈现上升的趋势。2016 年以前，Y 慈善总会的总收入相对稳定且规模较小，不足 1 亿元。2016 年，Y 慈善总会的资金收入明显增加，达到 2.95 亿元，2018 年再次出现迅速增长，超过 8 亿元，2019 年出现小幅度下降，2020 年超过 9 亿元。资金支出与收入趋势变化保持相对一致。2014~2020 年，Y 慈善总会资金支出总体上显著增加，其中 2018 年、2020 年是支出增加明显的年份。可以看出，Y 慈善总会自 2016 年开始，资金规模迅速扩大，这可能与我国 2016 年颁布《慈善法》有关，这是我国第一部关于慈善制度的基础性、综合性法律，具有划时代、里程碑的意义，有力地促进了慈善机构的发展。

在资金收支结构上，捐赠收入、政府补助收入、投资收益、其他收入等是 Y 慈善总会的主要资金来源。但不同资金来源的规模不一，其中，捐赠收入是 Y 慈善总会最主要的收入来源，在总收入中的占比超过 90%（2014年除外）。在资金支出上，主要包括业务活动成本、管理费用、筹资费用等，其中以业务活动成本为主。

---

① 《中华慈善总会第五届会员代表大会三次会议工作报告》，中华慈善总会网站，http://www.chinacharityfederation.org/nv.html? nid=d73b695c-fea8-41b6-8544-a1bd69b36810。

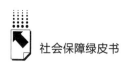
表 2　2014~2020 年 Y 慈善总会资金收支结构

单位：元

年份	年度收入				
	总收入	捐赠收入	政府补助收入	投资收益	其他收入
2020	937462550.90	927344935.64	4996000.00	4329532.88	792082.38
2019	610078441.73	595471946.17	11254000.00	3175480.12	177015.44
2018	830187484.06	811383759.39	14940411.85	3606416.32	241896.50
2017	279485275.96	263585687.11	11493600.00	4336907.25	69081.60
2016	295052183.20	275014458.28	14969800.00	5024005.69	43919.23
2015	78542532.61	74184030.86	1175989.17	3086319.78	96192.80
2014	69702178.62	57809999.62	10187300.00	1276933.96	427945.04

年份	年度支出				
	总支出	业务活动成本	管理费用	筹资费用	其他费用
2020	903859517.38	899257186.57	4441045.90	300.00	160984.91
2019	564219875.31	559053142.08	4852354.96	54677.00	259701.27
2018	842646478.84	837773892.76	4717922.08	67780.09	86883.92
2017	376303078.85	371657893.07	4285094.32	70860.70	289230.76
2016	153240277.67	149619773.88	3517644.23	155.00	102704.56
2015	73781750.09	69754100.24	3109094.89	7463.66	1100136.30
2014	66749781.58	63846774.74	2808026.63	45140.21	49840.00

资料来源：Y 慈善总会 2014~2020 年财务审计报告。

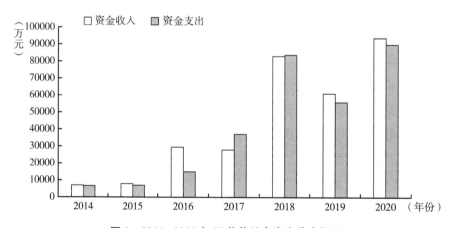

图 1　2014~2020 年 Y 慈善总会资金收支概况

资料来源：Y 慈善总会 2014~2020 年财务审计报告。

（二）Y 慈善总会参与精准扶贫的状况

扶贫济困是 Y 慈善总会开展慈善工作重要的出发点和落脚点。从其公布的 2014~2021 年工作报告中可以看出，扶贫济困是 Y 慈善总会工作的重要内容，并且其参与扶贫的内容和形式在我国不同的发展阶段不断发展、变化。

1. Y 慈善总会资金来源结构

如图 2 所示，Y 慈善总会超过 90%（2014 年除外）的收入来自慈善捐赠，少部分来自政府补助和投资收益等。其中，慈善捐赠的方式十分多样化，有捐赠资金、捐赠物资、设立基金、设立慈善信托、网络捐赠，以及捐赠股权、知识产权，提供志愿服务等其他方式。根据捐赠主体的不同，又可以划分为企业大额募捐、设立慈善基金、对接外联合作、福彩公益基金、联合其他慈善总会募捐、网络募捐等方式。其中，设立慈善基金成为慈善募捐最重要的渠道之一。截至 2019 年，Y 慈善总会已设立专项基金 93 个、冠名基金 64 个、小额基金 5695 个，基金规模近 6 亿元。[①] 同时，通过与省外境外公益机构、爱心企业的合作，争取特定项目援助也是募捐的方式之一。如 2021 年，通过与中华慈善总会合作实施药品援助项目和大病患者资金援助项目，发放 14 种国际援助药品，价值 3.23 亿元。此外，在互联网公益的背景下，网络募捐成为慈善募捐新的增长点。2018 年，Y 慈善总会设立网络募捐社会工作部，加大了网络募捐的工作力度，通过参与公益活动如 "99 公益日" 和与腾讯公益、水滴筹、支付宝公益等互联网平台合作推进日常网络众筹工作。在 2021 年 "99 公益日" 活动中，Y 慈善总会联合全省 217 家市县慈善会，募集善款 59142 万元。

2. Y 慈善总会参与扶贫的主要工作内容

结合 Y 慈善总会历年公布的年度工作报告可以发现：2014~2015 年，Y 慈善总会扶贫工作的开展主要体现在对社会困难群体、弱势群体的救助上，

---

① 河南慈善网，https：//www.henancishan.org/ry.html？id = 3672830a – d083 – 4b23 – ac20 – 58b725396911。

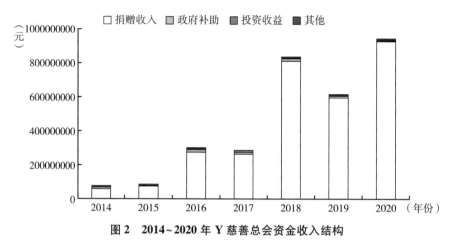

图 2　2014~2020 年 Y 慈善总会资金收入结构

资料来源：笔者根据 Y 慈善总会历年工作报告整理。

该时期"扶贫"两字未出现在工作计划或者工作总结之中，救助主要通过具体的项目开展，救助的规模较小且项目比较碎片化。如 2014 年，Y 慈善总会通过"点亮生命计划——贫困儿童大病救助项目"实施对贫困儿童的医疗救助，投入资金 1422 万元，直接受益儿童 42682 名；"慈善 SOS"紧急救助项目发放救助资金 781 万元，共救助困难群众 1328 人次。此外，还包括"微笑列车项目""乐龄计划项目""梦想家园项目""阳光助学计划公益项目"等。2015 年，Y 慈善总会开始与政府及社会组织展开合作，有针对性地开展慈善救助活动，参与扶贫的方式相较之前有所创新，如救助活动划分为自主实施类项目和合作类实施项目。其中，自主实施类项目主要通过基金会自身实施，包括"点亮生命计划"、"慈善 SOS"紧急救助项目、"乐龄之家项目"、"爱心 1+1—农民创业计划"等。合作类实施项目主要通过联合其他基金会及相关单位共同展开实施。如"微笑列车项目"，基金会通过与省卫计委印发相关治疗救助方案，通过慈善救助与新农合报销实现了对特定困难患病群体的帮扶，Y 慈善总会参与扶贫济困的成效较之前有所加强。①

---

① 河南慈善网，https：//www. henancishan. org/ry. html？ id = 3672830a－d083－4b23－ac20－58b725396911。

　　2016~2017 年，随着《慈善法》的颁布及我国脱贫攻坚任务的变化，Y 慈善总会开始围绕省委"打赢脱贫攻坚战"的目标，整合慈善资源，扶贫被正式列入工作计划。但该时期扶贫面向的群体主要包括贫困大学生、困境儿童、大病儿童、困难患者、困境群众等，参与扶贫的方式仍然主要为开展具体的项目，与政府部门、社会组织等并未形成有效衔接，社会效果有限。

　　自 2018 年起，Y 慈善总会以服务脱贫攻坚为重点目标，重新整合资源，逐渐形成了系统性、规模性扶贫工作纲领。如表 3 所示，将扶贫系统地划分为健康扶贫、教育扶贫、乡村振兴、慈善扶幼、慈善助老和慈善助困六个领域，进一步精准地发挥慈善事业扶贫济困的积极作用。其中，健康扶贫领域主要帮扶的对象为大病困难患者，实施的具体项目种类繁多，如自主实施项目"点亮生命计划——贫困儿童大病救助项目"、"慈善 SOS"紧急救助项目等，合作实施项目"为生命续航——大病赠药项目""拜科奇慈善救助项目""严重精神障碍慈善援助项目"等。2020 年健康扶贫领域共发放慈善款物 56927 万元，救助和帮扶大病群众 28396 人次。教育扶贫领域主要帮扶和救助的对象为困境儿童，如自 2017 年开始在省内国家级贫困县和省定贫困县开展的"助力脱贫攻坚·点亮学子希望"项目，截至 2020 年已资助困难大学生超 10000 名，募集基金超过 5000 万元。乡村振兴领域实施的主要项目包括在贫困地区开展产品扶贫项目和村社互助工程的建立，如通过动员大型企业在贫困县投资建厂，带动 3000 多户农民脱贫。慈善扶幼和慈善助老领域主要帮扶和救助的分别是困境儿童和困境老人，主要通过相应的帮扶项目实现对儿童和老人群体的救助。慈善助困领域更直接地面对困难群体，通过走访慰问活动、爱心接力等项目发放慰问金和救助金实现对困难群体的帮扶。

　　因此，可以看出，Y 慈善总会参与扶贫、助力共同富裕的工作内容经历了由零散到相对统一的过程，最初表现为碎片化的扶贫项目，主要面向个体如贫困个人、困难群众、受困农民等。随着《慈善法》的颁布以及 Y 慈善总会所在地区关于扶贫工作的调整，其参与扶贫有了相对完善统一的纲领，开始从不同的板块和领域分别开展扶贫济弱工作，扶贫工作相较之前更加系统化。

表 3　2018～2021 年 Y 慈善总会助力共同富裕的主要项目汇总

扶贫领域	主要扶贫项目	扶贫对象
健康扶贫	"点亮生命计划——贫困儿童大病救助项目"等	贫困大病儿童
	"合作实施药品援助项目和大病患者资金救助项目"	因突发事件或重大疾病而生活陷入困境的困难群众
	"高血压药品慈善援助项目"	贫困地区高血压群体
教育扶贫	"助力脱贫攻坚·点亮学子希望"等	国家级贫困县和部分省定贫困县中的特困学生、留守儿童和困境儿童
乡村振兴	动员大型企业在贫困地区建立生产基地等、"幸福家园"村社互助工程等	贫困地区
慈善扶幼	"儿童关爱之家""益童之家""孤儿公益保险项目"	困境儿童集中助养机构、困境儿童
慈善助老	"慈善敬老·衣暖人心"、"乐龄之家"援建项目等	困境老人
慈善助困	"慈善暖冬行""移动爱心接力基金""圣马斯慈善教育基金"等	困难群体

资料来源：根据 2018～2021 年 Y 慈善总会工作报告整理。

3. Y 慈善总会参与扶贫的主要工作方式

在具体的扶贫方式上，Y 慈善总会经历了由"单打独斗"到"合作共赢"的扶贫过程。2018 年以前，Y 慈善总会参与扶贫主要通过具体的慈善项目展开，参与的领域包括慈善助医、慈善助学、帮扶困难群众等，扶贫方式以发放物资及善款这种短暂性、直接性扶贫效果显著的手段为主，参与扶贫的深度较弱。自 2018 年起，Y 慈善总会以助力"脱贫攻坚"为目标，将扶贫系统地划分为健康扶贫、教育扶贫等六个领域，不断整合贫困资源，完善扶贫手段，同时与其他机构开展合作，使扶贫的深度加深，效率大大提高。

表 4 是 2018～2021 年 Y 慈善总会参与精准扶贫的协同主体汇总。可以发现，Y 慈善总会参与扶贫主要通过联合大型爱心企业和爱心机构、省市县慈善基金会和医院等开展具体的慈善项目，每一个慈善项目的开展都需要多

个协同主体共同参与完成，扶贫的深度加深。在业务的开展过程中，很多项目采取省、市、县联动的工作方式，利用企业、机构等的捐款开展具体的业务。如 2022 年 8 月，Y 慈善总会所在地区省、市、县三级民政部门与慈善总会联动，分级建立"困难群众救急难慈善专项基金"，对符合相关条件的困难家庭或个人给予紧急救助，尝试探索建立政府救助与慈善救助衔接的机制，扶贫更加精准，效率不断提高。再如在 Y 慈善总会"慈善 SOS"紧急救助项目中，由省、市、县三级慈善会联动，对因自然灾害和突发事件等原因而突然陷入困境的群众，给予不超过 1 万元的临时性生活救助。具体地，以"点亮生命计划——大病救助慈善项目"为例，Y 慈善总会针对省内低保、特困和三类边缘户中患有白血病、先心病、恶性肿瘤等重大疾病，住院治疗自费部分较高且无力全部承担的困难患者，采取"医保报销一部分、患者自费一部分、慈善救助一部分"的形式，救助标准为：个人实际负担医疗费用（医疗总费用减去医保报销、商业保险报销、各种救助金等）5 万元（含）以上，救助 1 万元。救助的程序为：救助人到户口所在地省辖市慈善会申请，慈善会在收到申请后，将符合条件的纳入项目救助范围，并报至省慈善总会；省慈善总会再次对申请资料进行审核，审核通过后将按项目资金审批流程报批；省辖市慈善会收到善款后，发放至救助对象。因此，这种方式能够在使困难群体得到政府救助的基础上，接续获得慈善总会帮扶，从而降低遇到突发情况时再次"返贫"的风险，体现了慈善总会在完善第三次分配、底线保障中的独特作用。

表 4　2018~2021 年 Y 慈善总会相关项目协同主体汇总

协同主体	具体主体	协同项目
各级慈善总会	中华慈善总会	"益路童行"
		"微笑列车"
		"药品援助项目和大病患者资金援助项目"
	全省市县慈善总会	"慈善敬老　衣暖人心"
		"慈善文化进校园"

续表

协同主体	具体主体	协同项目
基金会	美国"微笑列车"基金会	"微笑列车"
	湖北省劲牌公益慈善基金会	"劲牌阳光班"
	东润公益基金会	"助力乡村振兴 点亮学子希望"
	重庆儿童救助基金会	困境儿童救助
企业	许昌恒生制药有限公司、天方药业有限公司	高血压药品慈善援助项目
	中国再生医学国际有限公司	"艾欣瞳"人工角膜
	康利达集团	教育扶贫
	圣玛斯科技有限公司	产业扶贫
医院	省直三院	"助力乡村振兴、医院爱心行动"
	省儿童医院	"贫困大病儿童救助"
	省人民医院	角膜盲慈善扶贫复明项目

资料来源：根据 2018~2021 年 Y 慈善总会工作报告整理。

4. Y 慈善总会参与精准扶贫的效果

Y 慈善总会围绕脱贫攻坚大局，不断加大募捐力度，坚持精准救助，在助力扶贫济弱、第三次分配、促进共同富裕目标实现中发挥了重要作用。

如图 3 所示，2014~2021 年，Y 慈善总会在发放慈善款物价值及帮扶和救助困难群众人次上都呈现总体增加的趋势。具体地，在发放慈善款物价值上，2021 年 Y 慈善会接受社会捐赠 61.38 亿元，发放慈善款物 56.83 亿元，相比于 2014 年，发放慈善款物价值增加了 50.90 亿元，增长了近 9 倍。2014~2017 年，发放慈善款物价值呈现逐年增加的趋势，到了 2018 年、2019 年，发放慈善款物价值稍有下降，但 2021 年发放慈善款物价值急速上升。在帮扶和救助困难群众人次上，2014~2021 年，Y 慈善总会帮扶和救助困难群众人次呈现逐年增加的趋势。2014~2017 年，帮扶和救助困难群众人次稳步增加，由 8 万人次增加至 15.28 万人次。2018 年和 2019 年帮扶和救助困难群众人次分别增加至 30.20 万人次和 45.55 万人次，相比于 2017 年，分别增长了约 1 倍和 2 倍。2021 年，Y 慈善总会帮扶和救助困难群众人次出现了大幅增长，达到了 60.13 万人次，分别是 2014 年救助人次的 7.5 倍和 2019 年的 1.32 倍。这可能与 Y 慈善总会所在地区 2021 年经历的一场雨灾及加大精准救助的力度有关。

图 3　2014～2021 年 Y 慈善总会帮扶和救助困难群众人次及发放慈善款物价值

注：2020 年数据暂未公布。

资料来源：根据 Y 慈善总会历年工作报告整理。

表 5 是 Y 慈善总会 2018 年、2019 年及 2021 年主要实施项目的直接扶贫效果汇总。可以看出，Y 慈善总会帮扶的人群主要包括贫困学生、贫困大病患者、困境儿童及贫穷地区等。如在乡村振兴领域，2019 年 Y 慈善总会积极动员爱心企业和社会力量参与贫困地区和就业困难地区的脱贫攻坚。通过在贫困地区建厂，发展相关的产业，带动当地 3100 户居民脱贫。同时，动员大型爱心企业捐赠设立慈善扶贫基金，对 Y 慈善总会所在省 100 多个贫困村进行脱贫帮扶，受益群众达 63800 人次。此外，慈善助医的"慈善 SOS"紧急救助项目通过对因突发事件或重大疾病而陷入生活困境的困难群众发放慈善救助金，帮助大病群众走出困境，减少"大病致贫"的风险。

由此可以看出，Y 慈善总会通过多样化的参与方式把帮扶和救助困难群众作为慈善工作的出发点和落脚点，随着我国精准扶贫及共同富裕目标的不断完善，Y 慈善总会参与扶贫的工作内容及工作方式都有了调整，在巩固扶贫成果、促进社会和谐、助力乡村振兴、协助基层治理等多方面都发挥了慈善事业第三次分配的调节作用，成为促进共同富裕的重要力量。

表5　2018年、2019年及2021年Y慈善总会主要项目精准扶贫的效果

单位：万元，人次

救助领域	项目名称	募集善款	帮扶人数
乡村振兴	产业扶贫	620000.0	63800
教育扶贫	"助力脱贫攻坚·点亮学子希望"	2073.5	4461
健康扶贫	"点亮生命计划——贫困儿童大病救助"	1822.7	1189
	"慈善SOS"紧急救助项目	1245.5	2215
	"微笑列车项目"	717.0	3535
慈善助老	"乐龄之家"	300.0	39231
慈善扶幼	"益路童行"	394.0	3946

资料来源：根据Y慈善总会历年工作报告整理。

5. Y慈善总会参与精准扶贫存在的问题

第一，募资渠道狭窄，资金来源单一。Y慈善总会的资金来源主要有捐赠收入、政府补助、投资收益等，其中捐赠收入占比最大，且集中在少数企业。捐赠收入与经济发展形势、企业经营状况等密切相关，因此具有一定的不稳定性。而且狭窄单一的筹集渠道，反映出慈善总会未能充分动员蕴藏在民间的公益慈善潜能，长期下去，其社会影响力、号召力和公信力将会受到影响。

第二，参与社会扶贫的手段不够丰富，效率不高。相关研究指出，物质贫困往往只是贫困群体陷入贫困的表面形式，背后很可能隐藏着非常复杂的非物质性因素，如社会排斥、心理失衡、社会参与机会缺乏、权利匮乏、可行能力被剥夺、人力资本低下以及社会资本不足等。[①] 但通过对Y慈善总会

[①] 谢勇才、丁建定：《从生存型救助到发展型救助：我国社会救助制度的发展困境与完善路径》，《中国软科学》2015年第11期。

参与社会扶贫的情况进行分析发现,其参与扶贫的形式虽然多样,但大多仍然是拘泥于传统帮扶领域,扶贫项目趋同,内容相对单一,多集中在助学、助医助残、赈灾救灾、扶幼扶老等,扶贫的手段大多是根据贫困的症状和表现开展捐赠善款、物资等输血式或者生活救助式扶贫,在探索解决贫困的创新模式方面尚缺乏引领性和前瞻性,扶贫的效率总体不高。

第三,项目活动碎片化,与政府部门及其他社会组织联动较少。政府作为脱贫攻坚的主体,发挥着主导作用;慈善组织作为重要的社会力量,在整个脱贫攻坚任务中发挥重要的辅助作用,二者相互协调合作可以更好地完成扶贫任务,助力共同富裕目标的实现。通过对 Y 慈善总会参与扶贫方式的分析发现,相比之前,Y 慈善总会加强了与政府部门及社会组织的联动与合作,如慈善总会的"困难群众救急难慈善专项基金"通过建立政府救助与慈善救助的机制,对符合相关条件的困难家庭或个人给予紧急救助,从而提高救助的精准性。但总体看来,慈善组织与政府及社会组织之间并没有形成常态化、制度化的合作机制,合作大多停留在某类具体项目上。同时,政府相关部门与慈善组织之间缺乏必要的信息共享网络,扶贫信息、人员、物资难以充分共享和有效利用,无法发挥整体效应。如根据调研,Y 慈善总会往往根据自身所拥有的资源或者政府扶贫网站的信息去寻找帮扶对象,社会组织之间的信息共享平台相对缺乏。

三 更好发挥慈善事业促进共同富裕作用的建议

发挥第三次分配作用不仅要关心挖掘慈善资源、做大慈善"蛋糕",更要关注慈善资源的有效分配和慈善事业高质量发展。

(一)完善慈善法治建设

我国现行《慈善法》自 2016 年 9 月 1 日施行以来,在规范慈善活动、促进慈善事业发展等方面发挥了重要作用。与此同时,由于我国慈善事业起步相对较晚,发展不够充分,现行慈善法律制度建设总体还相对滞后,缺乏整体性和系统性，与慈善事业蓬勃发展的新形势不相适应。① 为促进慈善事业在实现共同富裕中更好发挥作用，建议完善慈善法律。一是将慈善事业纳入国家发展全局进行谋划，进一步明确慈善事业在完善我国现有分配制度以及构建多层次社会保障体系中的作用和定位。二是优化慈善事业发展的制度环境。基于我国目前慈善事业发展不充分的现实，强化政府鼓励支持慈善事业发展的政策取向，尽快补齐慈善事业发展实践需要的法律规制、制度政策缺失，进一步优化慈善领域关键机制设计，为慈善事业充分、快速、有序发展营造良好的法治环境。三是完善慈善事业发展的管理制度。例如，各省份可以根据《慈善法》，对慈善机构认定、慈善事业范围、税收优惠以及"互联网+慈善"等进行进一步的规范，为慈善事业的发展提供良性制度保障。另外，要建立起合理、透明的审计监督机制及相应的处罚制度，并设置专门的执行部门，保证制度政策得到有效落实，推进依法治善工作的顺利进行。

（二）强化慈善事业与社会保障制度的有机衔接

慈善事业是中国社会保障体系的有机组成部分。早在2004年10月，党的十六届四中全会决议即指出，"健全社会保险、社会救助、社会福利和慈善事业相衔接的社会保障体系"，明确将慈善事业纳入社会保障体系。② 同时，《慈善法》对慈善活动的界定与社会保障制度在目标和功能上是一致的，且慈善事业本身就是多层次社会保障体系的重要内容。因此，推动慈善事业与社会保障体系的有机衔接是促进资源整合、增强整体效能的必然要求。如社会救助与社会福利机构、医疗保险机构主动与慈善组织对接，不仅会为慈善事业发展拓展空间，也能使这些保障制度得到更有效的落实。中外发展实践表明，社会救助和社会福利事业的发展离不开包括慈善组织在内的各类社会力量的支持，各类慈善组织可以而且应该在配置社会资源和提供公

① 李建国：《关于〈中华人民共和国慈善法（草案）〉的说明——2016年3月9日在第十二届全国人民代表大会第四次会议上》，《中华人民共和国全国人民代表大会常务委员会公报》2016年4月15日。
② 陈斌：《共同富裕视角下的慈善事业》，《中国社会保障》2022年第2期。

益服务方面发挥更加积极的作用。比如，慈善组织开展的扶贫济困等活动是政府部门社会救助的有益补充，各类慈善组织提供的养老、育幼、助残等公益服务使国家的福利政策有了更广泛、更可靠的实施载体，并在一定程度上具有满足不同群体的个性化福利需求的独特优势。

（三）优化政府的激励政策与引导机制

一方面，从各国慈善发展的过程来看，在政府对慈善事业的扶持政策与激励措施中，税收的作用最直接也最重要，因此要推进慈善事业高质量发展，就要完善相关税收政策。如我国税收制度中直接税占比不够高，整体税制设计对慈善的激励机制不够明显，加大直接税比例的改革方向将有利于进一步发挥财税政策对慈善事业的促进作用。同时，要完善遗产税、赠与税及相关慈善免税政策，扩展捐赠资产类别，简化慈善捐赠及社会组织运营的审批程序，完善慈善信托财产登记管理办法，进一步释放慈善事业潜能。另一方面，要强化部门责任，细化和落实《慈善法》规定的用地、人才培养、金融助力等相关激励政策。增加政府购买慈善公益服务的公共投入，引导和激励更多社会力量投身慈善事业，助力慈善事业在扶贫及推动共同富裕中发挥更大的作用。

（四）发挥道德引领作用，营造良好的社会慈善氛围

第三次分配遵循自愿原则，慈善事业的社会土壤是善爱之心。进入向第二个百年奋斗目标进军的新发展阶段，党中央多次倡导全社会应当传播慈善文化、发扬慈善精神、弘扬传统美德。习近平总书记曾谈到"'赠人玫瑰，手留余香'。大爱无疆、仁者爱人。这种舍己为人、乐善好施的高尚品质，是社会主义核心价值观的具体体现，是中华民族传统美德的具体体现"[1]。在此背景下，应该加强社会道德的引领作用，促使更多的先富者带动后富者

---

[1] 《习近平会见第五次全国自强模范暨助残先进集体和个人表彰大会受表彰代表》，新华网，http://www.xinhuanet.com/photo/2014-05/17/c_1110732064.htm。

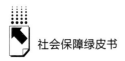

实现共同富裕的发展目标。首先，从爱国主义教育入手。爱国是公民最基本的道德。在国家倡导第三次分配的时代背景下，积极响应政策，为国家优化财富配置贡献力量，是爱国主义的重要表现。其次，注重集体主义教育。科学把握集体主义与个人利益二者之间辩证统一的关系。最后，树立正确的人生价值观。将个人成就与社会贡献相统一，将个人成就置于国家与社会的大格局、大视野中。打赢脱贫攻坚战需要全社会力量的广泛参与，只有在全社会形成慈善扶贫的良好氛围，才能提高人们参与慈善扶贫的热情和积极性，增强慈善扶贫的公信力，进而推动慈善扶贫实践的发展。

专题报告 ⟫

G.6

缩小基本养老保险待遇差距研究[*]

王国洪[**]

摘　要：　基本养老保险作为社会保障体系的重要组成部分，具有惠及面广、时间周期长、专业技术要求高、基金规模大、社会关注度高等特点。科学合理的基本养老保险制度通过互助共济、转移支付、促进劳动力自由流动等方式，达到调节收入分配、降低社会贫困风险和促进经济增长的目标，进而推动全体人民实现共同富裕。然而，由于历史和特殊国情，我国对不同群体设计了不同的养老保险制度模式，针对正规就业群体设立了城镇职工养老保险制度，针对非正规就业群体或未就业群体设立了城乡居民养老保险制度。两项制度在覆盖面、筹资模式、缴费标准、财政补贴、待遇确定及调整机制等方面存在不公平现象，造成基本养老保险待遇间存在较大差异，进而影响了基本养老保险制度的公平与效率。在扎实推进共同富裕的过程中，需要进一步完善制度以强化基本养老保险收入再分配功

---

　* 本报告得到北京市社会科学基金项目"北京市最低工资与最低生活保障间的梯度及调整机制研究"（项目编号：22JCC105）的支持。
　** 王国洪，北京石油化工学院副教授，研究方向为社会保障理论与政策。

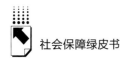

社会保障绿皮书

能；扩大养老保险覆盖范围，实现"制度全覆盖"走向"人群全覆盖"；促进财政补贴正向匹配，控制补贴总规模；建立科学合理的养老保险待遇动态确定及调整机制。

关键词： 城镇职工养老保险　城乡居民养老保险　共同富裕

一　基本养老保险与共同富裕的关系

共同富裕既是中国特色社会主义的本质要求，也是中国式现代化的重要特征。基本养老保险作为我国社会保障体系的重要组成部分，在降低劳动者年老后收入下降的风险、促进劳动力自由流动、促进经济发展、维护社会公平、实现广大居民共享改革成果等方面发挥着重要作用，是我国扎实推进共同富裕的重要手段。基本养老保险与共同富裕的关系主要体现在以下两个方面。

一是完善的养老保险体系通过稳预期、促消费、优化劳动力资源配置促进经济增长，进而促进共同富裕。合理的养老保险制度可以化解居民年老后收入下降的风险、为全体老年人提供持续稳定的养老金，以确保其年老后的基本生活。因此，完善的基本养老保险制度能较为有效地消除人民的养老之忧，使人民对生活预期更加稳定，有利于营造积极、和谐、稳定的社会环境，进而有利于促进经济发展。消费作为拉动经济增长的三驾马车之一，对于推动经济增长至关重要，而完善的养老保险制度有利于促进消费。对于退休的中低收入老年群体而言，养老金作为其年老后的重要收入保障，可以直接提升其有效需求能力，进而促进消费增长；对于在职劳动者群体而言，养老保险通过跨期安排，可以平衡在职阶段和退休阶段的收入，进而提升在职劳动者的消费信心。此外，养老保险作为影响劳动力资源配置的重要因素，在提高人力资本投资、促进劳动力自由流动和提升企业核心竞争力方面起着积极的作用，进而促进经济增长和劳动者收入水平的提高，以促进共同富裕目标的实现。

124

二是完善的养老保险体系通过互助共济、转移支付等方式调节收入分配，促进社会公平正义，进而有利于推进全体人民实现共同富裕。职工养老保险要求所有成员按工资收入的一定比例缴纳养老保险费，当劳动者年老后，可以按一定的标准领取养老金，这种方式有利于实现不同收入人群间的互助共济。职工养老保险通过现收现付制的财务模式，实现了代际的互助共济；通过中央调剂金制度推进职工养老保险全国统筹，实现了地区间的互助共济。城乡居民养老保险个人缴费部分全部进入个人账户，其互助共济性较弱；城乡居民基础养老金全部由财政资金转移支付，其再分配功能较强，有利于提高城乡居民养老保险待遇水平，进而促进共同富裕目标的实现。

二　我国基本养老保险的发展与成就

（一）养老保险由"制度全覆盖"向"统筹"转变，为老年群体共同富裕提供制度支撑

新中国成立以来，政府积极推进养老保险体系建设，根据经济和社会发展水平，依据参保人的就业和户籍，逐步建立了机关事业单位养老保险、城镇职工养老保险、新型农村社会养老保险和城镇居民养老保险，到2012年，我国基本养老保险实现了"制度全覆盖"，人人均可参加养老保险。党的十八大以来，政府积极推进养老保险制度整合。2014年2月，国务院发布了《关于建立统一的城乡居民基本养老保险制度的意见》，人力资源和社会保障部、财政部发布了《城乡养老保险制度衔接暂行办法》，对城乡居民基本养老保险的覆盖范围、资金来源、待遇给付、基金管理等进行了统一规定，到2015年，全国基本实现了城乡居民基本养老保险制度的统一，促进了城乡非就业群体在基本养老保险层面的公平。2015年1月，国务院发布《关于机关事业单位工作人员养老保险制度改革的决定》，要求对机关事业单位基本养老保险进行全面改革，除待遇计发办法采取了老人老办法、中人中办法、新人新办法的过渡政策外，缴费标准、运行机

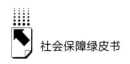

制与城镇职工养老保险制度完全一致，实现了机关事业单位工作人员与企业职工在基本养老保险层面的公平。2018 年实施企业职工基本养老保险基金中央调剂金制度，旨在缓解地区间养老负担和解决基金结余分布不均等问题，为企业职工养老保险全国统筹奠定了基础。至此，我国农村居民和城镇居民的基本养老保险制度实现统一，机关事业单位和企业职工基本养老保险制度实现并轨，打通了企业职工养老保险与城乡居民养老保险制度的衔接通道，中央调剂金制度加大了对地区间养老保险的调节力度，使我国基本养老保险制度不断整合优化，为老年群体共同富裕提供了制度保障。

（二）养老保险待遇水平不断提高，为老年群体共同富裕提供经济支撑

养老保险覆盖人群不断扩大，财政补贴持续增加，待遇标准不断提高，为老年群体共同富裕提供了有力的经济支撑。1990 年全国参加养老保险人数为 6166 万人，占制度内应参保人数的 7.46%，到 2023 年，全国参加基本养老保险人数达到 106643 万人，占制度内应保人数的 90.45%[①]，养老保险基本实现了人群全覆盖。各级财政对基本养老保险的补贴持续增长，从 2012 年的 3883 万元增加到 2022 年的 10548 万元，10 年左右增长了 1.72倍。养老保险待遇水平不断提高，使老年群体共享经济社会发展成果。自 2005 年以来，职工养老保险待遇持续增长，从 2005 年的月均 771 元增加到 2023 年的 3743 元，城乡居民养老保险待遇从 2012 年的月均 72 元增加到 2023 年的 223 元。养老待遇的持续提高为保障和提高老年群体生活，促进共同富裕提供了重要的经济支撑。

---

① 养老保险覆盖率应为养老保险参保人数/（总人口−16 岁以下人口−16 岁以上的大中专学生），由于数据限制和计算方便，此处采用养老保险参保人数/（总人口−14 岁以下人口）来表示，即真实的基本养老保险覆盖率略高于本处计算的基本养老保险覆盖率。原始数据来源于人力资源和社会保障部网站，经笔者计算整理。

（三）养老保险为经济体制改革提供有力保障，为共同富裕提供重要的动力源泉

养老保险制度是经济体制改革的配套工程，我国养老保险制度模式由改革开放前的国家保障模式转变为社会保险模式，对顺利推进我国由计划经济向社会主义市场经济转换发挥了重要作用，为全体人民的共同富裕提供了重要的动力源泉。改革开放前，我国实行完全的计划经济体制，工薪劳动者的流动性极低，其在职期间不用缴纳养老保险费，退休时可到原单位按级别领取相应的退休金。改革开放后，为了解决不同企业养老负担千差万别的问题，保障企业间能在同一平台公平竞争，将原有的单位保障模式转变为社会保险模式，劳动者的流动性有所增强，进一步激发了企业活力。随着改革的进一步深化，企业职工养老保险与机关事业单位养老保险并轨，城镇居民养老保险与新型农村社会养老保险合并，职工养老保险与城乡居民养老保险制度衔接通道开通，社会保险征缴体制由多元混合征收模式转换为税务全责征收模式，并将企业职工养老保险单位费率统一调整为16%，开始实施养老保险中央调剂金制度，这一系列的养老保险改革有利于劳动者跨职业、跨地区自由流动，有利于激发市场活力，促进了企业间公平竞争，有力地推动了我国各地区经济的快速发展，为我国经济体制改革及国家治理体系和治理能力现代化做出了重大贡献，为我国共同富裕提供了重要的动力源泉。

三　推进共同富裕中基本养老保险面临的挑战

（一）制度可及性强，但覆盖面仍有较大扩大空间

每一个社会成员是否具有同等机会参加基本养老保险是衡量基本养老保险制度公平性的重要指标。如果社会成员可以根据自己的收入水平和养老意愿，自主选择参加不同的基本养老保险，则说明基本养老保险制度较

为公平。无论是城镇职工养老保险制度，还是城乡居民养老保险制度，均没有限制参保人的职业、户籍、身份等条件，具有参保意愿和能力的灵活就业人员或城乡居民均可参加城镇职工养老保险，没有参加城镇职工养老保险的人员均可自主参加城乡居民养老保险，即城镇职工养老保险制度和城乡居民养老保险制度均未将任何群体排除在制度之外，表明制度设计较为公平。

我国基本养老保险制度为权利性制度设计，社会成员需要参加相应的制度才能获得养老金，因此，参保率是衡量基本养老保险制度公平性的重要指标，养老保险参保率越高，说明制度越公平。2009～2022年我国基本养老保险参保人数及参保率比较如表1所示，由此可知，第一，城镇职工养老保险参保率在2009年显著高于城乡居民养老保险参保率。2009年，城乡居民养老保险参保人数为7135万人，应保人数为58775万人，参保率为12.14%；同年，城镇职工养老保险参保人数为17743万人，城镇就业人员数33322万人，参保率为53.25%，城镇职工养老保险参保率比城乡居民养老保险参保率高41.11个百分点。第二，无论是城镇职工养老保险参保率，还是城乡居民养老保险参保率，均呈现整体上升的趋势。城镇职工养老保险参保率由2009年的53.25%提高到2022年的79.93%，提高了26.68个百分点；城乡居民养老保险参保率由2009年的12.14%提高到2022年的92.46%，提高了80.32个百分点。第三，城乡居民养老保险参保率增速显著快于城镇职工养老保险参保率，城乡居民养老保险参保机会公平趋势明显，2022年参保率达到了92.46%，基本实现了形式公平；2022年城镇职工养老保险参保率为79.93%，其公平性还有较大的提升空间。从理论上看，城镇职工养老保险要求职工强制参加，而城乡居民养老保险为自愿参加，故城镇职工养老保险参保率应高于城乡居民养老保险参保率才比较合理。造成城乡居民养老保险参保率反而高的原因，可能与部分城镇职工认为城镇职工养老保险缴费负担较重，进而选择参加城乡居民养老保险有关。

表1　2009~2022年我国基本养老保险参保人数及参保率比较

单位：万人，%

年份	16~59岁人口数	城镇职工养老保险参保人数	城镇就业人员数	城镇职工养老保险参保率	城乡居民养老保险参保人数	城乡居民养老保险应保人数	城乡居民养老保险参保率
2009	92097	17743	33322	53.25	7135	58775	12.14
2010	93967	19402.3	34687	55.94	7414.2	59280	12.51
2011	94072	21565	36003	59.90	23721.7	58069	40.85
2012	93727	22981.1	37287	61.63	34987.3	56440	61.99
2013	91954	24177.3	38527	62.75	35627.8	53427	66.69
2014	91583	25531	39703	64.30	35794.8	51880	69.00
2015	91096	26219.2	40916	64.08	35671.9	50180	71.09
2016	90747	27826.3	42051	66.17	35576.8	48696	73.06
2017	90199	29267.6	43208	67.74	35657.1	46991	75.88
2018	89729	30104	44292	67.97	36493.6	45437	80.32
2019	89640	31177.5	45249	68.90	37234.1	44391	83.88
2020	89435	32858.7	46271	71.01	38175.6	43164	88.44
2021	88222	34917.1	46773	74.65	38584.1	41449	93.09
2022	87556	36711.0	45931	79.93	38488.1	41625	92.46

注：城镇职工养老保险参保人数为在职职工参加养老保险人数，城镇职工养老保险参保率用在职职工参加养老保险人数除以城镇就业人员数得到；城乡居民养老保险参保人数由城乡居民社会养老保险参保人数减去城乡居民社会养老保险实际领取待遇人数得到；城乡居民养老保险应保人数用16~59岁人口数减去城镇就业人员数得到。

资料来源：原始数据来源于2009~2022年《国民经济和社会发展统计公报》和历年《中国统计年鉴》，笔者计算整理。

（二）筹资模式与缴费标准存在较大差距

城镇职工养老保险实行统筹账户与个人账户相结合的模式，资金筹集主要由企业和个人共同承担。对于正规就业人员，单位按职工上一年度月平均工资的16%缴纳进入统筹账户，个人按上一年度月平均工资的8%缴纳进入个人账户；对于灵活就业人员，以当地社会平均工资的60%~300%为缴费基数，缴率按20%缴纳，其中，12%进入统筹账户，8%进入个人账户。城乡居民养老保险资金筹集主要来源于个人缴费和政府补贴，有条件的集体给予适当补助，城乡居民的个人缴费和政府补贴均进入个人账户。城镇职工养老保险为强制性保险,而城乡居民养老保险为自愿参加型保险。城乡居民养老保险分档次按年缴费,不同地区缴费档次和政府补贴不尽相同。例如,北京 2023 年城乡居民养老保险最低年缴费 1000 元,最高 9000 元,参保人可在此区间自行选择合适的标准缴费,政府对于个人缴费在 1000 元至 2000 元以下(不含 2000 元)的,每人每年补贴 60 元;个人缴费在 2000 元至 4000 元以下(不含 4000 元)的,每人每年补贴 90 元;个人缴费在 4000 元至 6000 元以下(不含 6000 元)的,每人每年补贴 120 元;个人缴费在 6000 元至 9000 元的,每人每年补贴 150 元。① 贵州从 2021 年至今,其城乡居民养老保险缴费分为 10 档,分别为 100 元(限特困群体)、300 元、400 元、600 元、800元、1000 元、1500 元、2000 元、2500 元、3000 元,政府按参保人缴费额的10%给予补贴。②

从基本养老保险人均缴费额的绝对值可以看出,无论是城镇职工养老保险还是城乡居民养老保险,人均缴费标准的绝对值均稳步提高。2010~2022年基本养老保险缴费标准比较如表 2 所示。城镇职工养老保险人均缴费标准从 2010 年的 6916 元增加到 2022 年的 17249 元,增长了约 1.49 倍;自 2014年新型农村社会养老保险与城镇居民社会养老保险合并后,城乡居民养老保险年人均缴费标准呈逐年增长的趋势,从 2014 年的人均缴费 645 元增加到2022 年的 1457 元,增长了 1.26 倍。基本养老保险年人均缴费占城镇单位就业人员上一年度平均工资的比重可以在一定程度上反映基本养老保险相对缴费水平。总体来看,城镇职工养老保险相对缴费水平明显高于城乡居民养老保险。2010~2019 年城镇职工养老保险人均缴费标准占城镇单位就业人员上一年度平均工资的 20% 左右,2020~2022 年其相对标准有所下降,分别为 14.92%、17.78% 和 16.15%;2010~2022 年城乡居民养老保险人均缴费标准占城镇单位就业人员上一年度平均工资的比重介于 1.23%~1.90%,其中,2010 年为 1.90%,其余年份均低于 1.5%。

---

① 资料来源:北京市人力资源和社会保障局,http://rst.beijing.gov.cn/。
② 资料来源:贵州省人力资源和社会保障厅,http://rst.guizhou.gov.cn/。

表2　2010~2022年基本养老保险缴费标准比较

年份	城镇单位就业人员上一年度平均工资(1)	城镇职工养老保险人均缴费标准(2)	(2)/(1)×100%	城乡居民养老保险人均缴费标准(3)	(3)/(1)×100%	(2)/(3)×100%
2010	32244	6916	21.45%	612	1.90%	1131%
2011	36539	7834	21.44%	451	1.23%	1737%
2012	41799	8703	20.82%	523	1.25%	1665%
2013	46769	9381	20.06%	576	1.23%	1629%
2014	51483	9913	19.26%	645	1.25%	1536%
2015	56360	11191	19.86%	800	1.42%	1398%
2016	62029	12599	20.31%	824	1.33%	1528%
2017	67569	14798	21.90%	927	1.37%	1597%
2018	74318	16997	22.87%	1052	1.42%	1616%
2019	82413	16973	20.60%	1103	1.34%	1539%
2020	90501	13505	14.92%	1271	1.40%	1062%
2021	97379	17314	17.78%	1384	1.42%	1251%
2022	106837	17249	16.15%	1457	1.36%	1184%

资料来源：原始数据来源于历年《中国统计年鉴》，笔者计算整理。

（三）财政补贴的错位加剧了制度间的不公平

城镇职工养老保险与城乡居民养老保险构成了我国基本养老保险体系。相较而言，城乡居民养老保险待遇水平相对较低，参保群体的可支配收入相对有限，财政应给予城乡居民养老保险更多的财政补贴。表3为2010~2022年城镇职工养老保险与城乡居民养老保险财政补贴总额及人均财政补贴额情况，从表中可以看出，我国财政对基本养老保险的补贴呈增长的趋势，2010年各级财政对城镇职工养老保险的补贴额为1954亿元，2022年达到7105.95亿元，增长了2.64倍；2010年各级财政对城乡居民养老保险的补贴额为228亿元，2022年增加到3442.22亿元，增长了14.10倍。财政对基本养老保险的补贴主要用于支付退休人员的养老金，因此，可以用财政对养老保险的补贴除以养老保险领取人数去衡量财政对退休人员的补贴情况，

2010 年城镇职工养老保险人均财政补贴额为 3099 元，到 2022 年城镇职工养老保险人均财政补贴额增加到 5208 元，增加了 2109 元；2010 年城乡居民养老保险人均财政补贴额为 796 元，2022 年增加到 2090 元，增加了 1294元。2010 年城乡居民养老保险人均财政补贴额占城镇职工养老保险人均财政补贴额的 25.70%，到 2022 年增长到 40.14%，增加了 14.44 个百分点，这在一定程度上表明我国城乡居民养老保险人均财政补贴额的增长快于城镇职工养老保险。

表 3　2010~2022 年基本养老保险财政补贴情况对比

年份	城镇职工养老保险财政补贴额（亿元）	城乡居民养老保险财政补贴额（亿元）	城镇职工养老保险领取人数（万人）	城乡居民养老保险领取人数（万人）	城镇职工养老保险人均财政补贴额（元）	城乡居民养老保险人均财政补贴额（元）	城乡居民养老保险人均财政补贴额/城镇职工养老保险人均财政补贴额（%）
2010	1954.00	228.00	6305.0	2862.6	3099	796	25.70
2011	2272.00	689.00	6826.2	8921.8	3328	772	23.20
2012	2648.00	1235.00	7445.7	13382.2	3556	923	25.95
2013	3019.00	1416.00	8041.0	14122.3	3755	1003	26.71
2014	3294.67	1348.94	8593.4	14312.7	3834	942	24.58
2015	4162.28	1853.48	9141.9	14800.3	4553	1252	27.51
2016	4703.41	1907.93	10103.4	15270.3	4655	1249	26.84
2017	4641.79	2130.78	11025.7	15597.9	4210	1366	32.45
2018	5355.43	2775.74	11797.7	15898.1	4539	1746	38.46
2019	5587.76	2880.51	12310.4	16031.9	4539	1797	39.58
2020	6271.31	3134.59	12762.3	16068.2	4914	1951	39.70
2021	6613.02	3310.51	13157.0	16213.3	5026	2042	40.62
2022	7105.95	3442.22	13644.0	16464.2	5208	2090	40.14

　　注：2014 年之前没有公布城乡居民基本养老保险财政补贴数据，作者通过基金总收入减去居民个人缴费总和估计得到财政补贴的数据，原始数据来源于《人力资源和社会保障事业发展统计公报》；2014 年之前，城乡居民养老保险由城镇居民社会养老保险和新型农村社会养老保险合并计算。

　　资料来源：2014~2017 年养老保险财政补贴数据来源于《全国一般公共预算支出决算表》，2018~2022 年的数据来源于《全国社会保险基金收入决算表》。

（四）基本养老保险待遇的确定和调整机制有待进一步科学合理

无论是城镇职工养老保险还是城乡居民养老保险，养老金均由基础养老金和个人账户养老金组成，但城镇职工养老保险基础养老金和城乡居民养老保险基础养老金的确定办法却存在较大差异。城镇职工养老保险基础养老金以参保人退休时当地上年度在岗职工月平均工资和本人指数化月平均工资的平均数为基数，乘以参保人的实际缴费年数，再乘以 1% 确定；城乡居民养老保险基础养老金最低标准由中央财政根据经济发展水平和物价水平综合确定。城镇职工养老保险基础养老金除与参保人在职时的工资水平直接相关外，还与当地在岗职工月平均工资直接相关，其共济属性较为明显，不仅具有一定的激励作用，还使退休人员共享了部分经济发展成果；城乡居民养老保险基础养老金由财政全额负担，其福利属性更加明显。

总的来看，城镇职工养老金标准调整幅度更大，调整周期更加稳定，而城乡居民养老保险待遇的调整幅度相对较小，且调整频率过低。2005~2015 年我国城镇职工养老金实现了快速增长，每年养老金标准均上调10.0%；2016 年以来，城镇职工养老金标准上调幅度有所下降，2016 和2017 年分别上调了 6.5% 和 5.5%，2018~2020 年每年上调 5.0%，2021~2023 年分别上调了 4.5%、4.0% 和 3.8%（见图 1）。而自 2009 年以来，城乡居民养老保险基础养老金最低标准仅进行了两次调整，分别于 2014年将基础养老金最低标准由每人每月 55 元上调到每人每月 70 元，2018年继续上调至每人每月 88 元。城镇职工养老金初始标准远高于城乡居民养老金标准，加上近年来城镇职工养老金标准上调幅度明显比城乡居民养老金大，造成了城镇职工养老保险待遇与城乡居民养老保险待遇间的差距不断拉大。

（五）城乡居民养老保险待遇偏低，基本养老保险间待遇差距过大

仅从基本养老保险待遇结果来看，城镇职工养老保险无论是待遇的绝对

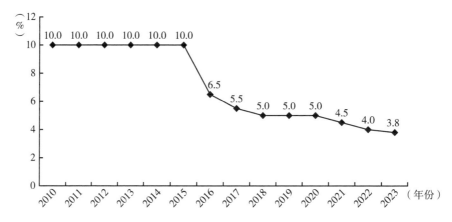

图1　2010~2023年城镇职工养老金标准调整幅度

资料来源：原始数据来源于人力资源和社会保障部网站。

水平还是相对水平，均明显高于城乡居民养老保险。由表4可以看出，城镇职工养老保险待遇水平明显高于城乡居民，且待遇差距的绝对值逐年拉大。2010年城乡居民养老保险待遇标准为700元，2022年提高到了2456元，增长了2.51倍，年均增长11.03%。城镇职工养老保险待遇标准由2010年的16741元提高到了2022年的43268元，增长了1.58倍，年均增长8.23%。从2010~2022年基本养老保险待遇差距的绝对值来看，呈现逐年拉大的趋势，2010年城镇职工养老保险与城乡居民养老保险待遇差距的绝对值为16041，到2022年扩大到40812元。从基本养老保险待遇差距的倍数来看，城镇职工养老保险待遇标准与城乡居民养老保险待遇标准差距的倍数有所下降，从2010年的23.92下降到了2022年的17.62。

由于城镇职工养老保险与城乡居民养老保险在制度属性、制度目标及功能、缴费标准等方面均不相同，不能单纯以基本养老保险待遇标准的绝对值去衡量制度的公平性，下面通过养老金替代率及消费替代率两个指标进一步分析基本养老保险待遇的相对水平。城乡居民养老金替代率介于8.91%~12.52%，消费替代率介于11.18%~15.51%，其养老金替代率和消费替代率均较低，表明仅依靠城乡居民养老金很难保障城乡居民的基本生活。而城镇职工养老金替代率介于44.08%~51.92%，消费替代率介于120.23%~

148.84%，城镇职工养老金平均水平始终高于当地城乡居民的人均消费水平，表明城镇职工依靠养老金可以保障其基本生活。

表4　2010~2022年基本养老保险待遇比较分析

年份	城乡居民养老保险			城镇职工养老保险			城乡差距	
	待遇标准（元）	养老金替代率（%）	消费替代率（%）	待遇标准（元）	养老金替代率（%）	消费替代率（%）	待遇差距绝对值	待遇差距倍数
2010	700	11.16	14.16	16741	51.92	121.12	16041	23.92
2011	659	8.91	11.18	18700	51.18	120.23	18041	28.38
2012	859	10.24	12.89	20900	50.00	122.17	20041	24.33
2013	955	10.12	12.76	22970	49.11	124.24	22015	24.05
2014	1098	10.47	13.10	25316	49.17	126.78	24218	23.06
2015	1430	12.52	15.51	28236	50.10	131.99	26806	19.75
2016	1408	11.39	13.90	31528	50.83	136.61	30120	22.39
2017	1521	11.32	13.88	34512	51.08	141.18	32991	22.69
2018	1828	12.50	15.07	37842	50.92	144.92	36014	20.70
2019	1943	12.13	14.58	39989	48.52	142.50	38046	20.58
2020	2088	12.19	15.23	40198	44.42	148.84	38110	19.25
2021	2291	12.10	14.40	42929	44.08	141.65	40638	18.74
2022	2456	12.20	14.77	43268	40.50	142.37	40812	17.62

注：城乡居民养老金替代率用城乡居民养老保险待遇除以农村居民人均可支配收入表示，城乡居民养老保险消费替代率用城乡居民养老保险待遇除以农村居民人均消费支出表示；城镇职工养老金替代率用城镇职工人均养老金标准除以城镇单位就业人员上一年度平均工资表示，城镇职工养老保险消费替代率用城镇职工养老保险待遇标准除以城镇居民人均消费支出表示。

资料来源：原始数据来源于历年《中国统计年鉴》，笔者计算整理。

四　缩小基本养老保险待遇差距的建议

（一）进一步完善制度，以强化基本养老保险收入再分配功能

由于历史原因和特殊国情，我国对不同群体设立了不同的养老保险制度模式。针对正规就业群体设立了城镇职工养老保险制度，针对非正规就业群体或未就业群体设立了城乡居民养老保险制度，制度在设计之初为解决我国

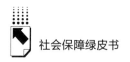

不同群体的养老问题提供了有力支撑，但针对不同群体采用制度分设的养老保险模式，造成了不同群体间养老保险互助共济功能缺失，进而弱化了基本养老保险制度调节收入分配的功能，影响了制度的公平和效率，不利于共同富裕目标的实现。因此，要进一步完善现有基本养老保险制度模式，既要保证城镇职工养老保险与城乡居民养老保险制度本身运行的公平、高效，在制度内部发挥好收入再分配功能，同时要缩小两项基本养老保险制度之间的差距，保证制度之间的公平，从而建立面向全体人民统一、公平的高质量基本养老保险体系。受限于各种条件，基本养老保险改革一步到位较为困难，可以分两步走：第一步，在保持城镇职工养老保险待遇标准制定及调整机制合理的基础上，相应地提高城乡居民养老保险待遇水平，缩小城镇职工养老保险与城乡居民养老保险间的差距，保障两项制度间的公平；第二步，建立全国统一的、不分身份和职业的、与经济发展水平相适应的基本养老保险制度。

（二）扩大养老保险覆盖范围，实现"制度全覆盖"走向"人群全覆盖"

我国基本养老保险实现了"制度全覆盖"，处于劳动年龄阶段内的正规就业劳动者按规定参加城镇职工养老保险，灵活就业人员可自愿参加城镇职工养老保险，也可参加城乡居民养老保险，未参加城镇职工养老保险的居民均可以参加城乡居民养老保险。无论是城镇职工养老保险制度还是城乡居民养老保险制度，均没有限制参保人的职业、户籍、身份等条件，即基本养老保险制度间几乎不存在参保壁垒，参保人能较公平地参加相应的养老保险。我国虽然实现了基本养老保险"制度全覆盖"，但仍有很多灵活就业人员、城乡居民、低收入人员等没有参加基本养老保险，而这一部分人群恰恰是最需要基本养老保险制度支持的人群。根据测算，2022 年我国城镇职工养老保险制度覆盖率为 79.93%，仍有 20.07% 的城镇就业人员没有参加职工养老保险，这一部分人群多为工作稳定性差、收入不稳定和流动性较强的灵活就业人员，随着新兴经济的发展和就业结构的变化，灵活就业人员的数量可能还会进一步增加，因此，应综合考虑灵活就业人员的特点和需求，不断优化制度设计，鼓励更多灵活就业人员参加城镇职工养老保险，努力扩大城镇职工养老保险制度的覆盖范围，充分发挥其在调节居民收入分配方面的作用。2009 年以来，虽然城乡居民养老保险制度覆盖率稳步提升，2022 年达到了 92.46%的较高水平，但仍有 7.54%的人群没有被覆盖，因此，应重点关注这部分人群未参保的原因，并采取多种途径解决这一部分人群的参保问题。此外，在基本养老保险的职工、居民两个板块的制度结构上，应侧重进一步提高参加城镇职工养老保险人员的比重，以提高基本养老保险待遇的整体水平。

（三）促进财政补贴正向匹配，控制补贴总规模

总的来看，我国财政在基本养老保险中的错配正在被纠正，财政补贴正更多向城乡居民养老保险制度倾斜，但财政在基本养老保险中的投入不公平仍然十分明显。2018～2022 年城镇职工养老保险补贴额约为城乡居民养老保险补贴额的 2 倍，城镇职工养老保险人均财政补贴额约为城乡居民养老保险人均财政补贴额的 2.5 倍，在城镇职工养老保险与城乡居民养老保险待遇本就存在较大差距的背景下，财政补贴的逆向调节无疑又人为扩大了待遇差距，加剧了两项制度间的不公平，不利于参保群体共同富裕目标的实现。相较而言，参加城乡居民养老保险的群体收入相对较低，政府对城乡居民养老保险财政补贴额及人均财政补贴额均应显著高于城镇职工养老保险。此外，应明确财政在基本养老保险中的支出责任，防止基本养老保险基金债务化。自我平衡是基本养老保险基金健康可持续运行的关键，政府政策补贴和公共财政投入只能是从属性的，要有明确的数量或比例限制，而且要符合"预算法"，防止无限度增加财政预算甚至出现"债务性"养老保险局面。

（四）建立科学合理的养老保险待遇动态确定及调整机制

城镇职工养老保险待遇的确定和调整机制应坚持以保险精算为基础，既要从总体上实现基金收支基本平衡，也要实现参保人缴费与待遇领取的基本

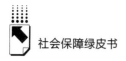

平衡，建立兼顾各类人员的养老金待遇确定和调整机制。城镇职工养老保险待遇确定和调整机制应坚持多缴多得、长缴多得、迟领多得的基本原则，既要保障代际公平和群体公平，也要提升制度运行效率。目前，城乡居民养老保险制度的社会保险属性较弱、福利属性较强，尤其是基础养老金是财政全额支付的，建议按照不低于最低生活保障标准，全国实行统一的城乡居民基础养老金，消除地区差异，促进地区公平。建立科学合理的基本养老保险待遇动态调整机制是实现养老保险制度健康、协调和可持续发展的保障，是确保老年人共享经济社会发展成果的必然要求。建议尽快颁布基本养老保险待遇调整办法，规范基本养老保险待遇调整行为，避免主观及行政命令式的待遇调整方式。中央政府加强宏观指导，提出基本养老保险待遇调整的原则、依据、时间、计算办法、决策程序等内容，各地综合考虑两项基本养老保险制度目标及功能定位，实现科学、规范、同步、公平调整。在当前城乡居民养老保险待遇标准明显偏低，调整幅度明显偏小的情况下，应适度提高城乡居民养老保险基础养老金待遇水平，提升与增强城乡老年人的生活水平和幸福感。

G.7
职业年金制度的公平性审视及其改革展望

龙玉其[*]

摘　要： 在职业年金制度实施过程中，其公平性受到了广泛关注。本报告试图从理论和实践两个层面分析职业年金制度的公平性，主要体现在外部公平与内部公平、设计公平与运行公平、形式公平与实质公平三大维度。总体来看，职业年金的形式公平比较明显，但实质公平并不理想，无论是内部公平还是外部公平，均存在一定问题。未来需要进一步优化职业年金制度，增强职业年金制度的公平性，发挥职业年金在促进共同富裕中的积极作用。具体建议包括：强化公平导向，优化职业年金制度模式；以筹资与待遇为核心，完善职业年金制度设计；调整职业年金覆盖范围，避免职业年金的"编制歧视"；完善职业年金的管理服务与运行机制；统筹推进职业年金与企业年金制度建设。

关键词： 职业年金　外部公平　内部公平　形式公平　实质公平

一　引言

职业年金制度的实施，对机关事业单位养老保险制度改革的推进发挥了积极作用。职业年金制度实施以来，制度建设与改革总体进展顺利。党的二十大提出，要以中国式现代化全面推进中华民族伟大复兴，中国式现代化是

---

[*] 龙玉其，首都师范大学教授，研究方向为养老保障理论与政策。

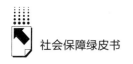

全体人民共同富裕的现代化，要着力维护和促进社会公平正义，促进全体人民共同富裕。党的二十大还强调，发展多层次、多支柱养老保险体系。在扎实推进共同富裕、发展多层次养老保险体系的过程中，需要进一步审视职业年金制度的公平性，使职业年金制度服务于共同富裕的总体目标，进一步推动职业年金制度的改革与完善。

改革开放以来，我国积极推进养老保险制度改革，各项新型养老保险制度逐步建立。养老保险制度改革首先主要面向企业职工，然后辐射到城乡居民。相比较而言，机关事业单位养老保险制度改革相对滞后。20 世纪 90 年代和 21 世纪头 10 年，一些地方探索推进机关事业单位养老保险制度改革，但进展缓慢，效果欠佳，改革主要面向机关事业单位的编制外人员、合同制人员，覆盖范围有限。2008 年，国务院出台了《事业单位工作人员养老保险制度改革试点方案》，拟在山西省、上海市、浙江省、广东省、重庆市五个省市开展试点，但并不顺利，一些地方甚至出现了事业单位人员的提前退休潮。该试点方案虽然提到要建立职业年金制度，但并没有清晰的思路和制度设计，难以消除事业单位人员的疑虑。

党的十八大以后，我国进入了全面深化改革的新阶段，继续深化和推进机关事业单位养老保险制度改革。在前期试点探索和总结经验的基础上，2015 年 1 月，国务院正式出台了《关于机关事业单位工作人员养老保险制度改革的决定》，强调要实现公平与效率相结合，使改革前后的待遇水平相衔接。其中，特别强调要建立职业年金制度，并提出了初步的职业年金制度思路。2015 年 3 月 27 日，国务院办公厅正式印发了《机关事业单位职业年金办法》，明确了机关事业单位职业年金的制度定位、制度模式、覆盖范围、资金筹集、待遇计发、基金管理、经办服务等内容，强调了职业年金属于机关事业单位人员的补充养老保险制度，其前提条件是参加机关事业基本养老保险。

在职业年金制度实施的过程中，国家陆续出台了《职业年金基金管理暂行办法》《职业年金基金管理运营流程规范》《职业年金基金数据交换规范》《关于机关事业单位基本养老保险关系和职业年金转移接续有关问题的通知》《职业年金基金归集账户管理暂行办法》《关于规范职业年金基金管理运营有关问题的通知》等政策文件，各省市也相继出台了实施办法，尤其是积极加强职业年金基金的管理与投资工作，职业年金市场化投资运营工作开局良好，截至 2021 年底，除西藏外，全国 30 个省（区、市）、新疆生产建设兵团和中央单位职业年金基金累计投资运营规模约 1.79 万亿元，当年投资收益额 932.24 亿元。[①]

总体来看，职业年金制度运行平稳，各项工作有序推进，对机关事业单位养老保险制度改革顺利实施发挥了积极作用。同时，在实践过程中，职业年金制度暴露出一些问题，其公平性受到了广泛关注。在缩小机关事业单位人员与企业职工养老金待遇方面，职业年金发挥了什么作用？究竟是缩小还是扩大了待遇差距？在扎实推进共同富裕的大背景下，需要兼顾职业年金制度的公平性与效率性，从理论和实践层面充分审视与提升职业年金制度的公平性，为缩小制度之间和制度内部的待遇差距提供政策参考。

二　职业年金制度公平性的理论分析

（一）关于公平的理论认识

学术界并没有一个完全绝对、统一的定义来描述公平。由于公平概念的主观性、相对性、动态性和复杂性，对公平的理解达成共识绝非易事，在实践中实现公平，更是一件十分困难的事情。在马克思主义的视野中，公平是一个历史的、具体的范畴，是由一定历史条件下的生产关系决定的，并且随着生产方式的变化而变化；在不同的历史阶段，公平的内容、目标和实现形式都是不同的；即使在同一个社会里，在不同的领域，公平的具体含义也不尽相同。[②] 正如习近平总书记指出："在不同发展水平上，在不同历史时期，

---

① 资料来源：《2021 年度人力资源和社会保障事业发展统计公报》，人力资源和社会保障部。

② 苗婧：《马克思公平理论视角下的区域基本公共服务均等化》，《经济研究参考》2017 年第 62 期。

不同思想认识的人，不同阶层的人，对社会公平正义的认识和诉求也会不同。"①

从字面意义理解，"公平"可以拆分为"公"与"平"，"公"与"平"联系紧密，正如《吕氏春秋·贵公》言："公则天下平矣，平得于公。"在汉语中，"公"指无私、公共利益；"平"指无偏袒、一视同仁。"公平""作为一种道德要求和品质，指按照一定的社会标准（法律、道德、政策等）、正当的秩序合理地待人处事"。②《布莱克法律词典》认为，"公平是指法律的合理、正当适用。在法学上是指对有关赋予当事人权益的法律事件或争议所作的处理具有持久性"。③

公平是一个程序和过程的概念，是按照相同的原则分配公共权利和社会资源，并且根据相同的原则处理事情和进行评价。④ 公平是一种主观上的价值判断和道德标准，难以用一个绝对客观的数量标准来衡量。公平是一个动态概念，"公平在本质上是一个社会性和历史性的概念，是人与人之间的相互关系在特定历史时期的概括，是关于社会全体成员之间恰当关系的最高规定"。⑤

公平是一种调节利益关系的社会规范，是一种价值观念，是一种道德评价和感受。⑥ 公平与公正、平等、正义有着密切联系，但不完全相同。"公正"有广义和狭义之分，广义的"公正"，即"公平正义"，狭义的"公正"主要是指"公平"、"没有偏见"、"不偏不倚"或者"公道正派，没有私心"。可用英文"fairness"和"impartiality"表示，而"正义"的英文为"justice"。⑦ "平等"（equality）有"均等、同等、相同"的意思，是对不

---

① 中共中央文献研究室编《十八大以来重要文献选编》（上），中央文献出版社，2014，第553页。
② 《辞海》，上海辞书出版社，1999，第338页。
③ Henry Campbell Black，M.，A.，*Black's Law Dictionary*，West Publishing Co.，1979，p. 776.
④ 俞可平：《重新思考平等、公平和正义》，《学术月刊》2017年第4期。
⑤ 万斌、赵恩国：《公平、公正、正义的政治哲学界定及其内在统一》，《哲学研究》2014年第9期。
⑥ 杜帮平：《论公平正义》，《理论月刊》2015年第11期。
⑦ 王海明：《公正 平等 人道——社会治理的道德原则体系》，北京大学出版社，2000，第3~4页；吴忠民：《关于公正、公平、平等的差异之辨析》，《中共中央党校（国家行政学院）学报》2003年第4期。

同事物的客观状态进行比较，可以用具体客观的标准来衡量，具体体现为人们在社会、政治、经济和法律等方面的相等待遇。是否承认差别是公平与平等的主要区别，公平承认差别，平等则不然，强调均等；公平但不一定平等，平等也未必公平。

正义是公平和平等的衡量准则之一，是实现平等的重要条件。正义和平等是密不可分的，许多思想家在论证自己的平等观时，往往将其诉诸正义，而在论述正义时往往又借助平等，通过论述平等来说明正义。[①] 正义是在一定的社会基本制度环境中，对权利和义务、资源和利益在社会群体之间、社会成员之间的适当安排和合理分配。[②] 对于"正义"的理解，最著名的当数罗尔斯。罗尔斯的正义论可以概括表述为"平等的自由原则、公平的机会平等原则和差别原则"，其中"差别原则"是指在经济和社会福利方面，对不同人可以实现差别待遇，但是这种差别要符合每一个人的利益，尤其是要符合境况最差的人的最大利益。[③] 缩小人们之间的不平等，特别是缩小天赋高者、社会条件好者同处于不利地位者之间的差距，是罗尔斯正义目标所在。为此，就要突破形式上的平等，因为形式上的"机会平等仅意味着一种使较不利者在个人对实力和社会地位的追求中落伍的平等机会"[④]。

如果涉及某一具体领域，则可以从形式公平与实质公平，起点公平、过程公平与结果公平，代内公平与代际公平等方面来考察。根据实现程度，公平可以分为形式公平与实质公平，形式公平体现的是外在、片面、单一维度的公平，是机械的公平；实质公平则是内在、综合、有机的公平，是公平的理想状态；形式公平应该成为实质公平的基础和实现途径，最终应该实现形式公平与实质公平的有机统一。[⑤] 根据时序演化，公平可以分为起点公平、

① 洋龙：《平等与公平、正义、公正之比较》，《文史哲》2004年第4期。
② 史瑞杰：《公平、正义、公正及其关系辨析》，《红旗文稿》2013年第22期。
③ 〔美〕罗尔斯：《正义论》，何怀宏等译，中国社会科学出版社，1998，第61、302页。
④ 〔美〕罗尔斯：《正义论》，何怀宏等译，中国社会科学出版社，1998，第107页。
⑤ 龙玉其：《从形式公平走向实质公平——我国养老保险制度改革的反思与前瞻》，《长白学刊》2019年第2期。

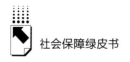

过程公平与结果公平。起点公平就是站在同一条起跑线上，从本源意义讲，是指人的出生，但应用于具体的领域，则是指公平对待所有人，将所有人同等纳入进来，让人人享有同等的机会和权利，不因个体或群体差异而受到排斥或歧视；过程公平则是指通过合理的制度设计和管理服务作用于所有人，体现出规则的一致性和无差异性；结果公平主要是指受益的公平性或待遇的公平性，让人人公平享有发展成果，避免个体或群体因为自身能力、条件和环境的差异而处于不利境遇或差距较大。根据时间维度和群体差异，公平可以分为代际公平与代内公平。代际公平是一种动态的、纵向的公平，体现为社会中青年、中年、老年不同年龄群体之间的公平；代内公平则是一种横向公平，体现为相同时间或同一时期内不同职业、地区、城乡群体之间的公平。

（二）职业年金制度公平性的三维考察

党的二十大报告指出，中国式现代化是全体人民共同富裕的现代化，需要着力维护和促进社会公平正义，着力促进全体人民共同富裕，坚决防止两极分化。公平是现代社会保障制度的核心价值理念。社会保障中的公平是指平等地对待每一个国民并保障满足其基本生活需求，普遍性地增进国民的福利，不因身份、性别、民族、地域等差异而歧视或者排斥任何人。[①] 养老保险制度是社会保障制度的核心制度安排，其公平性直接关系到社会保障制度的公平性和整个社会的公平性。不同层次的养老保险体系均应体现出公平性，其中基本养老保险坚持公平优先原则，非基本养老保险也需要兼顾公平。如何考察职业年金制度的公平性，是近年来学术界关注的重要话题。本报告尝试从以下三个维度来考察职业年金的公平性。

1. 维度一：外部公平与内部公平

公平性是在比较中体现出来的，这一维度主要考察补充养老保险的群体

---

① 郑功成主编《中国社会保障改革与发展战略——理念、目标与行动方案》，人民出版社，2008，第18页。

分化，分析不同群体之间以及群体内部不同亚群体之间补充养老保险的差异。

（1）外部公平：与企业年金的比较

由于城乡非从业居民目前尚无补充养老保险，这里的外部公平主要是指职业年金与企业年金之间的比较，主要体现在筹资水平、筹资来源、投资收益、待遇计发等方面，考察二者在这些方面的一致性与差距。如果一致性较好、差距较小，则相对更加公平；反之，如果一致性较差、差距较大，则更加容易体现不公平性；鉴于企业年金的待遇水平要明显低于职业年金，更加容易使人们产生职业年金制度公平性不足的认知，特别是在企业职工基本养老保险与机关事业单位人员基本养老保险的制度模式、制度设计、筹资水平基本一致的情况下，职业年金制度的筹资和待遇水平直接决定了两大群体之间养老保险的公平性。

（2）内部公平：性别、年龄、地区、单位之间的比较

内部公平主要是指机关事业单位内部不同群体之间职业年金的公平性。职业年金制度建设在解决群体之间公平性问题的同时，要解决群体内部公平性问题，否则容易导致产生新的内部不公平问题。内部公平性主要是指不同性别、年龄、地区、单位之间职业年金的公平性，主要防范内部不公平问题的出现。

就性别而言，主要比较男性、女性因为退休年龄、工作年限差异而产生的筹资差异、待遇差异及其合理性，由于女性的退休年龄要小于男性，而预期寿命要长于男性，需要充分考虑不同性别职业年金待遇的总体水平与月均水平差异。

就年龄而言，主要比较"老人""中人""新人"的筹资与待遇差异及其合理性，体现的是代际公平问题，尤其需要比较这三个年龄群体的退休待遇差距。由于"老人"不涉及职业年金问题，主要从养老保险的整体待遇进行比较。其中，"中人"的权益和待遇相对比较复杂，同时，不能出现"老人"与"新人"待遇差距过大的问题。此外，建立合理的待遇调整机制也至关重要，这关系到不同年龄群体的公平共享。

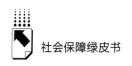

就地区而言，主要是指东部、中部、西部地区之间的差异，需要充分考虑地区之间职业年金的筹资水平、待遇水平和投资收益差异，避免经济社会发展的地区差距导致过大的职业年金待遇差距。

就单位而言，主要是指不同行业的机关事业单位职业年金差异，不同行业和性质的机关事业单位，其收入来源、工资水平差异，可能导致职业年金待遇差距。需要考虑不同地区和层级公职人员的薪酬水平差异及职业年金差距，以及不同行业事业单位、全额与差额拨款事业单位的薪酬水平差异及职业年金差距。

2. 维度二：制度设计与制度运行的公平

制度设计的公平是职业年金公平性的基础，体现的是规则的公平，但并不意味着最终结果的公平。在实践中，制度运行的公平也会影响制度设计目标的实现，影响制度的公平。

（1）制度设计的公平

考察职业年金制度设计的公平，主要从制度模式和制度参数两大方面来分析。制度模式是制度公平的基础和前提，规定着制度公平的方向，而制度参数则直接影响公平的具体程度。

从制度模式来看，现收现付制、基金积累制和部分积累制的特点决定其公平性质。一般而言，现收现付制的公平性最强，有利于资源的统筹配置与互助共济。基金积累制则主要是个人的自我积累，一般应该建立个人账户，个人账户的权益主要归个人所有，收入再分配作用和公平性相对较弱。部分积累制则是二者的结合，其公平程度取决于基金积累的程度。名义账户制是一种特殊的现收现付制，属于个人账户型的现收现付制，并不要求基金进行积累，而是用于当期的待遇支付。当然，不同制度模式的公平性并非绝对，现收现付制并非一定就完全公平，基金积累制也并非就完全不公平，这最终取决于不同群体之间以及群体内部待遇的差异程度及其合理性，如果待遇水平接近，则显得相对公平。

从制度参数来看，主要体现在覆盖范围、资金筹集、待遇给付、转轨设计等方面。在覆盖范围方面，主要是指制度覆盖对象的广泛性，机关事业单位人员是一个比较宽泛的概念，包括在编人员、聘任制人员、合同制人员等类型，是否统一覆盖也影响着职业年金的公平性。在资金筹集方面，主要涉及筹资来源、责任分担、筹资水平、缴费基数等方面。筹资来源，即来源于单一主体还是多元主体，如果是单一主体，则容易导致某一主体过大的压力，影响制度的公平，反之，如果资金来源渠道多元化，更有利于体现公平。责任分担，即指多元主体之间的责任分担程度，比如不同层级政府财政的投入水平、单位和个人的缴费水平，应该有合理的分担比例。筹资水平直接关系到待遇水平，需要与企业年金进行比较，体现横向公平。缴费基数是否统一、规范，也直接影响筹资公平与待遇公平，如果缴费基数不统一、不规范，则容易导致不公平问题的发生。在待遇给付方面，主要体现在计发月数、待遇水平等方面。计发月数决定着每个月的养老金水平及退休人员后续的生活保障，计发月数越短，越容易拉大每月的职业年金待遇差距，也会影响职业年金待遇计发完毕后退休人员的生活。其中，退休年龄是一个重要参数，目前机关事业单位人员和企业职工的退休年龄存在差异，容易拉大每月的养老金待遇差距。筹资水平和给付方式直接影响着待遇水平，待遇水平的差距则是职业年金公平性的核心体现，应该在体现适当差异的前提下将待遇水平保持在合理的范围内。在转轨设计方面，需要充分考虑不同年龄群体，既不能损害"老人"的权益，也不能导致"新人"的总体养老金待遇急剧下降，尤其是要妥善处理"中人"的职业年金问题，避免代际不公平的问题发生。

（2）制度运行的公平

制度设计公平的实现，取决于制度运行过程中的具体实践，主要体现在管理层次、经办服务、基金投资、转移接续等制度运行方面。在制度运行过程中，既要讲究效率，也要讲究公平，应该确保不同群体的职业年金权益得到公平实现和充分实现。

在管理层次方面，职业年金的管理层次越高，越有利于增强筹资的统一性、公平性，有利于缩小参保者的待遇差距，有利于加强资源整合，有利于职业年金基金的管理与投资，提升职业年金的公平性。相反，如果管理层次

太低，容易导致资源的分散和管理的低效，不利于基金的管理与投资，不利于提升制度的公平性。

在经办服务方面，主要考察基金征缴、个人账户管理、经办服务系统等方面。基金征缴主要考察基金征缴的时效性与范围，即是否实现应缴尽缴、及时征缴。个人账户管理是经办服务的核心，记账的及时性、统一性关系到制度的公平性，影响不同群体的权益实现。账实还是账虚也影响职业年金制度的公平性，虚实结合的记账方式容易导致待遇差异，不利于体现公平。此外，经办服务系统的集中程度也关系到职业年金制度的公平性，一般来说，经办服务系统越集中、统一，越有利于资源的共享，有利于实现参保者的权益，有利于体现制度的公平性。

在基金投资方面，参保者对职业年金基金投资主体、投资渠道的选择权及其对投资收益的影响关系到职业年金制度的公平性。一般而言，参保者对职业年金基金投资主体的选择权越大，越有利于体现公平性。参保者是职业年金制度的重要利益主体，职业年金基金投资事关参保者的权益，理应增强参保者的参与权、知情权、选择权，体现职业年金制度运行的"过程公平"。受统筹层次、投资渠道、投资选择等因素的影响，投资收益率的差异直接影响不同地区参保者的收益水平与待遇水平，影响职业年金制度的公平性。

在转移接续方面，主要包括人员在不同地区之间、不同职业之间流动时的权益转移接续，这直接关系到制度的公平性。转移接续机制越完善、转移接续过程越顺畅，越有利于体现职业年金制度的公平性。相反，如果转移接续不顺畅，则容易导致参保者的权益损失，影响制度的公平性。

3. 维度三：制度形式与制度受益的公平

一个理想的制度应该是形式公平与实质公平的结合。形式公平是实质公平的基础，实质公平是最终的目标，也是最重要的公平。

（1）制度形式的公平：规则公平

制度形式的公平主要是指制度规则的公平，即在进行制度设计的过程中充分考虑不同群体，公平、统一对待所有群体，体现为制度模式与制度规则的统一性或一致性,如覆盖范围、筹资机制、管理服务、待遇给付规则的一致性。制度形式的公平强调外在的制度统一,在实践中制度形式的公平并不等于制度的公平,制度形式的不同也并不一定导致制度的不公平,尤其是待遇的不公平。

(2)制度受益的公平:待遇公平

制度受益的公平主要是指待遇公平,也是制度的实质公平。待遇公平是最重要的公平,也是社会最关注的公平,学术界和社会公众对职业年金公平性的理解主要是指机关事业单位人员职业年金待遇与企业年金待遇的差距,以及机关事业单位人员内部不同群体的职业年金待遇差距。制度形式公平与待遇公平具有不完全一致性,即表面上的制度形式公平与制度统一并不意味着最终的待遇公平,制度形式的不一致也并不一定就会导致待遇差距过大和不公平。当然,也并不是完全否定制度形式的公平,而是不能局限于制度形式的公平,应该将实质公平作为更为重要的目标追求。在补充养老保险制度建设的过程中,既要注重制度形式的公平,也要注重待遇公平。

综合来看,在职业年金公平性的多维考察中,主要涉及制度设计(覆盖范围、资金筹集、待遇给付、转轨设计等)、制度运行(管理层次、基金投资等)等方面,这些要素从不同方向、不同程度影响着职业年金制度的公平性。其中,资金(筹资与待遇)是最核心的要素,直接关系到职业年金制度的实质公平。

三 职业年金制度公平性的实践剖析

(一)基于维度一的实践剖析:外部公平与内部公平

1. 外部公平

外部公平主要基于职业年金与企业年金的比较进行分析,具体体现在二者的制度模式、覆盖范围、缴费水平、基金投资、个人账户权益归属、待遇计发等制度设计与运行的全方面。

从制度模式来看，职业年金与企业年金的制度模式基本接近，均为个人账户模式。略有区别的是筹资来源，职业年金分财政全额拨款与差额拨款，实行虚实结合的个人账户模式，而企业年金实行的是实账积累模式。因此，从制度模式来看，职业年金与企业年金基本一致，对其公平性并没有明显的负面影响。不过，个人账户模式本身的互助共济性不足，容易导致群体之间的不公平。

从覆盖范围来看，存在明显的区别，除去制度覆盖范围的区别外，实际的覆盖范围也存在较大差异。职业年金制度覆盖全体机关事业单位在编人员和参公管理人员，而企业年金制度主要覆盖"有条件"的企业及其职工，并非针对所有的企业。从实际的覆盖范围来看，机关事业单位几乎实现了全覆盖，而企业年金的覆盖率较小。2021年末，全国仅有2875万名企业职工参加了企业年金，仅为参加城镇职工基本养老保险人数（48074万人）的6%。① 当然，这里并不能说明职业年金制度不公平，而需要积极统筹推进企业年金制度建设。

从缴费水平来看，职业年金由单位和个人共同缴费，单位缴费为本单位工资总额的8%，个人缴费为本人缴费工资的4%。企业年金的企业和个人缴费合计不超过本企业职工工资总额的12%，设置了缴费上限，但并未设置具体的缴费比例，在企业自愿参保的背景下，容易导致缴费水平偏低。缴费水平的差异直接导致待遇水平的差异，容易产生制度之间、群体之间的不公平问题。

从基金投资来看，虽然职业年金基金和企业年金基金均强调实行市场化投资，保证基金的安全性、收益性和流动性。从基金投资的结果，即投资收益来看，2021年末企业年金基金投资运营规模为2.61万亿元，当年投资收益额为1242亿元，平均投资收益率为4.76%；职业年金基金投资运营规模为1.79万亿元，当年投资收益额为932亿元，平均投资收益率为5.21%。②

---

① 资料来源：《2021年度人力资源和社会保障事业发展统计公报》，人力资源和社会保障部。
② 资料来源：《2021年度人力资源和社会保障事业发展统计公报》，人力资源和社会保障部。

职业年金投资收益水平优于企业年金,并非职业年金制度不公平,相反,其还为企业年金基金投资提供了经验。

从个人账户权益归属来看,职业年金与企业年金的个人账户权益归属存在差别,职业年金的个人账户权益归个人所有。企业年金的个人账户所有权是有资格条件的,需要在达到企业和职工约定的工作期限(最长不超过 8 年)后才归属于职工,权益资格相对更加严格。

从待遇计发来看,待遇计发规则略微存在差异,职业年金可以按月领取、可一次性用于购买商业养老保险产品。企业年金可以按月、分次或者一次性领取,也可以购买商业养老保险产品。如果按月领取,机关事业单位与企业职工的退休年龄有差异,计发月数也存在差异,容易导致职业年金的月均水平要明显高于企业年金。此外,机关事业单位人员的平均工资水平要明显高于企业职工,直接导致了明显的筹资差距与待遇差距。相关研究发现,职业年金制度的设立拉大了企业职工与机关事业单位职工的养老金待遇差距,[1] 职业年金替代率系数比未缴纳企业年金的企业职工养老保险总合替代率系数高出 0.228,[2] 可能导致机关事业单位与企业之间在养老金待遇上形成新的制度鸿沟,[3] 在一定程度上产生了新的不公平。

2.内部公平

内部公平主要从机关事业单位内部不同年龄、性别、单位类型、身份人员的职业年金进行比较分析。

不同年龄群体的职业年金比较主要涉及"老人""中人""新人"。职业年金制度的建立对不同人群产生了不同影响。有学者研究发现,与改革前相比,10 年过渡期后机关事业单位男性"中人"的替代率较女性更有弹性,且男性、女性养老金替代率差距拉大;10 年过渡期后男性"中人"的养老

---

① 杨翠迎、刘玉萍、王凯:《机关事业单位养老保险改革会带来新的养老鸿沟吗》,《社会保障研究》2021 年第 3 期;柏正杰、陈洋洋:《协调、创新与共享:企业年金与职业年金协同优化研究》,《西北人口》2020 年第 6 期。

② 穆怀中、杨傲:《养老保险"并轨"总合替代率适度水平研究》,《税务研究》2020 年第 8 期。

③ 杨翠迎、刘玉萍、王凯:《机关事业单位养老保险改革会带来新的养老鸿沟吗》,《社会保障研究》2021 年第 3 期。

金替代率初期略低于改革前，后期高于改革前，女性"中人"的养老金替代率总是低于改革前。① 还有学者认为，加上职业年金后，机关事业单位人员均得到较大程度的补偿，但对不同性别和不同收入水平人群的补偿程度有所不同。男性低、中和高收入者的养老保障水平在不同程度上高于改革前，但女性中、高收入者在新制度下的保障程度有所下降，低收入者的养老保障水平有所上升。而这一差别主要是因为现行制度下男性和女性退休年龄的差别导致缴费年限的不同。②

在全额拨款单位与非全额拨款单位之间，不同的筹资方式也会导致明显的待遇差距，其中全额拨款单位人员的单位缴费采取记账方式，筹资来源相对稳定。而大量非全额拨款单位的缴费需要按实际缴纳，面临较大的筹资压力。非全额拨款单位的工资和收入水平往往受市场波动影响较大。也有学者认为，目前全额拨款部门的单位缴费是"记账运行"，短期来看财政负担轻，但长期来看是将财政负担后推，对后代不公平。③

从不同身份机关事业单位人员的职业年金来看，由于职业年金将"编制"作为一个重要的参保条件，编外人员通常不能被职业年金覆盖。从实际来看，机关事业单位编外人员的薪酬福利水平要明显低于在编在岗人员。但是，从实际承担的工作来看，编外人员与编内人员的工作量、责任程度并没有明显区别。将编制内外人员区别对待还成为一些机关事业单位减负的内在意识，不利于公共服务的高质量提供。以公立医疗卫生机构人员为例，2020 年，全国有卫生人员 1338 万人，其中，医院 811 万人（占 61%），基层医疗卫生机构 434 万人（占 32%），专业公共卫生机构 93 万人（占 7%）。其中，公立医院 621 万人，民营医院 190 万人，在公立医疗卫生机构中，大约有 45% 是编外人员，他们少部分人员参加的是企业年金，部分人员甚至

---

① 王翠琴、王雅、薛惠元：《机关事业单位养老保险改革降低了"中人"的养老待遇吗？——基于 10 年过渡期后"中人"养老金替代率的测算》，《保险研究》2017 年第 7 期。

② 王亚柯、李羽翔：《机关事业单位养老保障水平测算与改革思路》，《华中师范大学学报》（人文社会科学版）2016 年第 6 期。

③ 张盈华、卢昱昕：《我国职业年金"混合账户式"管理的特性、问题与建议》，《华中科技大学学报》（社会科学版）2021 年第 3 期。

没有任何年金。职业年金与企业年金对不同人员的覆盖差异，导致存在明显的身份排斥和年金歧视的现象，形成了补充养老保险的"二元结构"，不利于机关事业单位内部之间的就业公平。[①]

（二）基于维度二的实践剖析：设计公平与运行公平

1. 设计公平

从制度模式来看，目前我国的职业年金制度模式为个人账户模式，个人账户权益归属于参保者个人。个人账户型的职业年金制度模式有利于体现职业特点，增强激励性，而互助共济性较差。因此，从制度模式来说，职业年金制度的公平性并不理想。虽然个人账户模式的公平性不足，但并不必然会导致过大的待遇差距，具体还取决于制度设计中相关参数的选择。

从覆盖范围来看，职业年金在覆盖对象范围的设计方面存在明显的缺陷，制约了职业年金制度的公平性，主要体现在以编制为核心条件导致了对机关事业单位非编制人员的歧视，更加固化了机关事业单位人员内部的身份差异。在机关事业单位聘任制改革和编制改革的大趋势下，以编制为参保的前提条件明显不利于体现制度的公平性。

从资金筹集来看，职业年金总体体现了由单位和个人共同缴费的责任共担原则，分散了单一主体的筹资压力，但是责任分担不均衡，单位的责任相对较重，个人筹资比重相对较低。从缴费基数来看，各地区缴费基数的多样性和差异性容易导致筹资水平和待遇水平的差距，不利于制度的公平性。

从待遇给付来看，职业年金与企业年金的计发月数存在明显区别，由于退休年龄的差异，职业年金的计发月数要小于企业年金，因而职业年金的月均给付水平会明显高于企业年金；根据目前的养老金计发月数对照表，55岁退休的计发170个月，60岁退休的计发139个月，65岁退休的计发101个月。再加上职业年金的筹资水平相对较高，因而其待遇水平也会相对较高。此外，不同地区、不同行业、不同单位的工资水平差异与缴费基数差

[①] 郑秉文：《职业年金制度的主要特征及其三个隐患》，《中国保险》2021年第12期。

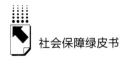

异，自然会导致其待遇差距，进而不仅存在职业年金与企业年金的待遇差距问题，也存在职业年金内部的待遇分化问题。

从转轨设计来看，目前职业年金制度对"中人"的权益处理尚不到位。"中人"是制度转轨设计的核心，直接关系到制度转轨的情况。目前对于"中人"在制度实施前的权益如何弥补、如何筹资、如何给付待遇，并没有十分清晰的、指导性强的思路，往往是各地自行其是，在给付待遇时增设一个"过渡性养老金"。"中人"的权益处理思路不清晰，容易导致不同年龄群体之间的代际不公平，也会诱发社会矛盾。

2. 运行公平

从管理层次来看，目前职业年金的管理层次相对较低，除去中央层面的统一管理外，地方职业年金的管理相对比较分散。据了解，虽然要求以省为单位进行基金归集，但实际上大多数省还处于地市级管理的状态，基金资源和决策比较分散，不利于基金的管理与投资，不利于体现制度的公平性与效率性。

从经办服务来看，职业年金基金征缴的及时性较强，由于职业年金资金主要来源于财政，筹资来源相对稳定，绝大多数单位能够按月及时征缴。但是，个人账户管理的"虚实相间"，既容易带来财政全额拨款单位的长期缴费压力和财政压力，也容易导致"实账"与"虚账"之间的收益差异与待遇差距，影响制度的公平性。此外，职业年金的经办服务系统也比较分散，不利于经办服务信息的公平共享，容易导致参保者的权益损失。

从基金投资来看，目前参保者对职业年金基金管理与投资的选择权未能充分体现，参保者对投资主体、投资渠道缺乏选择权，参保者在基金投资决策与监督中的参与不足，在一定程度上影响了职业年金制度的公平性。多个职业年金计划实行统一收益率，受托人无法根据计划参与人的差异性风险偏好配置资产，结果是高风险偏好者得到与低风险偏好者相同的收益率。[1] 基

---

① 张盈华、卢昱昕：《我国职业年金"混合账户式"管理的特性、问题与建议》，《华中科技大学学报》（社会科学版）2021年第3期。

金管理相对分散，规模效应不足，直接影响不同地区之间的基金投资绩效，从而影响职业年金基金个人账户的投资收益与积累余额，人为导致了不同地区之间的职业年金待遇差距。

从转移接续来看，2017年，人力资源和社会保障部出台了《机关事业单位基本养老保险关系和职业年金转移接续经办规程（暂行）》，对职业年金转移接续的具体办法、记账方式、待遇给付等问题做了规定，为职业年金的转移接续提供了指南。但是，转移接续的情形还未全部考虑在内，比如机关事业单位人员与自由职业者之间的职业年金权益转移办法并不明确、"中人"在转移职业年金时的权益如何处理也不明确。职业年金转移接续机制的不完善影响参保者公平享有职业年金权益。

（三）基于维度三的实践剖析：形式公平与实质公平

1. 形式公平

形式公平是制度公平的基础环节，但不代表最终的制度公平。在机关事业单位养老保险制度改革和职业年金制度建设的过程中，一个重要的任务就是通过制度改革和建设来实现制度并轨与形式公平。职业年金制度设计与企业年金制度略有差异，但基本一致。职业年金与企业年金均属于个人账户模式，筹资水平也基本一致，都控制在12%以内。责任分担方式也基本一致，均由单位和个人共同缴费构成。待遇给付规则也基本一致，均体现了参保者待遇领取方式的灵活性。可见，制度形式基本一致，职业年金的形式公平比较明显。

2. 实质公平

形式公平不是制度公平的首要目标，也不是最重要的目标。有学者反对将形式公平凌驾于其他公平之上，不同的群体只有制定不同的规则、不同的对象只有采取不同的规则才能真正实现社会公平，以保障各群体的基本生活，实现社会公正发展。[1] 可见，实质公平是职业年金制度建设最重要的公

---

[1]　高和荣：《底线公平对西方社会保障公平理论的超越》，《社会科学辑刊》2018年第5期。

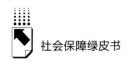

平目标。这里的实质公平，核心就是待遇公平。由于工资水平和筹资水平的差异，目前职业年金与企业年金的待遇水平差距明显。同样，不同性别、地区、行业和身份的机关事业单位人员之间的职业年金也存在明显差距。无论是内部比较还是外部比较，职业年金制度的实质公平状况并不理想。在推进共同富裕的大背景下，需要对职业年金制度进行反思，发挥职业年金促进共同富裕的作用。

四 增强职业年金制度公平性的对策建议

未来需要进一步优化职业年金制度，发挥职业年金在促进共同富裕中的积极作用。需要说明的是，职业年金与企业年金的待遇差距并非完全是职业年金不合理或者太高，跟企业年金制度的发展不充分也有着直接关联，"限高"与"提低"需要同步协调推进。在目前的环境下，在短时间内无法明显"提低"的背景下，需要考虑"限高"，完善职业年金制度，增强制度的公平性。

（一）强化公平导向，优化职业年金制度模式

在完善职业年金制度的过程中，需要进一步转变思路，从效率与激励优先走向兼顾公平，强化职业年金的公平导向，特别是在迈向共同富裕的大背景下，职业年金需要避免产生过大的内部与外部差距。职业年金制度既要避免与企业职工造成过大的待遇差距，缩小群体之间的不公平，还要积极防范内部不公平的问题，避免解决一个公平问题却产生另一个新的不公平问题。需要优化职业年金制度设计与运行的全要素、全流程，兼顾形式公平与实质公平。

需要进一步明确职业年金制度的"补充"定位，职业年金属于补充养老保险，不能以"补充"替代"基本"，可以继续调整多层次养老保险体系结构，适当降低职业年金在整个养老保险体系中的比重，适当增加个人储蓄养老保险所占比重。充分体现"基本养老保险公平优先，补充养老保险兼

顾公平，个人自愿储蓄养老保险强调激励"的特点。

继续优化职业年金制度模式，推动虚实结合的职业年金个人账户模式逐步走向完全实账积累的个人账户模式，统一适用于各类机关事业单位。对部分财政全额拨款单位的缴费采取逐步做实的做法，从某一时点开始（比如"十四五"期内）实行财政全额拨款单位实账缴费，同时对之前的虚账逐步进行弥补。实账积累便于基金管理与投资，增强职业年金制度的统一性与公平性。

（二）以筹资与待遇为核心，完善职业年金制度设计

虽然制度设计公平与制度形式公平并不是职业年金制度最重要的公平，但依然需要完善职业年金制度设计，为提升职业年金的公平性奠定制度基础。

一是适当降低筹资水平与待遇水平。鉴于目前职业年金筹资水平相对较高，既不利于减轻财政负担，也不利于缩小机关事业单位人员与企业职工的补充养老金待遇差距。因此，建议进一步降低职业年金费率，尤其是降低单位缴费比例，可以从目前的8%降至6%。通过降低筹资水平，带动职业年金待遇水平的下降。

二是优化责任分担机制，适当提高个人缴费比例。目前单位与个人筹资比例为2∶1，单位和财政缴费压力相对较大，未来可以进一步完善责任分担机制，适当降低单位缴费比例，将其作为降低职业年金总筹资水平的一项重要举措。如果单位与个人缴费比例暂时难以做到1∶1，可以尝试下降为1.5∶1，即单位缴费率为6%，个人缴费率为4%。最终将单位缴费率下调至4%。

三是建议规范、统一职业年金缴费基数。各地在职业年金制度实施过程中自主决策，导致了不同地区之间的职业年金筹资水平差异，影响了制度的公平性，建议进一步规范职业年金的缴费基数，明确职业年金缴费基数范围清单，规范职业年金缴费行为，缩小职业年金缴费的地区差异。

四是适当延长待遇计发月数。目前，职业年金的计发月数明显偏低，建

议根据延迟退休年龄政策和预期寿命的变化，及时调整职业年金的计发月数，既有利于解决高龄退休人员的职业年金发放问题，增强制度的可持续性，也有利于缩小不同退休年龄群体月均职业年金待遇差距，增强制度的公平性。

五是完善制度转轨设计。主要解决不同年龄群体的职业年金权益问题，提升职业年金的代际公平性。遵循"老人老办法、中人中办法、新人新办法"，重点解决"中人"的职业年金权益问题，明确"中人"在新制度实施之前的职业年金权益处理办法，加强制度转轨资金的筹集，建立全国统一的过渡性职业年金待遇计发办法。

（三）调整职业年金覆盖范围，避免职业年金的"编制歧视"

目前以"编制""参公"为职业年金参保的核心条件，造成了机关事业单位内部的群体分化和不公平，建议取消这一做法，将职业年金覆盖范围扩大至机关事业单位全部正式在岗人员，包括编制外的固定职工和聘任制人员。纠正身份歧视，努力实现机关事业单位人员公平享有职业年金。

在未来的职业年金制度改革中，应该将覆盖范围的扩大和财政全额拨款单位缴费做实同步推进，明确财政责任，将没有任何年金的机关事业单位人员纳入职业年金范围，将参加企业年金的机关事业单位人员转为职业年金，彻底消除年金歧视。① 杜绝将减轻财政负担作为机关事业单位编制改革的主要目标，维护非编制人员的职业年金权益。

将编制外的长期固定工作人员纳入职业年金，既是提升职业年金公平性的基本要求，也有利于增强对编制外人员的激励与职业认可，增强所有机关事业单位工作人员的奉献意识，促进实现基本公共服务提供的均等化与高质量。

（四）完善职业年金的管理服务与运行机制

未来需要在进一步完善职业年金制度设计的基础上优化职业年金的管理

---

① 郑秉文：《职业年金制度的主要特征及其三个隐患》，《中国保险》2021 年第 12 期。

服务与运行机制，提升制度运行的公平性。

一是进一步加强职业年金基金的适度集中管理。针对目前职业年金基金管理比较分散的问题，需要进一步提升基金管理层级，加强职业年金基金的适度集中管理，提升基金投资的规模效益。建议在实现职业年金省级管理的同时探索进一步提升管理层次，改革目前由社会保险经办机构封闭管理的做法，探索建立专业化、适度集中的职业年金基金管理体制。

二是建立统一的职业年金经办服务信息系统。在现代信息技术快速发展的背景下，应该着力解决信息系统相互封闭的信息鸿沟问题，建立纵向垂直一体、横向相互协作的职业年金经办服务信息系统，加强经办服务信息系统的标准化建设，实现职业年金经办服务信息的互联互通。

三是增强参保者在职业年金基金管理与投资决策中的参与权与选择权。参保者是职业年金的核心利益主体，理应拥有充分的知情权、参与权、选择权。大多数机关事业单位人员为知识分子，甚至是高级知识分子，拥有较好的专业决策参与能力。职业年金基金的管理与投资，既要考虑专业性，实现专业化管理与投资，也要增强灵活性，给予参保者适度的基金管理与投资选择权。

四是完善职业年金的转移接续机制。应该在目前转移接续办法的基础上进一步增强职业年金的流动性，充分考虑不同流动情形下的职业年金权益转移，包括跨制度、跨地区的转移接续，具体包括职业年金与企业年金之间，体制内就业与灵活就业、自由职业之间的职业年金权益转移，特别需要考虑制度转轨过程中的权益保障问题，充分保障"中人"在转移接续过程中的职业年金权益补偿，维护职业年金的代际公平。

（五）统筹推进职业年金与企业年金制度建设

未来应该在多层次养老保险体系建设的整体框架下积极推进补充养老保险制度建设，统筹推进职业年金与企业年金制度建设，缩小二者的待遇差距，使之协调发展，尤其要发挥职业年金的示范和带动作用，加强制度创新，增强企业年金的吸引力，使之覆盖更多的企业职工。

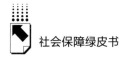
一是建议企业年金更名为职业年金。职业年金与企业年金并没有本质区别，二者都属于补充养老保险，都应当体现覆盖职业人群的特点。从某种意义上来说，企业年金也是职业年金，未来可以考虑实现制度名称的统一，以进一步体现制度形式的公平性，并为实质公平奠定基础。企业年金改名为职业年金不只是简单的名称变动，更有利于统筹推进不同职业人群的补充养老保险发展。

二是以职业年金改革带动企业年金发展。由于职业年金筹资主要来源于财政，其覆盖率和制度运行效能要明显优于企业年金，在进一步提升职业年金公平性的过程中，应该以职业年金改革带动和促进企业年金的发展，发挥职业年金的示范和带动效应，提高企业年金的覆盖率，优化企业年金的管理运行，提升企业年金待遇水平，缩小二者的发展差距。

三是完善补充养老保险的税收优惠政策。建议进一步加大税收优惠力度，规范税收优惠行为，增强税收优惠的公平性。有学者认为，年金替代率要达到20%的水平，税收优惠比例应提高到9%左右，目前我国相较于20%目标替代率下的税收优惠比例还有一定差距。[①] 建议进一步加大年金税收优惠力度，根据国际经验，年金税收优惠的比例在12%～15%是比较合适的。年金税收优惠应该注意对不同年龄、收入、地区人群的影响。年金税收优惠要适当考虑"中人"的权益问题。加大对中低收入者的支持力度，建议在明确标准的基础上对低收入者在全部环节给予免税。不同地区之间的税收优惠政策也应该统筹设计，增强税收优惠的统一性。

四是统筹推进年金基金管理与投资。建立科学的年金治理结构，防范职业年金运营中的逆向选择与道德风险。法人受托模式已成为国外职业年金治理的主体模式，有助于确保职业年金财产的法律独立性，有助于充分发挥投资机构的专业优势，有助于降低各种运营成本。[②] 加强职业年金投资监管，

---

① 毕海侠、朱美玲：《论我国企业年金 EET 型税收政策》，《财会月刊》2018 年第 7 期。
② 何小伟、郑伟：《机关事业单位职业年金：可行性分析与制度设计》，《江西财经大学学报》2014 年第 5 期。

建立多重风险防控机制，如建立和完善盈余准备金制度、再保险制度、最低收益担保制度、动态调整等多重风险防控机制，[①] 特别是可以探索建立年金投资最低收益担保制度，控制代理风险，促进提高投资能力与管理水平。优化年金投资组合，兼顾安全性与收益性，防范投资风险。

[①] 龙玉其：《职业年金制度风险及其整体性治理》，《社会保障研究》2020 年第 3 期。

G.8
共同富裕背景下完善职工医保
筹资政策研究[*]

赵　莹[**]

摘　要：　共同富裕是社会主义的本质要求，是中国式现代化的重要特征。本报告以职工医保筹资政策为研究切入点，回顾了职工医保筹资政策演进与实施现状。职工医保筹资政策存在着地方差异较大、合理性不足、规范性有待提高等问题，面临着外部环境变化带来的众多挑战。人口、经济、医疗等多重外部因素叠加使系统性筹资压力增大，区域差异大、发展不平衡使规范统一职工医保筹资政策困难重重，新就业形态的快速发展给现行筹资方式带来挑战。政策建议：探索构建职工医保基准费率制度，逐步建立合理的单位与职工筹资责任分担机制，规范缴费基数政策，在国家层面明确缴费年限政策规定，探索针对新业态从业人员的参保缴费新机制，建立调剂金机制，推动筹资政策和标准最终走向统一。

关键词：　共同富裕　职工医保　筹资政策

一　问题的提出

共同富裕是社会主义的本质要求，是中国式现代化的重要特征。[①]　党的

---

*　该报告部分内容已发表，见赵莹、王宗凡《共同富裕视角下完善职工医保筹资政策研究》，《兰州学刊》2023 年第 11 期。

**　赵莹，中国劳动保障科学研究院助理研究员，研究方向为医疗保障、社会保障国际比较等。

①　《扎实推动共同富裕》，《求是》2021 年第 20 期。

二十大报告进一步指出"实现全体人民共同富裕"和"实现高质量发展"都是中国式现代化的本质要求。医疗保障作为减轻群众就医负担、增进民生福祉的重大制度安排,理所当然地成为扎实推进共同富裕的基础性制度之一,并且只有实现高质量发展才能有效肩负起这一重大使命。[1]

职工基本医疗保险(以下简称"职工医保")是我国从单位福利保障向社会保险转型后实行的第一个医疗保险项目,该项目惠及面广、所需资金量大、机制设计原理和制度运行环境相对复杂,在医疗保障体系乃至整个社会保障体系中占有重要地位。[2] 从共同富裕视角审视职工医保的高质量发展,不仅可推动制度本身促进共同富裕效应的发挥,也可对整个医疗保障制度体系起到一定的示范作用。进一步而言,职工医保的高质量发展离不开政策的完善和机制的创新,[3] 其中,筹资作为职工医保制度的核心内容之一,政策设计既关乎参保单位和职工个人的筹资负担,又影响医保制度的可持续发展,还与医保的收入再分配机制密切相关。因此,以筹资政策为研究制度高质量发展和促进共同富裕的切入点,既能反映其中的关键机制,也使得研究更为聚焦、更具实践意义。

目前,职工医保已形成一套社会化、责任共担的筹资政策体系,并通过采用费率制来体现"量能缴费"的原则,为制度稳健可持续运行提供了保障。然而,经过二十多年的发展运行,现行的职工医保筹资政策设计也暴露出一些问题,主要体现为地区间政策差异较大,人群间、各方主体间筹资公平性不足,政策规范性和科学性较弱以及难以适应制度外部环境变化带来的新挑战等,[4] 不

---

[1] 郑功成、赵明月:《面向未来的高质量医疗保障制度建设》,《中共中央党校(国家行政学院)学报》2022年第6期。

[2] 何文炯:《基于共同富裕的职工医保制度优化》,《长白学刊》2023年第2期。

[3] 刘欢、向运华:《基于共同富裕的社会保障体系改革:内在机理、存在问题及实践路径》,《社会保障研究》2022年第4期。

[4] 谭中和:《健全稳健可持续医疗保障筹资运行机制的几点思考》,《中国医疗保险》2022年第2期;仇雨临、王昭茜:《从有到优:医疗保障制度高质量发展内涵与路径》,《华中科技大学学报》(社会科学版)2020年第4期;何文炯:《论我国医疗保障之高质量发展》,《中国医疗保险》2019年第3期。

符合共同富裕要求。① 针对这一系列问题，本报告通过梳理回顾职工医保筹资政策演进与实施状况，结合共同富裕要求深入分析面临的问题和挑战，提出优化职工医保筹资政策的思路和建议，以发挥医保筹资收入再分配功能、促进制度高质量发展，从而为扎实推进共同富裕提供有力且有效的制度支撑。

二 我国职工医保筹资政策演进与实施状况

职工医保制度全面建立以来，国家层面的筹资政策保持相对稳定，政策演进大致经历了制定、细化和规范的阶段，目前还在推动规范的过程中。而筹资政策的实施现状却与政策规定略有不同，受到了决策机制和执行程度的较大影响。

（一）职工医保筹资政策的演进

1. 基本政策

目前，我国职工医保筹资政策的主要依据仍为 1998 年出台的《国务院关于建立城镇职工基本医疗保险制度的决定》（以下简称"44 号文"），其中明确了职工医保筹资的基本原则和政策框架，并对具体筹资标准给予指导。具体来看，一是明确了筹资主体与责任分担，即"基本医疗保险费由用人单位和职工共同缴纳"，建立起多方责任分担的筹资机制；二是采用了费率制的筹资方式并对缴费基数和费率做出大致规定，即"用人单位缴费率应控制在职工工资总额的 6% 左右，职工缴费率一般为本人工资收入的 2%"；三是提出了筹资政策调整的原则性规则，即"随着经济发展，用人单位和职工缴费率可作相应调整"；四是考虑到建制前后有关人员医疗待遇的妥善解决问题，提出"退休人员参加基本医疗保险，个人不缴纳基本医疗保险费"。同时，考虑到我国区域间差异较大，44 号文还提出了"属地管

---

① 何文炯：《全面增强基本医疗保障制度公平性》，《中国医疗保险》2022 年第 3 期。

理原则"，上述规定均给予地方在实施过程中较大的灵活调整和自主决策的空间，基本形成了"中央统一原则和框架、地方制定具体标准"的局面。这种做法虽然有效地推动了职工医保改革的平稳过渡并发挥地方的积极性，但是也使得职工医保筹资政策在各地差异较大，政策调整存在一定的随意性。

2. 政策补丁及细化

2003 年，劳动和社会保障部出台的《关于城镇灵活就业人员参加基本医疗保险的指导意见》单独规定了该类人群的参保缴费政策，弥补了原有政策的空白。具体包括，一是分类参保缴费，已与用人单位建立明确劳动关系的灵活就业人员，要按照用人单位参加基本医疗保险的方法缴费参保。其他灵活就业人员，主要以个人身份缴费参保。二是灵活就业人员参加基本医疗保险的缴费率原则上按照当地的缴费率确定，缴费基数可参照当地上一年职工年平均工资核定。三是要求明确医疗保险待遇与缴费年限和连续缴费相挂钩的办法，促使灵活就业人员连续足额缴费。

此外，国家层面还在相关文件和法律中对筹资政策进行细化说明。例如，2006 年劳动和社会保障部社会保险事业管理中心出台《关于规范社会保险缴费基数有关问题的通知》，明确了缴费基数的核定依据和计算口径，同时从便于征缴的角度提出了职工医保可采用与养老保险相同的缴费基数政策，这也成为部分地区以上一年度个人月平均工资为缴费基数以及对缴费基数设定 60%~300%上下限标准的政策源头。2010 年颁布的《中华人民共和国社会保险法》第二十七条规定："参加职工基本医疗保险的个人，达到法定退休年龄时累计缴费达到国家规定年限的，退休后不再缴纳基本医疗保险费，按照国家规定享受基本医疗保险待遇；未达到国家规定年限的，可以缴费至国家规定年限。"人力资源和社会保障部颁布的《实施〈中华人民共和国社会保险法〉若干规定》第七条规定："社会保险法第二十七条规定的退休人员享受基本医疗保险待遇的缴费年限按照各地规定执行。"对地方自行出台的缴费年限政策予以了认可，并将其作为对"退休人员不缴费政策"的一项细化规定。

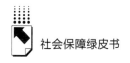

3.推动政策规范化

以党的十九大为标志，我国医疗保障制度改革发展进入了全面建立中国特色医疗保障制度新时代。在新时代背景下，医保事业一方面面临主要矛盾转变带来的新挑战，体现为"人民日益增长的健康保障需要与医疗保障体系的不平衡不充分的发展之间的矛盾"；另一方面也被赋予新时代的新要求，即"全面建成覆盖全民、城乡统筹、权责清晰、保障适度、可持续的多层次医疗保障体系"。为此，职工医保筹资政策也正在经历理念的转变和全面的优化。2020年，《中共中央 国务院关于深化医疗保障制度改革的意见》（以下简称"中发5号文"）对职工医保筹资政策提出了明确的改革任务：一是建立基本医疗保险基准费率制度，规范缴费基数政策，合理确定费率，实行动态调整；二是均衡各方筹资缴费责任，研究应对老龄化医疗负担的多渠道筹资政策；三是适应新业态发展，完善灵活就业人员参保缴费方式。2021年，国家医保局联合财政部颁布《关于建立医疗保障待遇清单制度的意见》，进一步明确了职工医保筹资渠道、缴费基数、基准费率（标准）等政策规定，要求各地逐步实现政策纵向统一；严格政策决策权限，将筹资政策的决策权上收至中央和省级医保部门，而各统筹地区则仅负责政策的执行落实。由此可见，职工医保筹资政策开始进入规范统一阶段，这意味着既要有科学合理的依据又要各地逐步统一标准，当然由于各地客观条件差异较大，这还需要经历较长的一段时间才能实现。

（二）职工医保筹资政策实施状况

在职工医保制度运行中，筹资政策的有效实施为制度稳健可持续运行提供了保障，而实施现状和效果也呈现一些值得关注的趋势，是后续优化政策的现实基础。

1.人均筹资水平逐渐提高，但增长率急速放缓

通过采用费率制的筹资方式，我国职工医保筹资水平随着工资收入的增长始终保持逐渐自然提高。从表1可见，全国职工医保人均筹资额从2011年的1960元增加至2021年的5363元，增长了约1.7倍；人均筹资额占人

均 GDP 的比重从 2011 年的 5.40% 提高到 2021 年的 6.62%，筹资变化与经济发展的趋势基本同步。在职职工人均缴费额从 2011 年的 2610 元增加至 2021 年的 7279 元，有力地保障了职工医保制度的支付能力。但也需看到近年来其增长率放缓，从 2011 年最高的 17.38% 下降至 2018 年的 5.44%，2019 年提高至 7.46%，而在 2020 年出现负增长。这既受到我国经济增长呈现新常态的影响，也受到短期减免缓缴和阶段性降费率等政策的影响，它们对制度可持续性的影响值得关注。

表 1 2011~2021 年全国职工基本医疗保险筹资水平

单位：元，%

年份	人均筹资额	占人均 GDP 的比重	在职职工人均缴费额	增长率
2011	1960	5.40	2610	17.38
2012	2289	5.76	3052	16.95
2013	2573	5.92	3444	12.85
2014	2841	6.06	3820	10.90
2015	3144	6.30	4252	11.31
2016	3479	6.47	4730	11.24
2017	4049	6.79	5509	16.46
2018	4273	6.52	5808	5.44
2019	4592	6.55	6242	7.46
2020	4566	6.36	6187	-0.88
2021	5363	6.62	7279	17.66

注：1. 人均筹资额=全国职工基本医保基金总收入/职工医保参保总人数；2. 在职职工人均缴费额=全国职工基本医保基金总收入/在职职工参保总人数，该指标数据会高于实际缴费率，因基金总收入中还包含了利息收入等非征缴收入，且 2020 年后包含生育保险基金收入；3. 2020 年受疫情影响全国多地职工基本医保实施阶段性减征政策，因此 2020 年和 2021 年筹资水平增长情况波动较大。

资料来源：国家医疗保障局编《中国医疗保障统计年鉴 2022》，中国统计出版社，2022；《2021 年全国医疗保障事业发展统计公报》。

2. 实际缴费费率明显高于政策规定，呈现向下调整的趋势

根据 44 号文规定，职工医保缴费费率标准为 "2%+6%" 左右。但从 2011~2020 年全国职工医保实际缴费费率水平来看，大致维持在 9.0% 左右（见图 1），明显高于国家政策规定，说明较多统筹地区在费率政策实施过程中根据地区实际情况对费率政策进行了调整，通常为提高单位缴费费率。同时，全国职工医保实际缴费费率水平呈现缓慢下降的趋势，2020年下降到8.5%，这既受到部分地区因疫情阶段性降低缴费费率的影响，也反映出部分缴费费率较高地区在近年来逐步下调了单位缴费费率的结果，如经过3次调整，上海市职工医保单位缴费费率已从1998年制度建立之初的11%下降至2021年的9.5%，而同样下调职工医保缴费费率的地区还包括北京、杭州、广州、厦门等地。需要指出，医保缴费费率是筹资政策中的一个关键参数，为保持政策的稳定性，不会轻易进行调整，因此也可看到在10年间我国职工医保实际缴费费率整体变化较小。

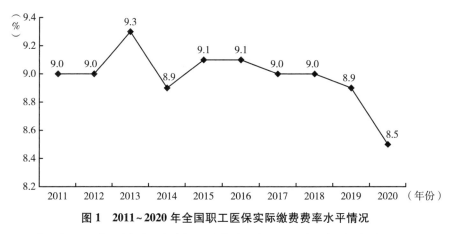

图1   2011~2020年全国职工医保实际缴费费率水平情况

资料来源：国家医疗保障局编《中国医疗保障统计年鉴2022》，中国统计出版社，2022。

3. 人均缴费基数增长波动幅度较大且与平均工资并未呈现明显线性关系

缴费基数的变化既受经济增长影响，又与实际执行情况密切相关。从全国总体情况看，职工医保人均缴费基数呈持续增长的趋势，历年增长波动比较大，10年间增长率在3.78%~17.76%（见表2）。而从职工医保缴费基数的相对水平上看，人均缴费基数的增长幅度与城镇非私营单位就业人员平均工资增长情况并未呈现明显的线性关系。2014年人均缴费基数增长率达15.89%，获得较快速的提高，但城镇非私营单位就业人员平均工资增长率仅为9.47%；2018年则呈现相反情形，城镇非私营单位就业人员平均工资增长率远高于人均缴费基数的增长率。进一步来看，10 年间人均缴费基数占城镇非私营单位就业人员平均工资的比重经历了先波动上升到 2017 年最高的 82.36%再逐年下降的过程，2020 年仅为 74.74%。比重的波动一方面受到指标统计口径调整①的影响，另一方面也说明可能存在人均缴费基数不实的问题。

表 2　2011~2020 年全国职工基本医疗保险缴费基数情况

单位：元，%

年份	人均缴费基数	增长率	城镇非私营单位就业人员平均工资	增长率	基数占平均工资比重
2011	28997	—	41799	—	69.37
2012	33912	16.95	46769	11.89	72.51
2013	37037	9.22	51483	10.08	71.94
2014	42922	15.89	56360	9.47	76.16
2015	46727	8.86	62029	10.06	75.33
2016	51979	11.24	67569	8.93	76.93
2017	61209	17.76	74318	9.99	82.36
2018	64538	5.44	82413	10.89	78.31
2019	70130	8.66	90501	9.81	77.49
2020	72783	3.78	97379	7.60	74.74

注：人均缴费基数 =（全国职工基本医保基金总收入/在职职工参保总人数）/全国职工基本医保费率。

资料来源：国家医疗保障局编《中国医疗保障统计年鉴 2022》，中国统计出版社，2022；《中国统计年鉴 2022》。

4. 各地普遍探索实施适合本地情况的缴费年限政策

针对 44 号文中"退休人员参加基本医疗保险，个人不缴纳基本医疗保险费"规定可能造成的只需达到法定退休条件就能自动享受职工医保待遇，而与是否已履行医保参保缴费义务无关的问题，各个统筹地区普遍根据本地

---

① 根据 2019 年《国务院办公厅关于印发降低社会保险费率综合方案的通知》调整就业人员平均工资计算口径，各省份应以本省份城镇非私营单位就业人员平均工资和城镇私营单位就业人员平均工资加权计算全口径城镇单位就业人员平均工资，核定社保个人缴费基数上下限，合理降低部分参保人员和企业的社保缴费基数。

情况探索出台了职工医保缴费年限政策规定，常见的政策概念包括以下几项。一是累计（最低）缴费年限，即参保者在退休时享受退休医保待遇所需履行的最低缴费义务的时间期限，各地最常见的标准为男性30年、女性25年。二是视同缴费年限和实际缴费年限，两者是相对的概念：前者由于制度改革的历史因素，部分改革前参加工作的人员虽未缴费但视同其履行了义务的年限；后者则是参保者实际缴纳保费的年限，强调对医保基金的实际贡献。在运行中，多数地区设置了实际缴费年限的最低要求，最常见的为不少于10年。三是其他政策概念的延伸或组合，如本地最低或实际缴费年限、连续缴费年限等，更多强调参保人对本统筹区医保基金的贡献。各地还普遍规定，达到累计缴费年限最低要求但未达到退休年龄的职工应继续缴纳基本医疗保险费；达到退休年龄未缴足最低年限的，须由用人单位或个人一次性缴足基本医疗保险费。各地探索职工医保缴费年限政策的实施，虽可在一定程度上增加基金的积累、增强统筹基金抗风险能力，但缺乏全国统一的设定方法以及相关标准，导致政策规范和实际执行中存在不少问题。

三　推动共同富裕中职工医保筹资政策面临的问题和挑战

职工医保制度建立以来，筹资政策保持着相对稳定，有力地保障了制度平稳、可持续运行，同时为待遇水平的不断提高提供了支撑。但也应看到，在肩负实现高质量发展、扎实推动共同富裕重大使命的新要求下，职工医保筹资政策还存在着地方差异大、合理性不足、规范性有待提高等问题，面临着外部环境变化带来的众多挑战，制约着在推动共同富裕中制度功能的有效发挥。

（一）职工医保筹资政策存在的问题

1. 各地筹资政策差异较大

长期以来，职工医保筹资政策决策呈现地方化特征，使得实施过程中各地筹资政策差异较大，导致各地职工医保运行成本不同，既影响劳动力流动，不利于建立统一要素市场和促进地区均衡发展，又可能进一步加剧发展成果的不平衡，不利于推进共同富裕进程。① 具体体现如下。

首先，各地单位缴费费率差异较大，各地用工成本明显不同。经对 29 个省（区、市）的 348 个统筹地区的政策梳理发现，多数地区单位缴费费率突破了 6%，高于 6% 的地区有 233 个、等于 6% 的有 103 个、低于 6% 的有 12 个，分别占 67.0%、29.6% 和 3.4%。其中，单位缴费费率最高的地区是杭州市，达到 10.5%；最低的地区为中山市，仅为 1.5%；多数地区则在 7%~9%。政策差异如此大，除部分发达地区（如北京、上海等）因筹资能力较强，为了提供较高的待遇水平而提高外，也有一部分发达地区（如广东），因人口结构较为年轻、基金支出压力较小而降低；部分欠发达地区（如云南、宁夏等）则由于人口老龄化程度较高、经济较为落后，但又需维持一定的待遇水平，被迫采用较高缴费费率。

其次，各地缴费基数政策细化和执行标准差异较大，造成各个区域之间的医疗保险制度即使在名义费率相同的情况下实际缴费负担也有较大区别。各地的政策差异点主要包括：一是个人缴费基数的上下限标准不同，部分地区将下限提高至 70% 乃至 100%，有的地区则采用固定金额作为下限，同时部分地区并未设置上限等；二是缴费基数的基准不同，即当地职工的平均工资的统计口径不同，统计层次上存在省、市、县（若为县级统筹）的区别，统计人群上也有使用全口径或者仅为城镇非私营企业等的不同，而统计时间上有的以上一年为标准，有的则是上上一年；三是单位缴费基数的核定方法不同，大致分为职工工资总额和个人缴费基数之和两种，同时存在两种比较后就高以及采用"双基数"等特殊做法。

最后，各地缴费年限政策规定五花八门，② 享受退休医保待遇资格要求差异大。由于国家层面并没有统一的关于职工医保缴费年限的具体政策规定，目前实施的政策均由地方自行确定，主要存在以下问题。一是累计（最低）

---

① 单大圣：《中国医疗保障决策的地方化特征与改革思路》，《社会保障评论》2022 年第 6 期。
② 袁涛：《职工医保缴费年限科学设置理论与方法》，《贵州社会科学》2019 年第 9 期。

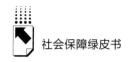

缴费年限要求差异大。根据对24个省份已出台的省级缴费年限政策的梳理，除贵州省外，其余省份均有明确规定累计缴费年限标准。在这23个省份中，有18个省份对男性、女性设置了差异标准，其中有13个省份为男性30年、女性25年，有5个省份为男性25年、女性20年；有5个省份男性、女性政策相同，其中规定为25年的有3个省份，规定为20年和15年的则各有1个省份。此外，在统筹区层面差异更加明显，各地政策从最低5年到最高33年不等，有的地方甚至没有设置缴费年限。二是实际缴费年限的要求各不相同，在上述24个省份中有16个省份对实际缴费年限做出了明确规定，从最低5年到最高25年不等。这种差异在统筹区层面也进一步显现，除了年限的不同，部分地区还针对不同时期参加工作的人员设置不同标准，例如，贵阳规定职工医保启动前已参加工作的，不少于10年；启动后到2016年12月31日前参加工作的，不少于15年；2017年1月1日后参加工作的，不少于25年。三是多种政策组合混用。有的地区仅要求累计（最低）缴费年限，而有的地区则需要同时符合累计缴费年限、实际缴费年限、本地缴费年限和连续缴费年限等多重要求，导致不同地区缴纳相同年限的参保者资格认定结果不同。

2. 部分筹资政策合理性不足

中发5号文提出"合理筹资、稳健运行是医疗保障制度可持续的基本保证"。其中，合理筹资在政策层面主要体现在遵循"量能负担"的基本原则，即筹资标准是否与各方承受能力相匹配，强调筹资能力强者应当多负担，筹资能力弱者可少负担，无筹资能力者可不负担，但不影响其公平享受待遇。然而，目前我国职工医保制度中部分筹资政策合理性不足，甚至出现了缴费责任与筹资能力倒置的现象，与共同富裕的基本要求不适应，亟待优化。具体体现如下。

首先，单位缴费费率过高，筹资责任分担失衡。根据44号文的规定，我国职工医保由用人单位和职工共同缴纳，两者的筹资责任分担比例为3∶1，相较于国际上其他采用社会医疗保险的国家通常设定的1∶1或2∶1的标准，[①] 我国

---

① 谭中和：《我国职工医保筹资和待遇水平现状及对有关问题的思考》，《中国医疗保险》2017年第6期。

用人单位的缴费责任初期设定就较重。而如前文所述，随着职工医保制度的发展，多数地区又进一步上调了单位缴费费率，使得用人单位承担了绝大部分筹资责任。据调研计算，从全国平均水平来看，用人单位与个人筹资分担比例经历了一个逐年上升到相对稳定的过程，基本维持在 3.5：1 左右的水平；2020 年，各地用人单位与个人筹资分担比例差异较大，部分地区两者分担比例远超过全国平均水平，如北京、天津、上海分别达到 4.25：1、4.46：1 和 4.74：1，但也有部分地区两者分担比例低于全国政策规定，如福建、广东分别为 2.58：1 和 2.49：1。由此可见，我国职工医保筹资中存在个人与单位缴费责任失衡问题，而过重的筹资负担会影响到企业乃至整个国家的竞争力。

其次，缴费基数的基准和上下限设定不合理，容易导致缴费责任扭曲。具体来说，一是个人缴费基数下限政策加重了低收入群体的缴费负担。目前，大多数地区的个人缴费基数下限是当地职工平均工资的 60%，这意味着收入低于该标准的参保人（多是收入不稳定的务工人员和灵活就业人员等低工资收入者[①]）需要以高于本人实际收入的标准缴费，直接导致了低收入者高标准缴费的不公平情况，加重了该类参保人及其所在用人单位的缴费负担，特别是缴费基数下限标准远高于各地的最低工资标准（见表3），使得还有很多收入水平在最低工资标准上下的人群实际费率畸高，形成制度性挤出。二是个人缴费基数上限政策使得高收入群体的实际缴费负担远低于名义费率。目前，大多数地区以当地职工平均工资的 300% 为缴费基数上限，这意味着收入高于该标准的参保者实际缴费负担较轻。进一步从统计数据来看，2020 年，我国居民按收入五等份分组，20% 高收入组家庭人均可支配收入是 20% 低收入组家庭人均可支配收入的 10.2 倍，而以当地职工平均工资的 300% 为缴费基数上限标准仅是下限的 5 倍，未能真实反映收入的差距以及其代表的缴费能力的差异。三是仅以工资性收入计算缴费基数，可能造

---

① 董克用、张燕婷、施文凯：《税务征收体制下的基本养老保险个人缴费基数：问题、机制与对策》，《税务研究》2020 年第 5 期。

成收入来源更多元（如财产性收入、经营性收入等）的高收入群体缴费负担反而更低。

表3　2020年部分省份月缴费基数下限与最低工资标准（第一档）的比较

单位：元，%

省份	月缴费基数下限	最低工资标准（第一档）	占比
北京	5644	2320	41.11
天津	4066	2180	53.62
河北	3245	1900	58.55
辽宁	3974	1910	48.06
上海	6203	2590	41.75
山东	3745	2100	56.07
湖北	3556	2010	56.52
四川	3726	1780	47.77
贵州	3827	1790	46.77

资料来源：根据各省份政策整理。

　　最后，部分地区对参保人员设定本地实际缴费年限、连续缴费年限等筹资政策要求同样不尽合理，人为增加了享受退休医保待遇的难度。具体来说，一是本地实际缴费年限的规定，实际是从本地医保基金收支平衡出发考虑的，但从法理来讲，参保者无论在何地参保缴费均履行了职工医保缴费义务并形成了权益累计，并不能因其参保地点的变化而否认其应享受的权益。二是连续缴费年限的规定，目的是防范参保者或用人单位的投机参保行为，但实际中难以保障由工作变动等客观因素造成的缴费中断，若因此就否认其之前的缴费年限，不符合权利义务相对应的原则。此外，上述地方政策也与国家在医保关系转移接续政策中强调的"个人缴费年限累计计算且各地应互认"的原则有所冲突，客观上导致了医保关系转移接续的困难和参保者的权益受损。

　　3. 缺乏法定的政策决策程序和调整机制，规范性有待提高

　　44号文对筹资政策仅做出了较为原则性的规定，并未明确筹资政策调

整的规则和依据以及政策调整的授权和权限划分，使得各地调整政策随意性较强、规范性不足，这在一定程度上导致了上述筹资政策公平性和合理性问题。具体来说，一是部分筹资政策设置缺乏充分的理论依据和科学的计算标准，例如总费率标准的测算和分担比例划分的依据以及各地在此基础上可调整的空间及调整需遵守的规则，目前尚未有明确的规定；缴费基数上下限和累计缴费年限的政策，国家并未有统一规定，大多数统筹地区简单盲目套用企业职工基本养老保险的相关政策，却忽视了两个险种在筹资和运行原理上存在的差异。二是政策决策权限和程序仍需明确和优化。长期以来，我国医保决策体制呈现地方化特征，[①] 统筹区对筹资政策的调整具有较大的决策权，而地方决策极易受到地方非制度本身因素的影响，如部分地区将降低缴费费率或缴费基数作为改善营商环境的手段等，导致各地政策差异大并影响制度可持续性。随着医保待遇清单制度的出台，决策权限范围初步被划分了中央、省级和统筹地区三个层面，决策权限呈现明显上收趋势，但仍缺乏标准化的、科学合理规范的决策程序，包括启动条件、决策参与主体及如何授权、决策的依据和规则以及最终决策的实施办法等。换而言之，地方或省在何种条件下可以向上级部门申请政策调整、上级部门批准或拒绝政策调整应依据何项规则和程序等尚不明确。

（二）面临的挑战

职工医保制度高质量发展，不仅应该关注制度本身的不断优化，还不能忽视宏观环境变化带来的挑战，筹资政策的调整更需要重视众多外部因素的影响，与社会主义初级阶段基本国情相适应、与人民群众的基本健康需求相协调。

1. 人口、经济、医疗等多重外部因素叠加使系统性筹资压力增大

首先，人口老龄化已经成为我国当前和今后一个时期内的重要国情之一。我国的人口老龄化具有速度快、高龄化、城乡倒置、地区不平衡、未富

①　单大圣：《中国医疗保障决策的地方化特征与改革思路》，《社会保障评论》2022 年第 6 期。

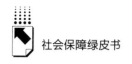

先老与未备先老等特征。① 一方面，老年人口是疾病风险最高的群体，人口老龄化将不可避免地导致医疗费用的更快增长和医保基金支出的持续增加。② 根据国家卫生服务调查数据统计，60 岁及以上年龄组的医疗费用是 60 岁以下年龄组的 3~5 倍，平均每位 80 岁及以上高龄老年人的照护与医疗成本开支约为 65~74 岁老年人的 14.4 倍。而从职工医保基金支出结构也可看到，2020 年占职工医保参保总人数 26.2% 的退休人员的医保基金支出约占职工医保基金总支出的 60%。③ 另一方面，在现行制度下，实行"退休人员不缴费"政策，使得缴费人群相对缩小而享受待遇人群持续扩大，④ 进一步提高了制度内的老龄化程度，从职工医保制度内的在职退休比来看，过去 20 多年里持续呈现下降趋势，在 1998 年刚建制度时，在职退休比为 4.1，即每位退休人员有 4 位以上的在职者缴费为其承担医疗费用，而在 2020 年这一数值已下降至 2.8，⑤ 给医保筹资和待遇支付带来巨大挑战。

其次，经济增速放缓及收入结构变化客观上使得现行筹资政策下职工医保筹资力度减小，基金平衡压力增大。经济增速放缓，一方面势必会影响工资收入的增长幅度，我国职工医保筹资基于工资收入，近几年人均筹资水平增长率已经呈现急速放缓；另一方面也会影响到企业和参保个人的缴费能力和意愿，导致中断缴费、虚报参保人数和缴费基数现象更为凸显，《中国企业社保白皮书 2019》数据显示，我国企业社保基数合规比例为 29.9%，统一按最低基数下限参保的企业占比为 28.4%，有超过 2/3 的企业存在申报员工缴费基数与实际人数不符的情况。此外，随着社会经济的发展，我国城镇居民可支配收入的结构正在发生变化，工资性收入的占比从 2000 年最高时

① 王延中、龙玉其、宁亚芳：《"十四五"时期中国社会保障建设的目标任务与政策建议》，《社会保障评论》2020 年第 3 期。
② 仇雨临、王昭茜：《守正、发展与创新："十四五"时期医疗保障的完善思路》，《行政管理改革》2021 年第 4 期。
③ 根据《中国医疗保障统计年鉴 2021》相关数据计算。
④ 郑功成：《"十四五"时期中国医疗保障制度的发展思路与重点任务》，《中国人民大学学报》2020 年第 5 期。
⑤ 数据来源于《中国医疗保障统计年鉴 2021》。

的 74.31% 下降到 2020 年的 60.18%，而经营净收入和财产性收入的占比不断提高，分别从 2000 年的 2.04% 和 3.92% 提高到 2020 年的 10.75% 和 10.55%，[①] 使得仅基于工资收入的职工医保筹资来源不断缩窄。

最后，医疗卫生技术的进步及国民日益升级的健康需求，会进一步提升医疗消费水平，对医保筹资提出更高的要求。在医疗卫生技术领域，技术的进步，新医疗器械、诊疗方法与创新药品的不断涌现，为一些曾经难以攻克的疾病难题提供了新的生命希望，但也会刺激健康需求的持续攀高和医疗费用的快速增长。[②] 同时，随着经济的不断发展与生活水平的持续提升，国民健康需求开始从传统、单一的疾病治疗需求向现代、全面的健康需求转变，[③] 这种升级也会带来医疗消费水平的提升和医保基金支出的增加。

由此可见，多重外部因素的叠加使得职工医保系统性筹资压力不断增大，进一步整体提升筹资水平的空间十分有限，如何优化筹资政策以实现结构性的调整十分重要。

2. 区域差异大、发展不平衡使规范统一职工医保筹资政策困难重重

区域差异大、发展不平衡是我国的基本国情。具体到医疗保障领域，主要体现为各地的经济发展水平与筹资能力存在较大不同，各地参保人群的年龄结构与疾病费用风险差异较大，各地医疗资源配置情况和医疗服务价格水平不同，最终导致各地医保基金收支结余很不平衡。2020 年，职工医保统筹基金累计结存额较高的三个省份（广东、上海、浙江）的结存额占全国总量的 35.65%，而东北三省占比仅为 5.22%。[④] 这客观上使得各地根据自身情况出台差异较大的筹资政策，也表明要通过"提低降高"的方式规范统一筹资政策困难重重。一方面，基金状况较好的地区缴费政策往往较宽松，如广东、浙江大部分地市缴费费率较低，上海的累计缴费年限仅要求

---

① 根据国家统计局历年《中国统计年鉴》整理。
② 仇雨临、王昭茜：《守正、发展与创新："十四五"时期医疗保障的完善思路》，《行政管理改革》2021 年第 4 期。
③ 王延中、龙玉其：《中国医疗保障制度改革的回顾、挑战与展望》，《北华大学学报》（社会科学版）2022 年第 1 期。
④ 根据《中国医疗保障统计年鉴 2021》相关数据计算。

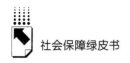

15 年等，提高其筹资标准只会造成基金结余的进一步增加或者激发提高待遇的冲动；另一方面，基金状况较差的地区缴费政策往往较为苛刻且严格执行，若在保持现有待遇水平的前提下降低筹资标准则面临着基金出现的巨大风险。

3. 新就业形态的快速发展给现行筹资方式带来挑战

2015 年以来，新就业形态在我国快速发展，成为吸纳与带动就业的重要途径。根据《中国共享经济发展报告（2021）》的统计，2020 年我国共享经济参与者人数约为 8.3 亿人，其中服务提供者约为 8400 万人，同比增长约 7.7%；平台企业员工人数约 631 万人，同比增长约 1.3%。然而，与传统的用工方式相比，新就业形态具有劳动关系灵活化、工作碎片化、去组织化等特点,[1] 这些都与建立在明确劳动关系、正规就业基础上的职工医保制度存在较大不匹配，强制纳入现有制度体系会给强调雇主责任、以月薪为基础的现行筹资方式带来极大挑战。[2] 具体来说，一是灵活化的"劳动关系"下雇主责任难以界定，极易被推诿规避。在新就业形态下，"雇主—雇员"的关系从传统的"一对一"向"一对多""多对多"转变，对同一"雇员"的多个"雇主"应如何承担缴费责任，在理论和技术上都还难以界定，同时各个"雇主"之间从自身利益最大化出发也会相互推诿或者规避缴费责任。二是碎片化的工作内容和时间使得劳动报酬不稳定且计发方式发生变化，使得以月薪为缴费基数的医保筹资方式难以适应。新业态从业者薪酬计发方式更多采用日薪、时薪以及计件薪酬等，且收入通常跟工作量直接挂钩，每月并不稳定。因此，一方面难以通过核算真实收入水平来确定本人缴费基数；另一方面以固定月薪为基数缴费也会给月收入波动较大的劳动者带来困难。三是"去组织化"的用工方式使得雇主难以履行为员工登记参保、代扣代缴保费等现行筹资方式中用人单位的义务。

---

① 杨艳东、张铭哲：《不确定风险下新就业形态劳动者养老保险研究》，《浙江工业大学学报》（社会科学版）2020 年第 2 期。
② 席恒：《融入与共享：新业态从业人员社会保险实现路径》，《社会科学》2021 年第 6 期。

四 基于共同富裕的职工医保筹资政策目标思路和政策建议

共同富裕的核心要义：一是富裕，通过发展提高人民收入水平和生活水平，促进人的全面发展；二是共同，通过收入再分配等手段缩小收入差距，公平共享社会发展成果。[①] 按照推进共同富裕的要求完善职工医保筹资政策，一方面要求政策设计不能阻碍社会经济的发展，另一方面要求政策设计能够促进再分配的公平性。

（一）完善职工医保筹资政策的目标思路

在促进职工医保制度高质量发展、扎实推进共同富裕的要求下，职工医保筹资政策的完善应坚持公平、规范、统一和动态调整的发展目标。公平筹资是在筹资政策完善中一方面要强调纵向公平，在避免低收入参保者承担过重缴费负担的同时，促使高收入参保者充分履行缴费义务；另一方面逐步提高横向公平，使相同支付能力的参保者承担相同的缴费责任，不因参保地区、单位性质、就业形式等不同而有所差别。规范筹资则是要明确筹资政策的决策层级、权限和设置依据，同时在执行中严格遵循政策规定，避免地区政策解读的差异性和随意性。统一筹资是职工医保制度走向成熟、定型的必经之路，按照医疗保障待遇清单制度的要求，明确筹资渠道、缴费基数、基准费率（标准）等筹资政策的规则和标准，逐步实现全国范围内政策纵向统一。此外，筹资政策还需动态调整。一方面建立与人口、经济、社会发展相适应，基于医保基金"以支定收"原则的筹资标准动态调整机制；另一方面也需根据就业形式、人口流动的变化探索调整适宜的筹资模式和标准。

实现上述发展目标并不是一蹴而就的，还需要分阶段逐步推进。具体来

---

① 杨立雄：《概念内涵、路径取向与分配定位：对共同富裕关键理论问题的探讨》，《华中科技大学学报》（社会科学版）2022 年第 4 期。

说，在近期应注重筹资政策的规范，一是取消地方不合理的政策规定，如双基数缴费政策、本地实际或连续缴费年限要求等；二是对仍存在争议的政策点进行逐一明确，包括明晰单位和个人用于计算缴费基数的工资的含义、计算口径及统计规则，累计缴费年限的设定规则等；三是上收政策决策权限，不再允许各统筹地区擅自调整筹资政策，同时规范政策执行，如做实缴费基数等。在中期，按照共同富裕要求进一步优化筹资政策设计并逐步统一职工医保筹资政策和标准。在优化筹资政策设计方面，一是调整筹资结构，均衡分担用人单位和职工的筹资责任；二是从医保制度自身规律出发完善现行筹资政策，如扩宽或取消缴费基数上下限规定、明确缴费年限带来的医保权益累计规则等；三是创新筹资方式及设置适宜筹资标准，将更多的新业态从业者纳入职工医保制度中，做到应保尽保。在统一筹资政策和标准方面，一是遵循医保待遇清单制度，通过省级统筹逐步统一筹资政策和标准，并为全国统一打好基础；二是建立调剂金机制，助力政策统一的稳定落地和制度的可持续发展；三是建立动态调整机制，在建立基准费率机制的基础上，明确筹资政策调整的条件和办法。在远期，积极应对新形势的挑战，创新筹资政策设计，拓宽筹资渠道和来源，研究应对老龄化医疗负担的多渠道筹资政策，探索"去单位化"的筹资模式，考虑如何衔接融入居民医保筹资。

（二）政策建议

1. 探索构建职工医保基准费率制度

中发 5 号文提出"建立基本医疗保险基准费率制度"，既是强调对费率政策的规范，也是为目前各地差异较大的缴费费率逐步走向统一奠定基础。具体来说，基准费率制度应确定一个全国标杆式的合理、适度的费率，既应满足适度待遇水平下合理医疗服务需求的支付需要，又应与经济发展水平相适应。在厘定全国统一的基准费率的同时，在现阶段还需确定一个浮动区间，浮动区间仍在国家层面根据影响医保基金收支关键因素的情况进行确定，各统筹地区可根据自身情况在浮动区间要求内确定本地费率。此外，还需建立动态调整机制，一方面基准费率需根据经济社会因素、待遇政策调整等因素进行动态调整；另一方面各统筹地区也需通过不断完善医保政策、支付和管理，逐步向基准费率统一的方向迈进。同时，基本医保基准费率制度的建立为建立区域间的调剂金机制奠定较为公平的筹资基础。

2. 逐步建立合理的单位与职工筹资责任分担机制

由于历史原因，我国职工医保筹资中用人单位承担责任比例较高，远高于国际通常的分担水平，这既影响竞争力又易引发用人单位逃避缴费行为。职工个人缴费水平较低，且全部划入个人账户并未发挥共济功能。因此，从均衡责任的角度出发，应逐步建立合理的责任分担机制，在基准总费率维持不变的情况下，逐步提高个人缴费费率，降低单位费率，通过较长时间的过渡逐步将单位个人的费率比例调整优化至 2∶1 左右。但需要注意的是，一是降低单位缴费水平应以做实缴费基数为前提；二是提高个人缴费费率，需要密切关注个人收入在国民收入分配结构中的占比变化，应以提高个人收入占比为前提。

3. 规范缴费基数政策

缴费基数是筹资政策中常被忽略却十分关键的参数。44 号文仅做出了原则性的规定，导致实践中地方执行政策差异较大甚至出现不合理的规定，也导致基数不实问题长期存在。[1] 因此，亟须从国家层面规范缴费基数政策，明确政策标准并细化实施规则。[2] 具体来说，一是明确缴费工资的统计口径，针对目前政策规定复杂、统计口径不清晰的问题，建议使用排除法进行核定，缴费工资组成项目原则上应与工资、薪金所得个人所得税中的"应税收入"保持一致，在此基础上以清单形式列明不应计入应缴费工资的条目，如企业发放给职工的低价值、偶然发生的工资性收入和不易计价的实物性福利等；[3] 二是明确个人缴费基数核定方法，尽快统一采用全口径城镇

---

① 郑秉文：《社会保险费"流失"估算与深层原因分析——从税务部门征费谈起》，《国家行政学院学报》2018 年第 6 期。

② 赵莹、王宗凡：《社会医疗保险缴费基数制定的国际经验》，《中国医疗保险》2022 年第 11 期。

③ 董克用、张燕婷、施文凯：《税务征收体制下的基本养老保险个人缴费基数：问题、机制与对策》，《税务研究》2020 年第 5 期。

单位就业人员平均工资作为缴费基数的基准，同时规定计算本人工资收入的时间点、层级应尽量与平均工资的统计口径相对应，并探索扩宽或取消缴费基数上下限规定；三是统一缴费基数的核定方法，取消"双基数"的历史做法，减轻用人单位的缴费负担，并明确以个人缴费基数之和核定单位缴费基数，该方法既操作简单也便于监管。

4. 在国家层面明确缴费年限政策规定

目前，国家层面并没有统一的关于职工医保缴费年限的具体政策规定，导致各地自行设置标准，差异较大也缺乏明确依据，不利于参保者公平享受退休医保待遇。因此，应按照待遇清单制度要求"逐步规范缴费年限政策"。一是明确取消本地实际缴费年限、连续缴费年限等损害参保者权益的地方政策规定；二是研究确定最低缴费年限的科学方法，既要保障医保基金的长期平衡，也要结合教育年限、退休年龄等考虑政策的可行性，为全国统一标准提供依据；三是细化缴费年限政策在地方执行和个人使用时的具体适用规则，包括缴费年限的计算单位（月、季度、年度等）、个人享受退休医保待遇地区的确定是否应与缴费年限挂钩（必须在缴费年限最长的地区享受还是满足一定年限就可自行选择等）、与养老保险领取额资格的关系等，目的在于使得设定的缴费年限标准能够有效落地。

5. 探索针对新业态从业人员的参保缴费新机制

针对新业态从业人员，也包括其他灵活就业人员，需要创新参保缴费方式、设计新的缴费政策。首先，新业态从业人员主要由个人缴费，考虑到新业态从业人员以及灵活就业人员收入水平总体上相对较低，缴费费率应当低于正规就业的职工，缴费基数根据实际的就业收入来确定，或者分成几个缴费档次由从业人员自己选择（需要建立相应收入的抽查机制和奖惩机制）。其次，明确平台企业的缴费责任，尽管其与传统的经济组织方式有一定的差异，但其雇用或聘用员工从事经营活动的本质并没有根本改变。作为经营主体，承担相应的社会责任包括社会保险责任是其应尽的基本义务。[1] 最后，

---

[1] 席恒：《融入与共享：新业态从业人员社会保险实现路径》，《社会科学》2021年第6期。

突破正规就业按月定期缴费的做法，允许新业态从业人员、灵活就业人员以季度、半年、年为单位来缴费。此外，运用信息技术为收入识别、事实劳动记录等提供技术支撑，使隐形的劳动与收入显性化，为参保缴费提供基础依据。[①]

6. 建立调剂金机制，推动筹资政策和标准最终走向统一

从长远看，在全国范围内实施统一的筹资政策（缴费基数、费率、年限等）和标准是职工医保制度走向成熟定型的标志之一，也是筹资公平的基本要求，同时应意识到各地人口结构、经济发展水平等带来的风险差异是客观存在的。因此，还需尽快建立调剂金机制，化解各地因制度客观环境不同带来的基金支付风险的挑战，助力政策统一和制度的可持续发展。

[①] 仇雨临、王昭茜：《守正、发展与创新："十四五"时期医疗保障的完善思路》，《行政管理改革》2021 年第 4 期。

G.9
个人养老金制度的发展逻辑、
国际比较与政策建议[*]

汪连新　黄秀莲[**]

摘　要：　我国进入深度老龄化社会，个人养老金成为政府和社会关注的热点。发展个人养老金制度有利于健全多层次养老保险体系，有利于金融市场稳步发展，是实现共同富裕的重要手段。本报告分析了美国、德国和日本等典型国家个人养老金的发展经验，以及在税收优惠模式、缴费限额调整、领取税务安排、政府补贴机制、领取给付模式等方面为我国个人养老金发展提供的启示，提出增强国民的养老规划和投资意识、完善个人养老金税收和补贴激励政策、设计丰富多元的个人养老金融产品、完善个人养老金相关配套制度、强化个人养老金监督管理等政策建议。

关键词：　个人养老金制度　养老保险体系　社会保障

党的二十大报告明确提出，"健全社会保障体系"，"健全覆盖全民、统筹城乡、公平统一、安全规范、可持续的多层次社会保障体系"，"实施积极应对人口老龄化国家战略"等要求。我国目前已初步建立由政府、企业

---

* 本报告系"'医养康护'一体化社区养老服务体系与路径研究"（项目编号：23BSH088）阶段性研究成果，本报告部分研究成果发表于《个人养老金制度激励机制的经验比较与方案设计——基于 fsQCA 的 OECD 国家案例分析》（黄秀莲、褚福灵，《宁夏社会科学》2024年第1期）。本报告的观点仅为作者的个人观点，不代表皮书编委会和编辑部的意见。
** 汪连新，管理学博士，中华女子学院管理学院教授，研究方向为养老金融；黄秀莲，中央财经大学保险学院博士研究生，研究方向为养老保险。

和个人共同参与，以基本养老保险为基础，以企业年金、职业年金为补充，以个人储蓄性养老保险和商业养老保险为第三支柱的养老保险体系，但不同层次、不同支柱之间的发展规模极不均衡，基本养老保险规模庞大，包括个人养老金在内的第三支柱发挥作用有限。本报告以个人养老金制度为研究对象，在对我国个人养老金制度现状和问题进行总结分析的基础上，借鉴国际上建设第三支柱养老保险的经验，提出加快完善我国个人养老金制度的政策建议。

一　个人养老金制度的发展逻辑

（一）发展个人养老金制度的必要性

1. 发展个人养老金制度是实现共同富裕的重要手段

党的十九届六中全会在总结党的历史经验决议中强调，要汲取百年奋斗经验，扎实推进共同富裕。2022年末，我国老年人口规模接近3亿人①，但是大多老年人养老储备资金不足，一旦遭遇疾病或意外，很容易陷入经济困境，成为实现共同富裕目标的重点帮扶对象。个人养老金制度，可以通过金融手段实现全生命周期消费的跨期平滑，防止个人因短视导致储蓄不足而在老年陷入贫困，有利于稳步推进共同富裕。

2. 发展个人养老金制度是实现中国式现代化目标的应有举措

党的二十大报告提出中国式现代化的战略目标，其重要特征包括人口规模巨大的现代化、物质文明和精神文明相协调的现代化等，占人口规模20%的老年人群体，其养老服务、医疗保障、健康管理等诸多方面仍存在短板，发展个人养老金制度，有利于改善老年人的经济条件、保障老年人的退休生活水平，使老年人有较好的生活质量，是实现中国式现代化有益的制度安排。

---

① 《中华人民共和国2022年国民经济和社会发展统计公报》。

3. 发展个人养老金制度有利于健全多层次、多支柱的养老保险体系

我国面临人口快速老龄化和高龄化的挑战。发展个人养老金制度，有利于缓解当前基本养老保险基金支付压力，扩大全社会养老储备，增强个人对养老保障的规划意识和责任意识。在以政府责任为主的基本养老保险、以单位责任为主的企业年金/职业年金的基础上，通过税收优惠政策，建立以个人责任为主的个人养老金制度，通过第三支柱个人养老金平台，以满足个性化、多层次的养老金融需求（见图1）。

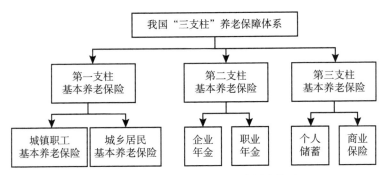

图1 我国"三支柱"养老保险制度体系

4. 个人养老基金有利于金融市场稳步发展

稳定发达的金融市场，需要包括个人养老金在内的各类长期资本发挥压舱石作用。个人养老金产品不断丰富，可选择的投资品种和风险等级越多，产品市场化竞争机制越完善，更加有利于个人养老金参与者的选择和制度的良好发展。个人养老金的制度设计是满足长期性、养老专属性、兼顾安全性和收益性的专项投资，个人养老金的投资理应是规避短期、非理性的投资行为，并长期持有，分享金融市场稳定发展的资本红利，从而有利于我国金融市场的良好发展。

（二）发展个人养老金制度的可行性

发展个人养老金制度的可行性，即当前具备怎样的条件才能够发展个人养老金制度，本报告从新时代老年人消费需求与强化养老保险供给侧两个角度展开。

1. 新时代老年人消费需求增多

清华大学公共管理学院杨燕绥教授团队研究提出新时代养老需求变化，[①]中国社会深度老龄化，传统养老观念重构，社会成员对老年生活方式和质量有了更高的需求和期望，如对健康防护更加主动积极，经济生活不能仅仅依靠子女家庭，老年生活自主自立的观念增强，普遍不希望自己成为家庭和社会负担，更希望能发挥余热，为家庭和社会有所贡献，成为驱动银发经济的强大动力。老年人积极主动参与文体活动、兴趣班，参加老年大学继续学习的意愿也逐渐增强。老年人自主自立的前提是有稳定的、能满足退休生活支付的收入保障，客观上需要老年人提前为应对长寿风险进行养老储备。个人养老金制度的目标就是用金融手段应对长寿风险，满足老年人不同层次生活水平的养老需求。总之，无论是老年人追求幸福生活的意识，还是新时代老年人生活观念的变化，以及自我养老规划意识的增强，都为个人养老金制度发展提供现实的需求基础。

2. 个人养老金成为补齐养老保险短板的必要制度安排

《2022 中国居民退休准备指数调研报告》显示，2021 年我国基本养老保险覆盖人数超过 10 亿人，第二支柱企业年金参与人数仅有 2875 万人，不足第一支柱的 3%，而第三支柱商业养老保险和个人储蓄养老金占比更低，"三支柱"养老保险发展极不均衡（见图 2）。从养老基金累计结存额与 GDP 的比重来看，2021 年末，我国第三支柱养老金总规模仅 6 亿元左右，占养老金的比重不到 0.1%，占 GDP 的比重微乎其微。而美国第三支柱养老金总规模 11.80 万亿美元，占养老金的比重达 31.50%，占 GDP 的比重达 51.30%。[②] 根据美国养老资产发展经验，我国第三支柱养老金还有很大的发展空间。2021 年末，我国 60 岁及以上老年人口总数为 2.67 亿人，占总人口的比重为 18.9%，全国老年人退休金平均数为 3200 元左右，吉林省人均养老金 2740 元，经济大省广东省人均养老金 3363 元，第三名北京人均养老金

---

① 《清华大学杨燕绥：失能失智老人照护是刚需，不能只靠养老机构》，光明网，https：// guancha. gmw. cn/2021-12/25/content_ 35406389. htm。

② 《目前我国养老金模式存在的突出问题》，知乎，https：// zhuanlan. zhihu. com/p/517345376。

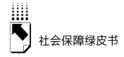

4561 元，第二名上海人均养老金 4668 元，第一名西藏人均养老金 5084 元。[①]
要想真正实现老年生活富足，就要发展包括个人养老金在内的第三支柱养老
保险，通过优化个人资产配置，提高养老长期储备。

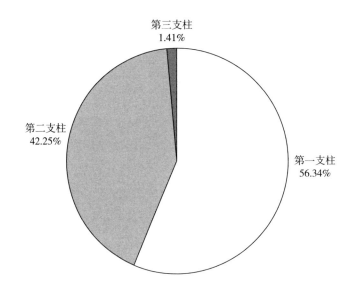

图 2　我国"三支柱"养老保险构成比重

说明：数据截至 2022 年 3 月 31 日。
资料来源：根据人力资源和社会保障部网站与公开渠道整理。

（三）我国个人养老金制度的缘起、意愿及特征

1. 我国个人养老金制度的缘起

1993 年，《中共中央关于建立社会主义市场经济体制若干问题的决定》
首次明确提出了"建立多层次的社会保障制度，为城乡居民提供同我国国
情相适应的社会保障，促进经济发展和社会稳定"目标，[②] 同时明确了社会

[①]　《非银行金融行业：养老金系列报告五：第三支柱发展空间、入市规模及价值贡献测算 潜
　　在规模庞大 未来成长可期》，新浪网，http：//stock. finance. sina. com. cn/stock/go. php/
　　vReport_ Show/kind/lastest/rptid/688058901075/index. phtml。
[②]　《中国共产党第十四届中央委员会第三次全体会议公报》，央广网，http：//news. cnr. cn/
　　special/18sz/lj/201311/t20131113_ 514117595. Shtml。

保障各子系统的功能定位，"社会保障体系包括社会保险、社会救济、社会福利、优抚安置和社会互助、个人储蓄积累保障"，商业性保险是社会保险的补充，确立了我国多层次养老保险制度的框架。

2. 我国个人养老金需求意愿调查

2017年"中国养老金融调查（CAFF50Survey）"项目数据显示，将近八成（78.9%）的调查对象表示愿意参加第三支柱个人税收递延养老金计划，但是存在群体差异，中青年群体、受教育程度高的群体以及中高收入群体表现了对第三支柱个人税收递延养老金计划更强的参与意愿，与此同时，有意愿的参保者缴费意愿多集中在每月1000元以内。[①] 公众对个人养老金制度的参与也有一个过程，个人养老金制度实施初期，从机构的反馈来看，居民对个人养老金制度的了解尚不到位、观望情绪浓厚，成为个人养老金参与度低于预期的主要原因。

3. 我国个人养老金制度特征

2022年4月，国务院办公厅印发《关于推动个人养老金发展的意见》，标志我国个人养老金制度正式出台并步入快车道。我国个人养老金制度的主要特征有：一是具有自助性，采用个人实名账户，个人灵活选择缴费额和缴费方式，并且限制了提前领取，是为补充个人养老金设计的专项规划，性质不是社会保险因而没有互助共济性；二是政府政策大力支持，税收优惠显著，缴费者每年享受12000元限额税前扣除，个人养老金账户投资收益暂不征收资本利得税，在未来领取个人养老金账户资金时，个人所得税统一按照3%最低税率单独缴税，不合并到其他收入征税，虽然每月缴纳个人所得税中的专项附加扣除上限是1000元，但是长期来看，累计享受的税收优惠额不少，节税激励明显；三是自主选择投资，国家设计统一的个人养老金融投资产品平台，银行、证券、保险、基金等金融机构提供特定的养老产品，参保人根据各自经济条件和风险偏好选择合适的产品组合。个人养老金制度的相关信息如表1所示。

---

① 杨宜勇、吴香雪：《养老保险制度体系改革与税收扶持机制研究》，《税务研究》2018年第1期。

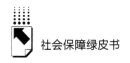

表 1　个人养老金制度的相关信息

项目	主要内容
总体目标	推动适合中国特色的个人养老金制度建设,健全多层次、多支柱的养老保险体系,实现养老保险补充功能
参保对象	在国内参加城镇职工基本养老保险和城乡居民基本养老保险
缴费水平	每人每年上限 12000 元,根据经济发展情况实时调整
税收优惠	缴费额当年税前专项扣除,投资收益暂且免税,领取养老金时按照 3% 最低税率缴税
投资产品	个人自主选择个人养老金投资平台的银行理财、储蓄存款、商业养老保险、基金等不同风险的养老投资产品
待遇领取	参加人达到基本养老金领取年金、完全丧失劳动能力、出国(境)定居,可以选择按月、分次或一次性领取
监管平台	人力资源和社会保障部组织建设信息平台,财政、税务等部门共享,提供个人养老金账户管理、缴费管理、信息查询监管和服务

二　个人养老金制度的国际比较

1994 年,世界银行在其报告《防止老龄危机》(Averting the Old Age Crisis)中,建议采用三支柱体系来为退休人群提供收入保障,以弥补单一养老制度的短板。在养老三支柱模式中,第一支柱是政府通过法律强制实施的公共养老金;第二支柱是雇主和员工共同缴纳的企业年金;第三支柱是自愿参与的市场化个人养老金。目前,三支柱模式被多国广泛采用,美英德日等发达国家均建立了比较完备的三支柱养老体系。各国税收优惠政策的设计重点在于增强吸引力、灵活性、公平性和提高运行效率,而税收优惠模式的选择权、财政补贴、匹配缴款和自动加入制度等政策的有效组合、相互补充,可以发挥最佳效果。

国际上通常将政府主导的公共养老金之外的养老金计划都称为"私人养老金计划"(private pension plans),包括以雇主责任为主的职业养老金计划和以个人责任为主的个人养老金计划。这里从税收优惠模式、缴费限额调整、领取税务安排、政府补贴机制和领取给付模式等五个方面，总结个人养老金制度发展的国际经验，重点选取美国、德国和日本三个国家展开研究。

（一）个人养老金制度的国际安排

1.税收优惠模式

大部分经济合作与发展组织（OECD）国家采取税收优惠的方式鼓励国民增加个人养老储蓄，根据缴费、投资和领取三个阶段是否征税，可组合成八种不同税收优惠模式，"E"记为免税，"T"记为课税，主要税收优惠模式如表2所示。大部分国家采取单一税收优惠模式，以"EET"（税前缴费）的前端税收优惠为主，较少国家采取组合税收优惠模式，其中，"EET+TEE"组合模式最为普遍，EET模式为递延征税模式，适合缴费阶段的税率高于领取阶段的税率的群体，对高收入群体有较强激励作用，TEE（税后缴费）模式对税后缴费免征投资收益税、免征养老金领取税率，更适合低收入群体，尤其是对未达个税起征点的低收入群体更具吸引力，各国具体的税收优惠模式如表3所示。

表2　OECD国家个人养老金计划主要税收优惠模式

主要税收优惠模式			国家
单一税收优惠模式	前端税收优惠	EET	比利时、加拿大、芬兰、冰岛、爱尔兰、立陶宛、卢森堡、葡萄牙、斯洛文尼亚、西班牙、瑞士、英国
		其他	哥伦比亚、哥斯达黎加、丹麦、意大利、以色列、瑞典
	后端税收优惠		澳大利亚、奥地利、捷克共和国、法国、希腊、匈牙利、韩国、新西兰、土耳其
组合税收优惠模式	EET+TEE		智利、荷兰、波兰、美国、日本
	其他		爱沙尼亚、德国、拉脱维亚、墨西哥、挪威、斯洛伐克共和国

资料来源：OECD，"Financial Incentives for Funded Private Pension Plans"，Paris，2020。

2.缴费限额调整

缴费限额的高低是影响个人养老金制度吸引力大小的原因之一，通常基于不同的调整缴费限额标准，如表4所示，各国形成了以收入、年龄、职业

类型、婚姻状况、缴费年限、是否参加职业养老金计划等为标准的差异化激励机制。例如，葡萄牙个人养老金的缴费上限与收入和年龄挂钩，年收入超过 7410 欧元时，缴费上限为 0~100 欧元，具体取决于应税收入水平，年收入不超过 7410 欧元时，35 岁以下的纳税人每年缴费上限为 400 欧元，35~50 岁为 350 欧元/年，50 岁以上为 300 欧元/年。西班牙的缴费上限还考虑配偶收入，如果配偶收入低于 8000 欧元，则个人每年可在 10000 欧元缴费上限基础上，额外扣除最多 1000 欧元用于支付其配偶养老金计划。通过缴费限额的调整，可以满足不同群体差异化的参保需求，增强制度吸引力。

3. 领取税务安排

各国的个人养老金计划在领取养老金时的税率或税收处理上有所不同，通常与收入、年龄、养老金领取额、参保年份、缴款类型、支付形式等标准相关，差异化税务处理体现在税收抵免额或税率上。奥地利个人养老金领取时的税务处理和收入挂钩，对于夫妇，收入不超过 19930 欧元的个体收入者以及配偶收入不超过 2200 欧元，其税收抵免为 964 欧元，否则为 600 欧元，税收抵免在 17000 欧元（单一收入者为 19930 欧元）和 25000 欧元收入之间线性减少到 0。哥伦比亚强制性养老金和自愿性养老金的总和是免税的，除非每月养老金总额超 1000UVT。① 爱沙尼亚领取个人养老金的税率与签订合同时的年份、年龄和养老金支付形式有关，不同情况下领取税率分别为 0、10% 和 20%。

4. 政府补贴机制

第三支柱强调养老个人责任，个人根据自身多样化养老需求，制定差异化的参保决策。但是，为提高政策激励，激发民众踊跃参保，38 个 OECD 国家中仍有 7 个国家明确对个人养老金计划的缴费提供政府补贴，包括澳大利亚、奥地利、智利、捷克共和国、德国、立陶宛和土耳其。一方面，按照"多缴多补"与"补贴上限"并存的补贴原则，以平衡激励效果与社会公平。智利和捷克共和国确定缴费补贴标准后，明确最高补贴限额绝对值，立陶宛规定政府补贴与上一年度平均总工资挂钩，为上一年度平均总工资的

———————————

① 哥伦比亚的税收单位（Unidad de Valor Tributario 或 UVT）。

1.5%，明确最高补贴限额的相对值。另一方面，各国补贴机制各不相同。除了与缴费相关，澳大利亚政府补贴额度还与年龄、收入、就业身份以及总退休金余额挂钩，捷克共和国和立陶宛要求最低缴费，只有缴费超过这一额度才能获得政府补贴。

5. 领取给付模式

领取给付模式的多样性与可选择性是激励参保的因素之一，灵活的领取给付模式有利于减轻民众参保的后顾之忧。首先，体现在提前领取个人养老金方面。澳大利亚、哥伦比亚、芬兰等部分国家允许满足退休资格条件之前提前领取个人养老金，领取条件与领取"代价"的严苛程度不同。匈牙利规定退休年龄前领取通常按15%的个人所得税和15.5%的社会缴款税对个人征税，还需退还缴费时享受税收减免20%的退税。① 意大利出于购买房屋或其他原因提前领取通常按23%的税率征税。冰岛则不允许提前领取。其次，体现在按期领取个人养老金的领取方式方面。到期领取时通常为终身领取或定期领取，而一次性领取需额外支付税率，如波兰、斯洛文尼亚等，额外支付的税率往往和养老金收入总额（爱尔兰）、是否超过为计算税收抵免而设定的最高限额（韩国）、退休时间（西班牙）等挂钩，以达到差异化警示惩罚的目的。例如，日本个人缴费确定型（iDeCo）账户提供三种领取方式，一是70岁之前可以一次性领取；二是可以选择分5年或者20年的年金方式定期领取；三是可以选择一次性领取部分储蓄，其余按照年金方式领取。

表3　OECD国家个人养老金制度激励机制的具体安排

国家	税收优惠模式	缴费限额调整	领取税务安排	政府补贴机制	领取给付模式
澳大利亚	TTE	供款人工资；配偶收入、可申报的附加福利总额和可申报的雇主退休金缴款总额	个人退休年龄、提款类型	年龄、收入、就业身份以及总退休金余额	允许提前提取、一次性领取

① 个人养老金计划的缴费享有税收减免，退税转入并记入员工的养老金账户。退税最高限额相当于供款的20%。

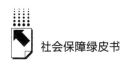

续表

国家	税收优惠模式	缴费限额调整	领取税务安排	政府补贴机制	领取给付模式
奥地利	TET	计划类型	收入、婚姻状况	尚未领取社会保障养老金福利的个人,政府匹配的缴款率为 2.75% 加上可变利率	允许有条件的一次性领取
比利时	EET	计划类型	计划类型	—	允许一次性领取、定期领取
加拿大	EET	计划类型	是否购房、终身学习以及追求合格教育或培训计划	—	允许一次性领取、定期领取
智利	EET+TEE	—	—	若缴款不税前扣除,个人有权获得政府对年度自愿缴款的15%的匹配缴款,限额为6UTM	允许随时全部或部分提取
哥伦比亚	EEE	—	养老金领取额	—	允许有条件的提前领取
哥斯达黎加	EEE	—	—	—	允许有条件的一次性领取、定期领取
捷克共和国	TEE	—	—	供款人最低缴款每月300捷克克朗,政府补贴与缴费额成正比,最高为每月230捷克克朗	允许一次性领取
丹麦	ETT	缴费额、距离退休年龄的年限和计划类型	计划类型、到期给付模式	—	允许一次性领取、程序性退出或终身领取

续表

国家	税收优惠模式	缴费限额调整	领取税务安排	政府补贴机制	领取给付模式
爱沙尼亚	EEE+EET	—	签订合同时的年份、年龄和养老金支付形式	—	允许一次性领取、定期领取、终身领取
芬兰	EET	计划类型	—	—	严格的提前退出条件
法国	TET	职业类型	养老金领取额、申请领取养老金的年龄、年金开始日期	—	允许提前退出、一次性提取
德国	TET+EET	—	—	政府补贴与个人缴费额成正比,如果配偶每年至少为自己的合同贡献60欧元,也有权获得政府补贴	允许一次性领取、终身领取
希腊	TTE	—	—	—	不适用
匈牙利	TEE	计划类型	—	—	允许提前领取
冰岛	EET	收入	婚姻状况、是否购买住房	—	不允许提前领取
爱尔兰	EET	收入、年龄	—	—	允许一次性领取
以色列	EEE	—	—	—	允许一次性领取
意大利	ETT	—	缴费年限	—	允许提前领取
日本	EET+TEE	—	公共养老金和私人养老金总额	—	允许一次性领取
韩国	TET	收入、计划类型	收入来源、到期给付模式	—	允许一次性领取
拉脱维亚	ETE+ETT	—	—	—	允许一次性领取

续表

国家	税收优惠模式	缴费限额调整	领取税务安排	政府补贴机制	领取给付模式
立陶宛	EET	—	退出年龄、合同期限以及个人是否扣除了第三支柱缴款	供款人最低缴纳个人工资的3%,政府补贴上一年度平均总工资的1.5%	不允许提前领取,但允许提前退出
卢森堡	EET	—	参保年份、到期给付模式	—	允许终身领取或一次性领取,不允许按计划领取
墨西哥	EEE+TTE	自愿缴款的周期(缴费年限)	缴款类型、支付方式	—	允许一次性领取
荷兰	EET+TEE	计划类型	—	—	允许有条件的一次性领取

注:提前退出是指退休前退出个人养老金计划、退回缴费;提前领取是指达到法定领取条件前领取个人养老金;一次性领取、定期领取、终身领取为达到法定领取条件后领取个人养老金的时间期限;"—"指没有该项制度规定;"不适用"指未查找到相关制度规定。

资料来源:OECD,"Financial Incentives for Funded Private Pension Plans",Paris,2020;国际社会保障协会(ISSA)网站。

表4　OECD国家不同的调整缴费限额标准

国家	税收优惠模式	差异化激励机制(缴费时缴费上限调整依据)	差异化激励机制(领取时税务处理的依据)	补贴性激励机制(政府补贴标准)	领取给付模式
新西兰	TTE	—	—	—	允许一次性领取、定期领取、终身领取
挪威	TET+EET	计划类型和职业类型	—	—	禁止一次性领取
波兰	EET+TEE	计划类型、职业类型	—	—	允许提前退出、一次性付款或定期支付
葡萄牙	EET	收入和年龄	—	—	允许一次性付款、终身领取

续表

国家	税收优惠模式	差异化激励机制（缴费时缴费上限调整依据）	差异化激励机制（领取时税务处理的依据）	补贴性激励机制（政府补贴标准）	领取给付模式
斯洛伐克共和国	EEE+TTE	支付条件	—	—	少数特殊情况下支持一次性支付部分累积资本
斯洛文尼亚	EET	—	—	—	允许一次性领取
西班牙	EET	配偶收入、残疾等级	—	—	允许一次性领取
瑞典	ETT	—	养老金来源	—	允许定期领取和终身领取
瑞士	EET	是否参加职业养老金计划	—	—	允许一次性领取
土耳其	TTE	—	年龄、缴费年限	政府将25%的养老金缴款与个人储蓄账户相匹配,最高可达年最低工资的25%	允许提前领取
英国	EET	收入	—	—	允许一次性领取、按计划领取和终身领取
美国	EET+TEE	计划类型、婚姻状况、收入水平、是否参加职业年金计划、年龄	—	—	允许提前领取

注：提前退出是指退休前退出个人养老金计划、退回缴费；提前领取是指达到法定领取条件前领取个人养老金；一次性领取、定期领取、终身领取为达到法定领取条件后领取个人养老金的时间期限；"—"指没有该项制度规定。

资料来源：OECD，"Financial Incentives for Funded Private Pension Plans"，Paris，2020；国际社会保障协会（ISSA）网站。

（二）个人养老金制度发展的国别研究

1. 美国

美国是最先建立养老保险第三支柱的国家，1974 年，《职工退休收入保障法》（ERISA）引入传统 IRA（Individual Retirement Account，IRA）计划，随后衍生出很多不同类型的 IRA 计划，包括雇主发起式 IRA 账户，如 1978 年、1986 年和 1996 年分别颁布实施的由雇主发起设立并资助缴费的简易员工养老计划（SEP IRAs）、工薪减税简易雇员养老计划（SRA-SEP IRAs）和员工储蓄激励匹配计划（Simple IRAs）等三种不同类型的 IRAs，也包括 1998 年的罗斯 IRA 计划。其中，传统 IRA 计划和罗斯 IRA 计划的覆盖面最广，通过税收优惠鼓励民众自愿将资金存入个人退休账户，进行长期储蓄，降低老年长寿风险。其第三支柱呈现以下特点。

（1）EET 与 TEE 并行，充分发挥税收优惠激励作用

美国传统 IRA 计划采取 EET 税收优惠模式，主要受益群体为高收入者，通过税收递延办法能够大幅降低当期税负，但这一延税模式对中低收入人群的吸引力不足，因为中低收入者，即期税率较低或尚未达到缴税收入标准，而在养老金领取时还需缴纳更高的领取税率，EET 模式下实际享受税收优惠的人群有限。为吸引更多民众主动参与长期养老储蓄，1997 年美国《纳税人减税法案》引入罗斯 IRA 计划，采取 TEE 模式，即缴费阶段纳税，投资阶段和待遇领取时完全免税，形成 ETT 模式的有益补充，给予拟参保群体根据自身收入现状选择税收优惠模式的权利。美国个人养老金计划成功的前提在于，其税收优惠政策与本国税制环境匹配度非常高。严密的税收征管体系与完善的财产税和资本利得税体系，使得养老金计划几乎成为普通工薪阶层唯一的合法"避税"渠道，居民对养老金税收优惠政策的敏感程度非常高。[①] 因此，个人养老金税收优惠政策的制定还需与本国税制模式相适应，才能发挥税收优惠激励作用。

---

① 谢予昭：《养老保险税优政策的本土探索、国际经验与提升路径》，《保险研究》2022 年第 4 期。

（2）调整税收优惠待遇标准，制定差异化税收政策

为发挥真实减税效应，传统 IRA 税收优惠的缴费限额明确根据物价变化情况调整，2002~2004 年，缴费限额为 3000 美元；2005~2007 年，缴费限额为 4000 美元；到 2008 年，缴费限额为 5000 美元；此后每年与通货膨胀挂钩，增加 500 美元。缴费限额与物价变化情况挂钩，有利于避免通货膨胀导致的实际税收优惠减少。美国个人养老金计划在缴费时的税收优惠限额、养老金领取时的税务处理，还与年龄、收入、婚姻状况、申报形式、是否参加职业养老金计划等异质性特征相关，以尽可能保障精准激励，增加退休养老储蓄。收入水平越高，税收优惠限额越低，婚姻状况越不稳定，税收优惠限额越高（见表 5）。在传统 IRA 计划下，50 岁以下个人享受免税额度 5500 美元/年，50 岁以上个人享受免税额度 6500 美元/年。一般来说，年龄越大的参保者养老需求越紧迫，这一差异化政策有助于中老年人提高缴费额度，存储更多的退休资金。养老金领取时的税务处理也采取差异化税收优惠方式，基本金额与收入、婚姻状况等异质性特征有关，总额超过基本金额的部分按一定税率征税。

表 5　2023 年罗斯 IRA 税收优惠缴费限额情况

申请状态	经修正的调整后总收入	缴费限额
已婚共同申报或符合条件的寡妇	<218000 美元	6500 美元
已婚共同申报或符合条件的寡妇	>218000 美元但<228000 美元	扣除部分限额
已婚共同申报或符合条件的寡妇	>228000 美元	0
已婚单独申报，并且您在一年中的任何时间均与配偶同住	<10000 美元	扣除部分限额
已婚单独申报，并且您在一年中的任何时间均与配偶同住	>10000 美元	0
单身、户主或已婚单独申报，并且您在一年中的任何时候都没有与配偶同住	<138000 美元	6500 美元
单身、户主或已婚单独申报，并且您在一年中的任何时候都没有与配偶同住	>138000 美元但<153000 美元	扣除部分限额
单身、户主或已婚单独申报，并且您在一年中的任何时候都没有与配偶同住	>153000 美元	0

资料来源：美国投资协会网站，https://www.irs.gov/retirement-plans/amount-of-roth-ira-contributions-that-you-can-make-for-2023。

（3）制度设计灵活便捷，打破不同支柱间的资金壁垒

个人养老金制度设计需充分考虑长期储蓄收益的不确定性、尊重参与者的个体意志，增强制度的灵活性，以吸引更多民众参保，美国个人养老金计划充分体现了这一人文关怀。第一，允许灵活选择参保计划。美国个人养老金计划供给充足，计划类别丰富，参保者可以根据自身实际情况自主选择加入。第二，缴费灵活。一方面，在缴费额度上，不仅体现为缴费限额内的税延额度选择，也允许超额缴费，规定超额缴费部分每年按一定税率征税，以满足参保者差异化的缴费需求；另一方面，在缴费年龄上，在一定收入限制内，罗斯 IRA 计划参保年龄无限制，即使达到 70.5 岁仍可继续缴费。第三，领取灵活。允许在正常领取资格条件下，提前领取、一次性领取或者提前撤回，但要受到一定税收惩罚。比如，未满 59.5 岁提前支取传统 IRA 资金，将被额外征收 10% 的税收惩罚。罗斯 IRA 开设并存款满 5 年后即可提取本金，59.5 岁可自由领取，无强制提取年龄。第四，允许二三支柱互动转换，资金互通。第二支柱的 401（K）计划与第三支柱的 IRA 计划之间有三种互通机制，传统 401（K）向传统 IRA 转账，享受税收递延；传统 401（K）向罗斯 IRA 转账，需要补缴税款；罗斯 401（K）向罗斯 IRA 转账，没有税款。灵活的转移接续机制解除了劳动者流动就业的后顾之忧，增强持续参保动力。

2. 德国

德国是现代社会保障制度的发源地。在 20 世纪 90 年代初养老保险制度改革的基础上，经过 2001 年和 2004 年两次重点改革，德国养老保险制度逐步做实三层次养老保险体系。第一层次为国家强制性法定基本养老保险以及政府举办的福利待遇较高的吕鲁普养老金；第二层次包含企业养老金以及李斯特养老金，享受政府税收优惠和直接补贴优惠；第三层次体现个人灵活参保、自由选择的特点，即原则上不享受国家税收优惠的个人自愿养老保险产品。以个人责任为主的自愿养老金计划包括第一层次的吕鲁普养老金、第二层次的李斯特养老金以及第三层次的个人自愿养老保险产品，主要特点如下。

（1）供给多元丰富，满足多层次需求

德国个人自愿参与的养老金计划分布在三大层次中（见表6）。其中，吕鲁普养老金计划对个人参保缴费进行大数额高比例退税和延税，福利性较强，适合个体劳动者，有利于维持基本养老保障；李斯特养老金计划①对个人参保缴费给予较高的税收优惠和补贴，适合低收入或多子女的劳动者，有利于增加他们的补充养老保障；个人自愿养老保险产品种类齐全，保障程度高，适用于具有更高养老保障需求的劳动者。总体看，德国个人养老金计划供给多元丰富，各类计划的政府政策优惠力度有所区分，有利于劳动者根据自身收入水平、养老保障需求自主选择。

表6　德国三大养老金计划

项目	吕鲁普养老金	李斯特养老金	个人自愿养老保险产品
所属层次	第一层次基本养老金	第二层次补充养老金	第三层次个人自发建立的养老金
课税类型	税延型	税延型	非税延型
缴费阶段	免税,最高可享受免税的缴费金额为每年20000欧元（单身）或40000欧元（夫妻）	直接补贴,免税（目前最高可享受免税的缴费金额为每年2100欧元）	缴费为税后收入
领取阶段	2005~2040年为过渡期,2040年其100%课税（2017年课税比例为74%）	养老金100%课税	只对收益部分课税
	年满62岁开始领取	年满62岁开始领取	个性化选择
	终身年金,按月支付,无一次性领取可能	终身年金,按月支付;领取阶段开始后一次性领取的已储蓄金额不超过30%	个性化选择
金融产品	人寿保险、单位连接保险、基金储蓄计划、英式寿险	保险合同、银行储蓄合同、基金储蓄合同和李斯特住房储蓄合同	银行储蓄计划、股票、债券、基金、保险产品等

———————————

① 获得政府补贴的目标群体：法定养老保险义务参保人及其配偶、公务员及其他公职人员、农民养老保险的义务参保人、领取失业金和儿童抚育金的社会成员。

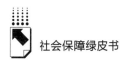

续表

项目	吕鲁普养老金	李斯特养老金	个人自愿养老保险产品
适宜人群	所有人，特别适合个体劳动者	法定养老保险义务参保人及其配偶、公务员及其他公职人员、农民养老保险的义务参保人、领取失业金和儿童抚育金的社会成员，特别适合低收入[①]雇员和多子女家庭	所有人

资料来源：《他山之石：德国养老金体系的改革与反思》，中国证券投资基金业协会，https：//www. amac. org. cn/businessservices_ 2025/pensionbusiness/yljyw_ yljyj/yljyj_ gjjy/201912/P0201912315 75449735196. pdf。

（2）激励方式灵活多样，机制设计精准

个人养老金计划以自愿性长期储蓄为特点，关键在于激励得当，德国在这方面进行了精准的机制设计。一方面，激励方式多样化，各类个人养老金计划不仅采取税收递延、退税、免税等税收优惠的间接补贴方式，还采用了政府补贴这一直接补贴方式，同一个人养老金计划采取一种或者多种激励方式，以鼓励个体参与。另一方面，激励机制设计与目标群体特征相契合，瞄准性强。以李斯特养老金计划为例，其覆盖人群主要是受法定养老金支付水平降低影响的老年收入群体，多为中低收入者和孩子较多的家庭，计划设置了四种补贴激励方案，包括基础补贴、子女补贴、特别补贴以及税收补贴，其中，计划参与者必须将上一年工资总收入的规定比例（2008 年以后为 4%）足额存入李斯特养老保险账户中才能获得全额基础补贴（2018 年以后为 175 欧元）。因此，收入越低，单位缴费的全额基础补贴越高，家庭子女数量越多，获得全额基础补贴的最低限额越低，政府直接补贴越多，单位对参加该计划的新参加工作者还给予 200 欧元的一次性特殊补贴。除享受财政补贴外，参与者还可以享受税收优惠，存入李斯特养老保险账户的金额可作为特别支出项目享受税收减免，2008 年之后最

---

① 低收入雇员只需要每月存入 5 欧元，就可以加入李斯特养老金计划从而得到政府的财政补贴。

大税收减免的金额为 2100 欧元/年。引入李斯特养老金计划以来，德国补充性养老保险规模占比有所提升。

（3）实施渐进式策略，动态调整分步落实

为确保制度的吸引力与财政的可持续性，需综合考虑政策优惠力度、财政可承受能力和社会公平因素，兼顾鼓励个体参与和制度平稳运行的目的。因此，德国在个人养老金计划的制度设计和落实中实行渐进式策略，动态调整，分步落实。参加吕鲁普养老金计划的个体劳动者，其缴费支出的税收优惠最高可以 100% 通过计划实现，以 2005~2025 年为过渡期，2005 年免税比例为 60%，之后每年增加 2%，直至 2025 年达到 100% 免税；吕鲁普养老金计划还逐年提高领取阶段的养老金征税，2005 年领取养老金的 50% 具有纳税义务，之后个人养老金纳税比例逐年增加 2%~80% 后，又逐年增加 1%~100%，赋予参保者增强未来征税比例的先验意识，在鼓励劳动者尽早尽快参保的基础上，减轻养老保险支付压力。李斯特养老金计划的个人缴费额、基础补贴、子女补贴和最低税收减免额均进行分阶段性调整，定期增加一定的优惠额度，通过弹性调整逐年提升税收优惠，以发挥真实的减税作用与政策补贴效应。

（4）投资理念稳健，产品监管严格

德国的传统文化使德国形成了以稳健性投资为主体的投资市场结构与严格的市场监管秩序。德国居民投资偏好保守的行为特征与负利率市场环境相互影响，资本市场相对不活跃，国债收益率长期为负，因此，保本投资的保险产品更受青睐。德国联邦劳动和社会事务部数据显示，2020 年，李斯特养老金计划的全部资产中，保险占 65%，基金占 20%，银行储蓄占 4%。李斯特养老金计划涵盖税收优惠与政府补贴等激励机制，其顺利实施离不开严格的监管，银行监督局（BAKred）、保险监督局（BAV）、证券监督局（BAWe）三家机构合并成立统一监管组织——联邦金融监管局（BaFin），形成了多部门参与的综合性监管机制。2001 年，《养老金认证法案》规定私人养老保险产品须满足包括申请手续、费用、截止日期和信息披露等 11 项标准才能认定为李斯特养老保险产品，因程序过于复杂、烦琐，2004 年

《老年收入法》将审批标准数量由原先的 11 个降为 5 个。德国通过强化监管部门职责、严格监管程序与产品准入要求，不仅保障了个人养老金资产的安全，也有利于增强制度公信力和吸引力。

3. 日本

日本作为较早进入老龄化和少子化的国家，很早就进行了老年保障的政策探索。1942 年颁布主要覆盖船员的《工人养老保险法》，并于 1944 年修改为《厚生年金保险法》，将覆盖范围扩展到其他普通雇员，养老保险制度初步建立。经过不断修正与完善，形成了以国民年金和厚生年金为主体的公共养老金，以确定缴费型和确定收益型、一次性退职金（LSSB）、中小企业退职金共济制度（Chutaikyo）为主体的企业补充养老金，以及个人自愿加入的个人补充养老金等三大养老金计划。其中，2001 年和 2014 年分别建立的以个人缴费确定型计划为主和以个人储蓄账户计划为主的第三支柱个人养老金制度，分别对应 iDeCo 计划和个人储蓄账户（NISA）计划，有如下主要特点。

（1）重视培育个人养老储备理念，提供多元化投资产品

以个人责任为主的自愿性个人养老金制度的发展，离不开个人养老储备理念的培育，只有个体充分具备长期规划意识与投资意识，才能使长期养老储蓄产品真正落地。日本个人养老金计划准入门槛低，不仅为劳动年龄人口提供参与个人养老金计划的机会，NISA 计划还建立了面向 0~19 周岁居民的初级 NISA，有利于培养不同年龄段群体尤其是青少年的长期储蓄意识。日本金融厅开拓 NISA 特别网站详细展示了诸如投资与储蓄、复利与风险等投资基础知识，开展开放式投资者教育，以提升国民金融素养。NISA 系统提供上市公司股票、投资信托、交易型开放式指数基金（ETF）和房地产信托投资基金（REIT）等多样化投资产品与组合，为日本民众尤其是初学投资者提供了一个很好的投资平台与实操机会，不仅能够帮助参保者深入了解相关投资产品的特点与区别，扩大金融知识宣传，还有利于帮助参保者树立分散化投资理念，降低投资风险。但是，NISA 账户是以开户金融机构为准，每年允许更换一次金融机构，但该账户不具备唯一性，若是要"换账户"

只能先清仓所有资产，再重新开户储存资产，便捷性不足。

（2）个人养老金计划覆盖全体国民，制度设计兼顾公平与效率

为保障全体国民参与个人养老金制度的机会公平，日本通过 iDeCo 计划以及 NISA 计划构建了一套几乎覆盖全民的个人养老金体系，覆盖者不仅包括 20 岁以上收入稳定的工薪雇员，还包括自雇人员、家庭主妇、青少年群体（0~19 岁）等。在制度顶层设计覆盖所有国民，不仅体现了制度的机会公平，还有利于最大限度释放个人养老金市场潜力。在保障机会公平的基础上，个人养老金计划还通过精细化、差别化的制度设计，根据投保人职业类型、是否参加以及参加何种企业年金计划等划分参保类别，制定了有关最高缴费限额、免税年限、投资年限、领取方式及领取年限等具体调整性规定，以保障分配公平。比如，政策优惠更多向工作不稳定、收入水平偏低、既有养老保障不足等群体倾斜。同时，在充分保障制度公平性的基础上，也通过一系列制度设计兼顾"多缴多得"的参保激励，这是日本个人养老金制度能够快速发展的主要原因之一，NISA 计划账户数超 1789 万个，总金额超286539 亿日元（见表 7）。

表 7　日本 NISA 计划运行状况

	一般 NISA	积立 NISA	青少年 NISA	总计
账户数（万个）	1064.5891	638.5158	86.6434	1789.7483
账户金额（亿日元）	259271.8463	21055.0781	6212.2123	286539.1367

注：数据统计截至 2022 年 6 月。
资料来源：日本金融厅，https://www.fsa.go.jp/policy/nisa/20221104.html。

（3）实时分类监管，切实保障参保者权益

iDeCo 计划和 NISA 计划分别由日本厚生劳动省和日本金融厅发起，并受其监督，以保障制度平稳运行和投资者合法权益。但由于两者运营目标的差异，监管模式和监管力度亦有不同。iDeCo 计划的主要目的是通过税收优惠等鼓励政策，促进个人提升养老保障水平，满足国民多样化养老储蓄需求。日本厚生劳动省依据《定额供款养老金法》全流程对其监管，具体执

行机构包括"国家养老基金联合会"、"运营管理机关"、"受托机关"和"提供产品的金融机构",主要对 iDeCo 计划的运营管理、投资过程、信息保护等方面加以规范,从而构建一套由明确的监管机构、明晰的资产管理人、专业化的法人金融机构所组成的精细化的监管模式。[①] NISA 计划的目的在于吸引储蓄资金,以促进金融市场稳定发展,由日本金融厅依据一系列金融市场行业规范加以监督,以市场化监管为主,监管模式较为粗放,监管力度亦不及 iDeCo 计划。总体看来,两类个人养老金计划均重视投资过程的监管与投资产品的合规性,并充分运用市场竞争机制助推相关机构主动提高专业水平,规范投资行为,保障制度参与者养老储蓄权益不受侵害。[②]

(三)个人养老金制度发展的经验启示

个人养老金制度的国际比较与有关国家的实践,对我国推动个人养老金制度的发展具有如下启示。

1. 进一步扩大个人养老金覆盖面

当前,我国个人养老金制度的参加范围是"在中国境内参加城镇职工基本养老保险或者城乡居民基本养老保险的劳动者",这意味着只有参加了基本养老保险的劳动者,才有资格参加个人养老金制度。作为主要由个体自主选择的补充养老保险制度,个人养老金制度理应具有较强的包容性,秉持"愿参尽参"的原则,即所有国民不论年龄大小、职业类型,均可参加。美国和日本个人养老金账户稳定的长期总收益与参保人员规模扩张形成的良性循环,对个人养老金替代率的持续提升起到了重要的促进作用。若我国后续能在制度上打通第二支柱、第三支柱之间的壁垒,并通过金融机构专业化运作,实现个人养老金账户稳定增加,Bking 保持稳定的投资收益,将有利于扩大个人养老金制度的参保规模,进一步壮大第三支柱。

---

① 宋凤轩、张泽华:《日本第三支柱养老金资产管理:运营模式、投资监管及经验借鉴》,《现代日本经济》2020 年第 4 期。

② 宋凤轩、张泽华:《日本第三支柱养老金资产运营管理评价及借鉴》,《社会保障研究》2019 年第 6 期。

2. 探索适合中国国情的制度模式

借鉴发达国家的个人养老金制度模式，我国个人养老金制度模式的选择十分关键。在缴费模式方面，有的国家是 DB 型，有的采取 DC 型，建议固定缴费型 DC 更合适；在激励方式方面，包括税收优惠和缴费补贴两种形式，建议对高收入群体采取税收优惠方式，对低收入群体进行缴费补贴；针对个人养老金的税收模式，有 EET 模式，还有 EET 与 TEE 并行模式。建议制度设计时涵盖这两种税收优惠模式，或者推行多个分别涵盖不同税收优惠模式的个人养老金计划，由参保人自愿选择，即制定 EET 与 TEE 的双向政策。

3. 采取适宜的财税激励政策

不同收入群体对以不同方式构建的财务激励措施的反应有显著差异，[①]中高收入者往往对税收减免优惠，特别是可扣供款的规模反应较强，而低收入者对税收激励措施不太敏感，更多对匹配缴款和固定的名义补贴做出反应。

财政补贴政策：参考国外采取有条件的财政补贴模式，即满足一定资格条件才能获得财政补贴，比如，工资收入低于某一标准才能获得财政补贴，补贴资金由中央政府和地方政府按比例分担。税收优惠政策：建立 EET 与 TEE 并行的税收优惠模式，加大并维持相当的税收优惠力度，明确制定差异化税收优惠政策，建立动态调整机制。第一，针对不同收入群体，以累进税率表中不同税率的全年应纳税所得额为标准进行收入分层，按照"收入越高，优惠力度越小"的原则设置差异化扣除限额或者差异化养老金领取税率。第二，针对不同年龄群体，规定退休年龄前十年或者前二十年的年龄标准，高于这一年龄可给予相对较高的扣除限额或者更低的养老金领取税率，也可以设置更为精细的年龄区间，如每十岁为一个年龄区间，遵循"年龄越大，优惠力度越大"的税收优惠原则。第三，针对不同保障程度群体，给予保障程

---

① OECD, 2018. "Financial Incentives and Retirement Savings", OECD Publishing, Paris, http：// dx. doi. org/10. 1787/9789264306929-en.

度高的群体相对较低的税收优惠，如已经参加企业年金或职业年金的群体的
扣除限额相对较低，遵循"现有保障越高，优惠力度越低"的税收优惠原则。

三 我国个人养老金制度发展的政策建议

个人养老金制度是我国"三支柱"养老保险体系的重要组成部分，也
是应对我国人口年龄结构快速变化、家庭功能不断弱化的必要制度安排。当
前，我国"三支柱"养老保障体系发展不均衡问题突出，个人养老资产的
储备普遍不足。长寿时代的来临，使得老年人陷入经济困境的风险不断显
现。为养老早做投资和规划，是个人生命周期中满足养老期稳定经济生活的
迫切需要。要加大政策宣传力度，完善制度机制，尽快实现我国个人养老金
制度充分有序发展的良好开局。

（一）增强国民的养老规划和投资意识

2022年11月，富达国际与蚂蚁财富发布的2022年《中国养老前景调
查报告》显示，受访者对养老规划和投资的意识尚待增强，普遍未将养老
储备视作全生命周期的必要规划安排，尚未考虑退休后的资金储备，超半数
的被调查者对退休金的规划管理不甚了解，近六成受访者认为退休后有基本
养老保险，已足够保障养老支出，没有考虑为个人养老做主动投资和规
划。[①] 因此，要增强国民的养老规划和投资意识。一是宣传我国快速老龄化
的现实国情，使大家意识到我国高龄化、少子化、家庭结构小型化造成原有
家庭养老功能弱化，人人都可能面临长寿风险，要对老年经济风险有明确认
知，积极主动为个人养老提前做好规划。二是增强养老投资风险意识，养老
投资规划的特征是长期性和专项规划，政府的基本养老保险替代率不足
50%，银行存款和理财产品在银行利率不断走低的情况下打破刚性兑付，不

---

① 《富达国际报告：国人养老规划意识改善，退休后持续投资观念尚待普及》，新浪，https：//
cj. sina. com. cn/articles/view/5617041192/14ecd3f2802001bx1f。

再承诺保本，更不可靠，这就需要转变养老财务观念，增强风险意识，提前谋划养老财富储备。

（二）完善个人养老金税收和补贴激励政策

个人养老金制度设计有两个目的，即确保个人一生的平滑消费以及针对长寿风险进行保险保障，而在领取养老金之前，有大量的资金沉淀且需要投资管理。养老金（包括个人养老金）具有"养老风险保障"和"投资"的双重属性，[①] 政府的税收和补贴激励政策，对制度的发展和拓展覆盖面具有重要意义。我国个人养老金的总体框架设计如图 3 所示。

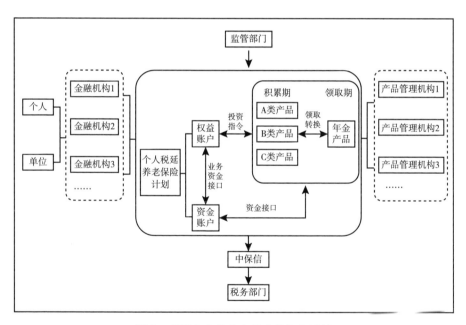

图 3　我国个人养老金的总体框架设计

政府对个人养老金参保缴费的税收优惠和现金补贴，具有调节收入分配的作用。如果个人养老金税收优惠政策只是让中高收入者受益而广大低收入

[①] 庹国柱、段家喜：《我国发展税优个人养老金的关键问题、总体框架及政策建议》，《陕西师范大学学报》（哲学社会科学版）2018 年第 5 期。

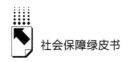

者无法享受，就会导致事实上的逆向收入再分配，扩大收入差距，与共同富裕目标背道而驰，这也是长期以来我国第三支柱养老保险税收优惠政策难以扩大并有效落实的根源所在。因此，需要针对不同人群的特征出台差异化、多元化的优惠政策，满足不同需求，兼顾公平与效率。建立统一的、可累积的、可转换的第二层次、第三层次个人税收优惠额度。统一，是指第二层次、第三层次采用相同的个人账户制度并共用一个税收优惠总额，该总额采用定额式管理（具备内生增长机制）；可累积，是指如果个体当年无法享受足额税收优惠，不足部分可以累积到未来使用；可转换，是指第二层次、第三层次制度的参与者可以自由地在第二层次、第三层次之间选择切换，既可以选择单一制度，也可以选择复合制度。其有利之处在于：一是统一的定额式税收优惠上限有助于将收入差距限制在一定幅度内；二是可累积这一特性，在一定程度上缓解逆向收入再分配问题，至少可以缓解终生收入曲线不平滑问题；三是可在第二层次、第三层次间自由转换的税收优惠额度，可以拓宽金融服务提供者与制度参与者选择的空间；四是无论是第二层次还是第三层次，其实现形式均是个人账户，信息技术的发展提供了制度转换、权益累积的有效管理手段。

一般税收激励政策对中高收入者的激励较明显，而在一定限额内的匹配缴费模式，则对中低收入群体更有吸引力。在实现共同富裕的目标下，鼓励中低收入群体积极参加个人养老金计划，切实提升其养老保障总水平更应受到重视。个人养老金计划实施的有效性，需要在账户管理、税收激励、保值增值、产品创新、服务创新及风险控制等方面实现功能协同，以及政府激励、有效监管和金融机构及商业保险公司的产品创新与服务创新的整体推进，需要在充分发挥市场机制作用和政府有效监管方面取得积极成效。作为长期性保障计划的个人养老金制度，能否充分调动国民积极参与，能否形成稳定持续的缴费收入，能否实现积累基金的保值增值和安全运行，能否与基本养老保险、商业养老保险等形成合力等，都需要在实施中不断进行制度优化和管理创新，更好地助力发展多层次养老保障体系，从整体上提高老年人经济保障水平。

（三）设计丰富多元的个人养老金融产品

个人养老金融产品的丰富性是个人养老金制度高质量发展的前提和基础。各类个人养老金融产品应兼顾安全性、收益性和长期性，以满足多元化、多层次的养老资金需求。在养老金融产品设计过程中，必须考虑全生命周期的资产配置，扩大产品供给类型，有效增强与提高养老金融产品的资产配置能力和效率。个人养老金的投资产品设计，最好是包括不同风险组合、多元产品配置的一揽子产品，在引导参保者选择投资产品时，要充分宣传养老产品投资的长期性特征，避免短期炒热点。

个人养老金融产品篮子包括养老储蓄、银行养老理财、商业养老保险、养老目标基金等，分别适应不同风险偏好、不同年龄阶段、不同养老金融储备目标的参保者的投资需求。刚参加工作的年轻人，风险承受能力较强，适合配置风险较高的基金和银行理财等产品，通过长期投资获得稳健收益。临近退休的参保者，适合以安全稳健保本为基本投资策略，倾向选择风险等级较低的储蓄型理财产品、低风险银行理财产品，商业养老年金保险亦是个人养老金配置的理想工具。

（四）完善个人养老金相关配套制度

借鉴国外个人养老金的发展经验，应加快制度落地，完善相关配套政策。

一是建立全国统一、权威的个人养老金信息平台，发布关于个人养老金计划的所有相关重要信息，如覆盖范围、缴费办法、领取资格条件与领取金额测算办法、参保实操、问题与解答、相关法律法规等，并为国民提供咨询服务。

二是改善投资管理。在投资模式方面，为适应不同风险偏好和收益需求，应该给予参保者多样化投资选择。从发达国家养老金融管理的成功经验看，个人账户至少应包含两大类可投资产品：一种是各类风格鲜明的成分基金，由机构或者个人进行资产配置，形成目标风险基金；另一种是以目标日基金为代表的生命周期基金，委托专业机构长期管理，为自身投资能力不足的个体提供相对简易的投资选择，即个体如果不擅长投资理财，自己进行资

产配置有一定难度，就可以直接选择对应退休日的目标日期基金。

三是增强制度便捷性和灵活性。在参保服务上，个体只要符合参保条件，就可以在线申请，快速参保。在待遇领取方式上，要充分考虑参保人具体情况和实际需求，设计灵活的待遇领取方式。一方面，在对补税和还款做出明确规定的前提下，应允许有应急需求的参保者有限度地提前支取。同时，可以建立个人养老金抵押贷款制度，以解决参保者可能面临的失业、就医等其他支出困难。另一方面，允许个人退休后自由选择领取年龄，其间个人养老金账户可继续享受投资收益。

四是探索个人养老金默认选择机制。对于单位职工而言，在进行社会保险登记时可默认同时设立个人养老金账户，在尊重个人意愿的前提下，按照规定的缴费政策代扣代缴；对于新业态灵活就业人员而言，在选择参加城镇职工或城乡居民养老保险时，同时默认设立个人养老金账户，其中，低收入群体参加个人养老金，政府可以给予直接补助或享受免税等优惠政策。同时设置退出冷静期，允许职工或其他参保群体在冷静期过后自动退出个人养老金账户，并取消已享受的税收优惠支持和财政补贴等。

五是允许制度间或计划间的顺畅转换。比如允许个人企业年金权益转出到个人养老金账户，实现第二支柱、第三支柱的互通。允许个人养老金计划之间的权益转移。在大多数 OECD 国家中，当雇员换工作时，将便携式退休储蓄计划转移到新雇主的计划中，是保障雇员权益和选择权的一项重要的管理制度，① 美国 IRA 能承接 401（K）计划转移的资产，日本第二支柱与第三支柱可以相互打通，进一步推动了个人养老金资产规模的扩大。我国也有学者呼吁建立国家养老金运行机制，即政府与市场相结合、此消彼长与综合治理的运行机制，整合市场端的管理运营，企业年金和个人养老金共同进入个人实名的养老金账户。②

---

① OECD, 2019. "Are Funded Pensions Well Designed to Adapt to Non-standard Forms of Work?", in Pensions at a Glance 2019: OECD and G20 Indicators, OECD Publishing, Paris, https://dx. doi. org/10. 1787/1231a36d-en.

② 杨燕绥：《中国养老金改革方向与对策》，《中国人力资源社会保障》2021 年第 3 期。

（五）强化个人养老金监督管理

基于中国金融监管现状，建议建立"功能监管与主体监管相结合"、多部门合作的养老金第三支柱监管模式（见图4）。

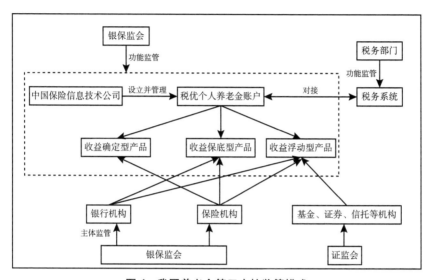

图 4　我国养老金第三支柱监管模式

一是财税部门负责税务监管，包括个人养老金税收优惠政策的制定及调整、消费者的税收政策普及教育、税收政策使用效率及效果的评估、税收政策滥用行为的惩处及纠正等，防止逃税漏税，保证税收政策的公平适用。监管手段包括跟踪分析账户管理平台和信息系统数据、不定期现场检查和抽查等。二是建立主监管人制度。借鉴欧盟做法，注重个人养老金的"风险保障"属性，明确银保监会在第三支柱中的主监管人地位。制定税收优惠个人养老金的运营行为监管规则和标准，并对"税收优惠个人养老金账户"和运营行为实施功能性监管，监管内容包括但不限于个人养老金的账户、产品、销售以及投资行为等，相关部门分别对监管范围内的金融机构实施主体监管。①

---

① 庹国柱、段家喜：《我国发展税优个人养老金的关键问题、总体框架及政策建议》，《陕西师范大学学报》（哲学社会科学版）2018 年第 5 期。

G.10
社会保障管理体制的优化与完善

单大圣*

摘　要：　社会保障管理体制是提高社会保障治理效能的关键因素。新中国成立以来特别是改革开放以来，经过长期发展，我国已形成系统完备的社会保障管理体制，总体适应了社会保障改革发展的需要。但是，我国社会保障管理体制还不完善，仍存在一些问题，主要是社会保障法治化程度较低、中央政府宏观管理职能偏弱、社保经办服务均等化程度较低、社保经办体制不符合社保管理优化的要求、医疗保障管理体制仍需优化。为将我国社会保障制度的优势转化为最大效能，本报告建议强化中央政府社会保障事权、优化社保经办机构设置、以数字化转型促进社会保障管理体制优化、完善社保经办机构治理结构、探索新型医疗保障管理体制。

关键词：　社会保障　管理体制　中国

对社会保障事务进行科学、高效地治理，是保证社会保障（简称“社保”）制度有效实施、增强制度效能的重要前提。社会保障的治理绩效，既受到硬件、人员能力、技术运用、激励约束等条件制约，也与社会保障管理的职能配备、机构设置、结构功能等体制因素高度相关。我国社会保障制度改革过程中，每一次管理体制优化调整，都极大释放了社会保障治理效能，充分证明了这一点。当前，我国社会保障制度改革已进入系统集成、协同高效的阶段，急需进一步对社会保障管理体制进行优化，充分释放社会保障治理潜能。

---

* 单大圣，国务院发展研究中心研究员。

一 社会保障管理体制的内涵

社会保障制度是现代国家一项基础的社会经济制度。社会保障管理是指特定的社会保障机构，按照法定方式和程序，采取一定的方式、方法和手段，对社会保障事务进行计划、组织、领导、协调、控制等，以及监督的过程。[①] 社会保障管理体制则是指社会保障管理职能、机构设置、隶属关系、权限划分等方面的总和。

社会保障管理职能按照性质可以划分为三个方面。一是社会保障立法，主要是制定社会保障领域的基本法律。二是对社会保障的行政管理，内容包括拟定社会保障政策和标准、统筹规划、行政监管等。三是对社会保障具体事务的经办，内容包括参保登记、权益记录、待遇核定与支付、基金管理等。一个国家承担社会保障管理职能的机构主要有立法机构、社会保障行政部门、社会保障经办机构，由于社会保障属于公共事务，公民与社会组织也有权利参与社会保障管理与监督。隶属关系是指在社会保障管理机构内部，不同类别（横向）、不同层级（纵向）管理机构之间的关系，这些关系的类型包括领导与被领导、监督与被监督、指导与被指导等。权限划分是指社会保障管理权力、职责在各级各类社会保障管理机构之间的分工，包括是否有权力制定、调整和发布社会保障法律、政策，是否有权力征缴、管理、投资运营社会保障基金，等等。

从世界情况看，各国社会保障管理体制存在符合公共管理一般规律的共同特征，但差异性更大，都有基于本国国情的鲜明特色。学术界对各国社会保障管理体制的特征有着各种各样的概括，如集权型或分权型、政府主导型或社会自治型。一个国家采取的社会保障管理体制取决于多重因素。一是社会保障制度模式，以社会保险为主体的社会保障制度模式、以公共财政支持的社会福利为主体的社会保障制度模式、以社会救

[①] 郑功成：《论中国特色的社会保障道路》，武汉大学出版社，1997，第497页。

助为主体的社会保障制度模式，都会采取不同的管理体制。二是国家治理体系。社会保障管理职能、机构设置、隶属关系、权限划分的确定，都受所在国家治理体系的深刻影响。单一制国家和联邦制国家，人口规模较大国家和人口规模较小国家，不同的经济制度、政治制度，都对社会保障管理体系产生决定性影响。三是历史传统。管理体制是对管理职能、结构、关系的界定，不是一般的政策规定，也不是权宜之计。社会保障管理体制植根于一个国家经济社会体制，对传统体制具有很强的路径依赖，一旦确定下来，就具有稳定性、长期性，这也是为什么一些国家社会保障管理体制必须尊重历史传统，即使存在明显弊端也难以进行根本性调整的重要原因。

二 我国社会保障管理体制改革进展

我国社会保障管理体制，是随着社会保障改革发展逐步形成的。

（一）社会保障结构性改革过程中的管理体制调整

我国计划经济时期建立的社会保障制度虽然具有一定的社会化、互济性特征，但总体上是一种以单位（农村是集体经济组织）统筹、单位管理为主的体制。作为社会保障主体制度的劳动保险一开始具有社会统筹性质（由工会系统负责管理），后来逐渐在企业营业外收入中列支，实行即期支付，企业自行管理。当时的社保制度虽然主要由单位出资和管理，管理重心较低，但是在统收统支的经济体制下，国家事实上承担着最终出资兜底责任。① 而且，所有单位必须严格执行国家统一的社保政策，劳动、民政、卫生等行政部门负责对业务执行进行监督，是一种虽然微观经办上比较分散、但是宏观决策和监督比较集中的体制。改革开放以后，我国对计划经济时期

① 郑功成：《中国社会保障 70 年发展（1949—2019）：回顾与展望》，《中国人民大学学报》2019 年第 5 期。

的社会保障制度进行了结构性改革，在制度性质上实现了从单位保障向政府提供的社会化公共服务转变，相应地要求社会保障制度从单位保障向费用社会统筹、单位管理向社会化管理转变。随着社会化的社会保险基金成为社会保障管理的主要载体，社会保障作为独立于单位之外的一项社会制度稳定下来，政府、单位、个人在社会保障中的权责逐步清晰。

与此同时，社会保障新的制度逐步创立，覆盖范围从传统的单位职工向其他劳动者、城乡居民拓展，社会保障行政管理、业务经办的职能也极大拓展，对社会保障行政管理机构、经办机构的设置提出了改革要求。为符合这一要求，在业务经办方面，从 20 世纪 80 年代开始，我国从无到有，逐步建立起社会化的社保经办服务体系，承接从单位（主要是国有企业）剥离出来的社保经办职能，服务内容逐步拓展到参保登记、基金征缴、待遇支付、基金管理运营等。街道（乡镇）和社区也加强基础设施和工作平台建设，承接相应的属地社会化服务职能。在行政管理方面，由于制度改革过程沿用计划经济时期分部门主导、多元制度并行的思路，一度形成多头管理的社保行政管理体制，如各个部门曾一度争办养老保险等。多部门管理的行政体制决策权威性差，[1] 而且部门往往由于利益的局限，互相扯皮掣肘，使得符合社保制度规律、客观理性的改革措施难以出台。[2]

1993 年，中共十四届三中全会提出"建立统一的社会保障管理机构"以及"社会保障行政管理和社会保险基金经营要分开"等改革要求。1998 年国务院机构改革，将人事部、民政部、卫生部、体改委承担的社会保险管理职责交由新组建的劳动和社会保障部承担，实现了社会保险行政管理职能的相对统一。同年，将 11 个行业养老保险统筹业务移交地方管理。同时，组建隶属于劳动和社会保障部的社会保险事业管理中心，负责全国社保经办机构的指导与管理，各级政府纷纷建立隶属于劳动和社会保障行政部门的社保经办机构，实现了社保业务经办体制的相对统一。

---

① 宋晓梧主编《中国社会保障体制改革与发展报告》，中国人民大学出版社，2001，第 221 页。
② 冯兰瑞：《社会保障管理体制的统与分问题》，《改革》1994 年第 4 期。

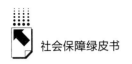

（二）全民社会保障管理体制的完善

21世纪以来，我国社会保障制度建设进一步加快，失业保险、工伤保险、社会救助、农村社会保障等制度短板加快补齐。在此过程中，将社保制度实践中行之有效的做法和经验转化为立法的时机也逐步成熟，一系列社保法规、规章等规范性文件出台。2010年，全国人大常委会通过《中华人民共和国社会保险法》，将社会保险制度、政策确定为国家法律制度，规范了社会保险关系和有关各方的权利与义务，也明确了社会保险行政部门和社会保险经办机构的职责。

随着社保制度类型不断拓展，涉及的部门、层级、环节越来越多，经办规模和业务复杂性不断增强，社保管理体制在一系列关键问题上也面临着艰难的选择，尤其是在改革过程中，对于新建立的社保项目由哪个行政部门管理，或者社保经办不同环节是由一个机构集中管理还是发挥不同机构的业务优势，一直存在着激烈的争论和意见分歧。比如，20世纪末，由于社保制度转换、国有经济结构调整以及亚洲金融危机冲击叠加，社会保险费征缴困难，一度允许社会保险费也可以由税务机关征收，形成五项社会保险在全国不同地区分别由社保经办部门和税务部门征收的局面（有的地方是两家共同征缴）。再比如，21世纪初，当社保制度向农村居民拓展时，农村社保是由原来主要负责城市社保工作的劳动和社会保障行政部门管理，还是由卫生、民政等其他部门管理，一度存在认识分歧。还有社保制度中比较复杂的医疗保障制度，由于医保基金支付和结算环节具有很强的专业性，一些地方在社保经办机构之外又建立了相对独立的医保经办机构，新型农村合作医疗制度在创立之初由卫生部门所属机构经办。

由于我国社保管理长期处于管办一体的状态，即大多数社保经办机构隶属于行政部门，社保管理体制争论在一段时期里集中体现为社保行政管理体制的争论，焦点在于某项社保制度归哪个行政部门管。在改革过程中，政府相关部门、学术界充分发表意见，深化了对社保管理体制的认识，增进了改革的共识。2018年新一轮国家机构改革，将人力资源和社会保障部的城镇职工与城镇居民基本医疗保险、生育保险职责，国家卫生和计划生育委员会的新型农村合作医疗职责，国家发展和改革委员会的药品和医疗服务价格管理职责，民政部的医疗救助职责进行整合，由新组建的国务院直属机构——国家医疗保障局承担，实现了医疗保障行政管理职能的相对集中。同时，将民政部管理的全国老龄工作委员会办公室由新组建的国家卫生健康委员会管理，民政部的退役军人优抚安置职责由新组建的退役军人事务部承担，全国社保基金理事会的隶属关系由国务院调整为财政部。2019年，国务院决定，各项社会保险费交由税务部门统一征收。社保行政管理体制调整后，经办机构及队伍也整体转隶到新的部门。

（三）新时代社会保障管理体制的现状

经过长期发展，我国已形成系统完备的社会保障管理体制，其现状如下。

在社保立法方面，国家立法机关承担主导立法的职责。中央层面，全国人大立法程序一般是主管行政部门起草法律草案，草案向各部门征求意见并达成共识后提交司法部门审核，再由其征求意见并达成共识后提交国务院常务会议审议，审议通过后提交全国人大常委会审议。[①] 省（区、市）的人大及其常务委员会、设区的市人大及其常务委员会可以制定社保地方性法规。此外，国务院可以制定社保行政法规，国务院各相关部门可以制定社保行政规章，省（区、市）和设区的市（州）政府亦可制定规章。

在社保行政管理方面，实行分部门负责的体制。县级以上政府人力资源和社会保障行政部门按照统筹层次负责基本养老保险、工伤保险、失业保险等行政管理工作，医疗保障行政部门按照统筹层次负责基本医疗保险、生育保险等行政管理工作，以民政部门为主（医保、教育、住房和城

---

① 郑功成：《从政策性文件主导走向法治化：中国特色医疗保障制度建设的必由之路》，《学术研究》2021年第6期。

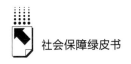

乡建设、人力资源和社会保障等部门分工）负责本行政区域内相应的社会
救助管理工作。

在社保业务经办方面，实行部门所属的经办机构分级管理的体制。社会
保险经办机构（涉及养老、工伤、失业等制度）包括四个层次，即中央政
府层面的人力资源和社会保障部社会保险事业管理中心以及省、市、县三级
政府层面的社会保险经办机构。社会保险经办机构一般是隶属于同级社会保
险行政部门的事业单位，人员经费和基本运行费、管理费由同级财政按照规
定予以保障。在医疗保障经办方面，统筹地区一般设立医疗保障经办机构，
2018 年国家医疗保障局成立后，统筹地区以上的省、市、县三级政府也逐
步建立经办机构。除了四级社会保险经办机构外，近年来，各地根据"放
管服"改革要求，不断深化减证便民改革，推动面广量大、风险可控的经
办服务逐步下沉到街道（乡镇）、社区，由基层综合性的政务服务平台负责
提供。同时，随着社保信息化水平不断提升，各地还将更多高频率、低风险
经办事项从线下转为线上，大力推动"不见面"经办。

三　新时代社会保障管理体制存在的问题

经过改革开放以来的不断探索，我国社会保障管理体制朝着科学、合理
的方向发展，总体满足了社会保障改革发展的需要。但是，受各方面因素的
制约，新时代我国社会保障管理体制还不完善，仍存在一些问题，从大的方
面讲，表现在以下几个方面。

（一）社会保障法治化程度较低

世界社会保障先行国家在社保制度建设中普遍遵循立法先行的原则。尽
管我国社会保障制度已经实现了国家立法，但是受当时条件的影响，具有明
显的阶段性特征和局限性。已经制定的社保法律法规，虽然对社保制度的基
本框架做了规定，但只是提出原则性、指导性的要求，而没有给出具体标准
或明确的规范，有的规定甚至已经滞后于实践发展。当前，我国社保制度主

要依靠行政部门拟定的政策性文件实施的现状没有改变，① 社保管理运行需要从省级政府到县级政府及其职能部门发布的各种"红头"文件来明确。这当然与我国社保制度长期处于探索改革的阶段、社保制度尚未成熟定型有关，具有一定的历史合理性。但是，法治化程度较低，使得本应由法律来调整的社会保障关系游离于法治之外，各级政府的社保决策、经办缺乏约束和规范，对制度运行产生严重不利影响。而且，缺乏法治保障，导致社保制度和政策不稳定、不确定，使得相关群体权益难以得到保障，也不能引导社会成员、市场主体形成稳定的预期，制约营商环境改善，影响经济社会发展。我国已经在制度上实现了"人人享有社会保障"，加快社会保障法治化已经刻不容缓。

（二）中央政府宏观管理职能偏弱

我国在社会保障制度改革过程中，为了改革试错②、制度扩面和有效管理等，赋予了统筹地区政府较大的决策权限，以适应发展不平衡的国情，同时有利于调动地方政府的行政资源，采取贴近实际的社保工作策略。经过长期发展，我国社保基本制度框架虽然大体统一，但是各地筹资以及保障内容和水平差异较大，形成全国碎片化的制度格局。各地社保制度、政策差异大，虽然与区域间经济社会发展水平差异有关，但更多与社保决策重心偏低、地方政府决策随意有关。《中华人民共和国社会保险法》规定，国务院社会保险行政部门负责全国的社会保险管理工作，县级以上地方人民政府社会保险行政部门负责本行政区域的社会保险管理工作。但是，并未对各级政府的社保决策权限、程序进行清晰的界定。现实情况是，统筹地区政府在设定和调整社保制度、政策方面拥有很大的自由裁量权，负责全国社会保障行政管理工作的中央政府及相关部门虽然对社保制度基本框架做出规定，但是宏观管理职能偏弱，对地方政府的社保决策难以形成约束。比如，某省机构

---

① 郑功成：《中国社会保险法制建设：现状评估与发展思路》，《探索》2020 年第 3 期。
② 郑秉文：《多点试错与顶层设计：中国社保改革的基本取向和原则》，《中国经济报告》2019 年第 2 期。

编制部门在例行检查时，认为省级社保部门无权对下级社保部门制定的政策进行审核。这就导致社保制度全国统一的刚性较弱，各地普遍存在不少突破现行国家统一政策框架出台地方"小政策"的做法。虽然党中央、国务院一直反复强调维护社保制度的严肃性，但是各地在社保决策方面自行其是、搞变通的做法屡见不鲜。社保制度成为事实上的地方性制度，这不利于建立统一要素市场和促进地区均衡发展、不利于基本公共服务均等化、不利于形成稳定预期、影响现代国家建设等。[①]

（三）社保经办服务均等化程度较低

社保经办机构负责执行社保制度和政策，代表政府面向参保群众提供基本公共服务，这种服务应该是标准化、均等化、普惠性的。由于我国社保制度是分城乡、区域、群体推进的，各地随着社保制度不断拓展建立起来的社保经办机构发展状况差异较大，制约经办服务的改善。首先是机构设置千差万别。经过持续的机构优化和资源整合，我国基层社保经办机构的综合化设置已经取得重要进展，但是省、市、县各级社保经办机构分险种、分条线设置特征仍然十分明显，经办业务没有形成有机统一的整体，既制约经办效率的提升，也不方便参保群众。以东部某省为例，在省级层面，隶属于人力资源和社会保障部门的社保经办机构有三个。其中，社保中心负责职工基本养老保险和工伤保险，机保中心负责机关事业单位养老保险，城居保中心负责城乡居民养老保险，失业保险则由劳动就业管理中心负责。该省下辖的地级市多数由统一社保经办机构负责养老、工伤、失业保险经办，也有的地市设置单独的城居保中心、机关保中心、工伤保险中心。其次是经办服务差异大。在较低的社保基金统筹层次下，各地社保经办机构的业务流程差异、数据质量差异、管理水平差异较大，短期内难以统一，有的地方连机构名称都没有统一。社保经办服务差异大，一方面不利于基本公共服务均等化，另一方面也对社保经办数字化转型、提高社

---

① 单大圣：《中国医疗保障决策的地方化特征与改革思路》，《社会保障评论》2022 年第 6 期。

保统筹层次以及跨区域业务协同形成制约。随着区域一体化深入发展，人口、劳动力的跨市、跨省乃至跨国流动将越来越频繁，工作、居住地点变动成为常态，异地参保、缴费、领取待遇、退休养老等现象越来越普遍。对社保经办来说，这意味着资金跨地区流动和信息交换的数量与频率大大增加和提高，对社保经办跨区域业务协同提出了新的要求。但是，受制于社保经办服务体系标准化程度不高，围绕跨区域业务协同的数据共享、数字化应用、一网通办等改进经办效能的工作，难以有效实施。

（四）社保经办体制不符合社保管理优化的要求

《中华人民共和国社会保险法》规定，统筹地区设立社会保险经办机构，社会保险经办机构可以在本统筹地区设立分支机构和服务网点。但是，我国社保经办机构并未按《中华人民共和国社会保险法》规定的那样按照统筹区域设立，而是根据行政层级设立，统筹区域内的社保经办机构实行属地管理，即经办机构与上级机构没有行政隶属关系，其设立、变更、编制、人员及经费保障均由属地的同级政府负责。这在社保基金统筹层次还比较低时，矛盾还不太突出。但是，由于上下级社保经办机构仅仅是松散的业务指导关系，上级机构对下级机构缺乏有力的调控手段，在统筹区域内一体推进基金管理、服务标准化、信息化建设等方面往往缺乏硬的约束，造成政策执行不严格、不规范等弊端，这也是一些地方经办服务以及信息系统难以实现统一的重要原因。当前养老保险正在推进全国统筹，工伤保险、失业保险、医疗保险正积极推动省级统筹。随着统筹层次的提高，社保经办将逐渐呈现"管理向上集中，服务向下延伸"的趋势，即面向参保群众的一般性社保经办业务基本可在县（区）内完成，大部分前端的经办业务将下沉至镇街、村社，由综合性的政务服务平台承担。在此情况下，市、县社保经办机构应当承担什么职责，内部组织架构、业务规程如何调整优化，养老、工伤、失业三大险种经办力量之间如何统筹协调，市、县社保经办机构与省级经办机构以及同级政府、基层服务平台的关系如何调整，都需要中央政府做出规划并提出指导性意见。

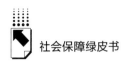

（五）医疗保障管理体制仍需优化

医疗保障是社会保障制度中最特殊、最复杂的项目。医疗保障制度的特殊性在于，医患之间存在严重的信息不对称。而引入医疗保障第三方支付的目的是，代表患者通过协议管理，对处于强势地位的医疗服务供给方进行约束，但是这又往往会导致患者对医疗服务的滥用。医疗保障制度有效的关键是对医疗服务的有效管理。但是，我国医疗保障工作的历史实践表明，由于医疗服务的复杂性，医疗保障对医疗服务的有效"购买"难度极大。无论设计多么精细的支付方式，都难以应对复杂的医疗费用支出管理。2018年国家医疗保障局组建以来，在持续优化医疗保障战略购买体制机制方面做了大量的工作，包括实施药品和高值医用耗材集中带量采购，开展打击欺诈骗保专项治理等。但是总体来看，医疗保障对医疗服务有效约束的长效机制尚未形成。一方面，医保领域违规行为仍层出不穷，牵扯医保行政部门和经办机构的大量精力；另一方面，由于医保经办机构对医疗机构和药店并没有直接的行政监管职责，主要依托经过平等协商谈判达成的协议来实施监管。为进行有效的费用管理，不得不在协议管理、预算管理、审核结算、考核评价、基金监管等方面对医疗机构进行限制，实际上采取了许多类似行政管理的措施，加剧了医疗、医保矛盾，也直接或间接导致了医疗机构在为参保人员提供医疗服务过程中，产生不方便甚至损害参保人员利益的行为。未来，改善医疗保障管理，除了要继续加强支付管理外，也需要对"医疗保险应发挥第三方约束功能，促进公立医院深化改革"[①] 的制度定位进行重新思考，继续探索适合我国国情的医疗保障管理体制。

四　优化和完善社会保障管理体制的建议

我国已建成世界上最大规模的社会保障制度，体现了我国社会主义制度

---

① 何平：《深化社会保障管理体制改革问题解析》，《行政管理改革》2013年第2期。

的优越性。要想将我国社会保障制度的最大规模转化为最大效能，必须对管理体制进行优化和完善。基于此，本报告提出如下建议。

（一）强化中央政府社会保障事权

我国是单一制国家，在现代国家治理体系中，社保制度是国家制度而不是地方制度。社保的具体事务虽然主要由地方政府组织实施，但是归根结底来自中央政府的授予或委托，中央政府天然具有维护社保基本制度、政策统一之责。早在 2008 年，全国人大常委会委员、中国人民大学郑功成教授组织国内社会保障领域权威专家开展"中国社会保障改革与发展战略研究项目"，形成的一致观点是，社会保障应遵循统一性原则。① 十九届中央政治局第二十八次集体学习专门提出坚持社会保障制度的统一性和规范性问题，强调要坚持国家顶层设计，增强制度的刚性约束，各地不能自行其是、搞变通，做到全国一盘棋，等等。发达经济体整合碎片化社保制度的经验启示，制度统一的时间越早越主动，成功的可能性也越大，制度统一的时间越晚，整合的难度越大和遇到的阻力也就越多，甚至成为不可能。从某种意义上说，我们正在与地方碎片化制度、政策赛跑，中央政府规范、约束的责任重大。2021 年，国家医疗保障主管部门提出建立医疗保障待遇清单制度，这是强化中央政府宏观管理职能、约束地方政府社保决策权力的尝试，建议在社保各个领域加快推广这一做法。为保证中央政府完整、有效履行宏观管理职能，强化制度执行力，建议将社保宏观管理的中央政府事权具体化、实体化。具体化的中央政府社保事权可以包括社保的统筹规划、政策指导、监督管理、信息服务等，特别是可以借鉴教育、生态环境保护等领域经验，赋予中央政府有关部门社会保障督导的职能，主要是对地方政府落实社保法律法规、规章和国家统一制度、政策的督导，将督导结果作为考核、问责和实施奖惩的依据。实体化，就是按照机构、人员与职能匹配的原则，在中央政府层面改组或设立专门的督导机构和人

---

① 郑功成主编《中国社会保障改革与发展战略（总论卷）》，人民出版社，2011，第 14 页。

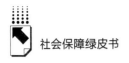

员队伍，专司社保宏观管理职能，形成权责一致的体制机制。在此基础上，适时加快社保立法进程，提高社保法治化程度。

（二）优化社保经办机构设置

社保经办是社保制度的延伸，社保制度走向统一、规范，也必然要求社保经办服务走向统一、规范。尽管在一定时期里，由于工作基础、经济发展水平等因素的制约，各地社保经办标准、水平还存在一定的差异，但是社保经办在更大范围内实现统一、规范的改革方向是明确的，而且约束越来越强。建议从中央政府层面加强对全国社保经办服务体系的系统性、整体性设计，高位推动社保经办服务标准化建设，按照信息系统统一、经办流程统一、服务标准统一、风险防控统一、基金收支管理统一的要求，增强标准的刚性约束，对各地自行其是、搞变通的行为进行严格规范，从制度上确保一体化提供无差别、均等化、普惠化的社保公共服务。以适应业务下沉、数据上移的发展趋势为导向，深化综合柜员制改革，在有效管控风险的基础上，逐步扩大基层经办机构和人员的操作权限，进一步推动办理频率高、基层能承接的经办事项下沉，向银行柜面、社区、自助终端等延伸，推动更多社保经办事项"就近办、一门办"。省、市、县社保经办机构要树立"不求所有、但求所用"的理念，主动推动更多社保公共服务纳入综合性政务大厅集中办理。在此基础上，优化市、区（县）经办机构职能，市级社保经办机构进一步强化统计、监督、复杂业务、基金结算、风险防控等职能；区（县）经办机构聚焦对关键信息修改、一次性待遇支付核定、大额支付、工伤认定和劳动能力鉴定、特殊工种提前退休审批等重要业务的复核、审批。探索打破经办机构内部条线壁垒，以业务流程为主线进行机构优化，建立定期轮岗等制度，加深工作人员对全险种、全流程的理解协作。调整人员力量布局，推动区（县）经办机构人员力量下沉，向街（镇）政务服务中心派驻（人员隶属关系不变），履行区（县）经办机构专司业务指导、监督管理等职责。

（三）以数字化转型促进社会保障管理体制优化

在信息化时代，数字化的广泛应用突破了传统社保行政管理、业务经办面临的空间、时间、场地及人员力量的限制，可以显著提高服务效率。同时推动以往的经验型服务转变为标准化服务，解决政策碎片化、管理分散化、操作随意、信息失范、自由裁量权过大、服务缺失与冗余并存等问题，打破统筹层次限制和业务办理属地化管理体制，对促进社保制度统一、规范以及社保经办服务均等化具有推动作用。但是，对社保行政管理、业务经办的数字化转型，不能仅仅从提高效率的技术层面理解，而要看到数字化转型内在包含着管理理念、组织方式、业务模式、工作机制等全方位的变革，本身就具有体制改革的意义。比如，传统社保经办机构按照行政层级和条线设置，主要适应于业务驱动的社保经办模式，而数字驱动的社保经办模式更加注重数据集成和业务协同，这就要求改革各级经办机构的职能、组织架构，加强各个险种之间经办力量的统筹协调，加强社保经办机构与同级政府、基层服务平台的关系调整，积极推动数据驱动型组织转型。当前，社保管理、经办数字化转型的工作主要包括数据标准化、数据互联互通、建设统一的社保公共服务平台、社保数字化应用、加强数据赋能、数字化风控和行政监督等。近年来，各地社保管理、经办数字化转型进展很快，同时面临着一些体制障碍，主要是数字化转型的组织层次不高、部门协同不畅。数字化建设如果上层未动，基层先行，往往导致高一级的数字化平台上线后，低层级的平台被废止，造成资源极大浪费。建议提高推进重心，至少在省级政府层面一体推动全域社保信息化平台建设，尽可能高起点、高标准谋划，有序推动将社保经办、风控、监督等功能纳入一体化平台管理和运行，丰富应用场景，实现线上线下无差别受理、同标准办理，在省域内率先实现一网通办、全程网办。严格落实《中华人民共和国社会保险法》关于"社会保险经办机构通过业务经办、统计、调查获取社会保险工作所需的数据，有关单位和个人应当及时、如实提供"的要求，打破部门、行业的数据壁垒，按照分级分类的原则，在合法合规和确保信息安全前提下，实现跨层级、跨地

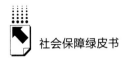

域、跨系统、跨部门、跨业务的政务数据共享，不断充实社会保险管理、经办大数据资源池。

（四）完善社保经办机构治理结构

随着社保制度逐步成熟定型以及社保立法进程加快，社保经办机构能力建设越来越成为影响社保治理效能的关键因素。目前，我国按照事业单位形式运行的社保经办机构越来越受到机构、编制、经费的制约，成为一个政策难点。国外社保经办机构模式一般有国家法定机构模式、行政内部分离模式、政府委托模式、政府参与社会合作模式、依法准入私营模式五种类型。[①] 笔者认为，考虑到我国政府监管能力有限以及社保事务的政策性极强，我国社保经办机构宜采取国家法定机构模式或行政内部分离模式，尽可能向独立法定机构模式过渡。按照建设人民满意的服务型政府的要求，以为参保对象提供优质、均等的服务为出发点和落脚点，强化社保经办的服务属性。从国外经验看，无论是采取政府直接举办还是自治管理，抑或商业运行的经办模式，一般将管理成本列入社保基金支出，[②] 为规避事业单位经费投入体制对编制的制约，建议探索社保经办部分成本在社保基金支出中列支的经费保障制度。在这一制度下，设计基于服务对象人数的人员配备标准，满足社保经办工作需要。同时，要坚持"开门"办社保，加强地方政府决策科学化、民主化建设，将公众参与、智库咨询、合法性审查纳入决策法定程序，建立重大决策终身责任追究制度及责任倒查机制。加强社保政策与经办流程的解读、沟通、宣传等，扩大社会保险咨询、查询等服务供给。建立健全主动报告和信息披露制度，实现社保经办全过程公开透明、可追溯、可核查。在保障数据安全和个人隐私的前提下，主动推进社保数据资源开放共享，积极参与政务服务一体化建设。完善社保经办服务的评价制度，开展社保经办机构自我评价，建立健全督查考核机制，落实社保经办服务"好

---

① 孟昭喜、徐延军主编《完善社会保险经办管理服务体系研究》，中国劳动社会保障出版社，2012，第 19~20 页。
② 郑秉文：《中国社会保险经办服务体系的现状、问题及改革思路》，《中国人口科学》2013年第 6 期。

差评"工作机制,积极引入第三方评估机制,发挥评价对服务的诊断、调整和完善作用。加强社会监督,提高社保经办机构响应群众诉求和为民服务的能力。

(五)探索新型医疗保障管理体制

社会保障各个项目虽然在制度模式、管理流程上具有一定的相似性,但是不同项目都有其自身的管理规律。如前文所述,与其他社会保障项目相比,医疗保障制度比较特殊,围绕医疗保障管理体制的争论和分歧也较多,这在以往的社会保障改革中已有体现。我们认为,医疗保障管理体制的核心不在于医保制度归哪个部门管,而是如何处理卫生服务与医疗保障的关系,[①] 特别是随着全民医保体系建立,卫生服务和医疗保障作为医疗卫生体系两大支柱的作用越来越凸显。2018 年国家医疗保障局成立后,事实上成为国家健康领域尤其是医疗服务领域费用支出的总管,承担国家基本医疗服务总买单的职责,其作用进一步向医药和病人行为监管等环节延伸。[②] 当前,为达到控制医疗费用的目标,医保经办机构凭借强大的购买能力,对医疗机构行为进行了较强的规制,许多措施带有医疗卫生行业管理的性质,医保与医疗机构之间已经很难说是一般意义上的市场购买关系。这既导致医保功能的异化,也割裂了医疗卫生行业管理的完整性,产生了许多矛盾。笔者认为,造成矛盾的核心是将卫生服务与医疗保障对立起来的改革思路。相反,如果将医疗卫生行业管理与医保费用支付管理统筹起来,可能效果更好。此外,随着医保成为卫生筹资主渠道,医保经办就不能仅满足于医疗费用的补偿,而是必须从卫生服务体系以及整个医药卫生体制全局考虑管理绩效。这不仅是理念的转变,也要求从管理体制上统筹卫生服务和医疗保障体系,以克服片面追求局部、中间绩效的倾向,更加注重总体绩效和制度可持续发展。建议在新一轮机构改革中对这个问题进行认真研究,对各种方案进行科学评估,提出适合我国国情的改革思路。

[①] 王延中、单大圣:《关于卫生服务与医疗保障管理体制的若干问题》,《经济社会体制比较》2010 年第 5 期。

[②] 王延中:《推进社会保障管理体制与治理体系改革》,《社会发展研究》2018 年第 2 期。

G.11

社会保障调节收入分配的国际经验

——基于德国的实践

余 璐*

摘 要： 不同社会保障模式对收入分配的调节作用各异。国际比较显示，德国作为保守主义社会保障模式的典型代表，较好平衡了"提高经济效率"与"促进社会公平"双重目标。德国通过社会保障调节收入分配差距的实践对我国具有重要启示意义：第一，要增加社会保障财政投入，以系统思维优化社会保障结构，有效提高社会保障体系对收入分配的调节作用；第二，要充分发挥社会保险的支撑作用，重点在于扩大与提高社会保险的覆盖范围和统筹层次，缩小区域、城乡和群体间的待遇差距；第三，要更好地体现社会救助的兜底作用，重点在于科学确定社会救助的政策目标和保障对象，加强项目的协同性、发展性和动态性；第四，要有效加强社会福利的提升作用，重点在于坚持家庭和生育友好导向，及时补齐普惠性福利和"一老一小"公共服务短板。

关键词： 社会保障 收入分配 共同富裕 德国

实现全体人民共同富裕是中国特色社会主义的本质要求和中国式现代化的重要特征。党的二十大报告指出，分配制度是促进共同富裕的基础性制度。其中，包括税收、社会保障等在内的再分配制度是"有为政府"纠正

---

* 余璐，国务院发展研究中心中国国际发展知识中心副研究员，研究方向为社会保障、政党与国家建设、发展知识。

"市场失灵"，对初次分配收入进行调节，从而优化收入分配格局、促进社会公平的重要手段。我国已历史性地解决了绝对贫困问题，正式迈上全面建成社会主义现代化强国的第二个百年奋斗目标的新征程。然而，我国目前的社会保障制度仍然存在比较明显的发展不平衡不充分问题，再分配作用发挥不足。不断健全社会保障制度是我国扎实推进共同富裕的关键行动。因此，有必要梳理典型国家的实践经验，为我国深化社会保障改革、调节收入分配、夯实共同富裕基础提供借鉴。

一　社会保障是促进收入分配公平的重要工具

发展和完善社会保障制度是许多国家缩小收入差距的重要手段。[1] 从国际经验来看，社会保障制度越健全的国家，国民共享的份额就越大、社会平等与公正的程度就越高、离共同富裕目标的距离就越近。[2] 结构合理、水平适度、设计精细的社会保障制度不仅能够预防和缓解贫困、促进社会公平，还能稳定预期、扩张内需、维持创新动力，成为经济发展的助推器。因此，越来越多国家不再将社会保障支出视为"非生产性"支出，而是根据经济社会发展水平，适时加大社会保障投入、优化社会保障结构。

（一）社会保障的制度设计影响再分配力度

社会保障的制度设计包括支出规模、结构安排以及具体政策设计等，都会对其再分配效果产生影响。首先，社会保障支出规模一般与基尼系数呈负相关关系，社会保障支出占 GDP 比重较高的发达国家的收入不平等程度往往相对较低。[3] 当然，这并不意味着社会保障支出要毫无节制地加大。

---

[1]　王延中、龙玉其：《社会保障与收入分配：问题、经验与完善机制》，《学术研究》2013 年第 4 期。

[2]　《社会保障制度是走向共同富裕的制度保障》，国家发展和改革委员会网站，https://www.ndrc. gov. cn/fggz/jyysr/jysrsbxf/202108/t20210818_ 1293999_ ext. html。

[3]　郑功成：《共同富裕与社会保障的逻辑关系及福利中国建设实践》，《社会保障评论》2022 年第 1 期。

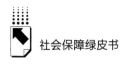

习近平总书记指出："经济发展和社会保障是水涨船高的关系，水浅行小舟，水深走大船，违背规律就会搁浅或翻船。"① 也就是说，社会保障要与经济社会发展水平相适应，社会保障发展滞后会使人民无法及时享受经济发展成果，过度超前的社会保障水平既不可持续，还会给经济发展带来负面影响。

其次，从社会保障体系的结构安排来看，三大板块的调节机制不同，对社会保障体系的再分配力度产生影响。社会救助强调公民基本权利，政府有义务兜底保障低收入家庭和弱势群体的基本生计，领取资格取决于家计调查。社会保险强调责任与权力对等，帮助大多数人口应对突发事件时所提供的收入保障，通过政府统筹实现人口横向互助共济与全生命周期平滑消费，领取资格和待遇水平往往取决于缴费年限和水平。社会福利是那些覆盖所有人口或部分符合一般性条件人口的转移支付，通过政府调节使不同人口共享发展成果，领取资格与收入无关。

三大板块的政策定位和目标人群导致其调节收入分配的机制和力度有所不同。据统计，OECD 国家低收入人口领取的救助性转移支付占其可支配收入的 24% 左右，对于中等及以上收入人口可以忽略不计；保险型转移支付在不同收入人口间差异较小，分别占低收入、中等收入和高收入人口可支配收入的 14%、11% 和 5%；社会福利在不同收入人口间的分配差异居中，分别占低收入人口和高收入人口可支配收入的 17% 和 1%。② 因此，一个社会保障体系中，社会保险、社会福利、社会救助的制度结构十分③重要，很大程度上影响其再分配效应。

此外，虽然社会保障体系的制度结构在宏观层面上影响其收入分配调节

---

① 《习近平：促进我国社会保障事业高质量发展、可持续发展》，中国政府网，http://www.gov.cn/xinwen/2022-04/15/content_ 5685399. htm。

② Causa, O., Hermansen, M., 2017. "Income Redistribution through Taxes and Transfers across OECD Countries", ECO/WKP.

③ 虽然各国的社会救助存在项目数量和保障水平上的差异，但主要是为低收入家庭提供社会安全网的重要制度，只涉及少部分群体，因此，不同社会保障模式之间的结构区别主要体现在社会保险和社会福利的相对位置上。

效果，但具体来看，具体项目的政策设计如社会保险项目的覆盖范围、统筹层次和待遇给付机制，社会救助项目的瞄准程度等也会对其再分配效果产生影响。

（二）三种主要社会保障模式的调节力度不同

各国基于不同的再分配目标、财政机制以及深层的历史社会文化等因素，对三大板块的偏向和重视程度有所不同，由此形成了几种主要的社会保障模式。艾斯平-安德森将其分为盎格鲁-撒克逊国家的自由主义模式、欧洲大陆国家的保守主义模式以及斯堪的纳维亚国家的社会民主模式①（见表1）。此后，又有学者在此基础上加入拉丁化模式，亦称南欧或地中海模式，② 但仍以前三者为最主要分类。

表1　国际上三种主要社会保障模式对比

模式	制度理念	社会保障结构特征	典型代表	财政支出规模	再分配力度
自由主义模式	较少的政府干预	以社会保险为主体,具有明显的市场化特征	美国	较小	较小
保守主义模式	合作主义、权利与义务对等	以社会保险为主体,注重政府统筹调节作用	德国	一般	一般
社会民主模式	普遍广泛的公民权利	提供内容丰富且慷慨的普惠性社会福利	北欧国家	较大	较大

资料来源：作者根据相关资料整理绘制。

自由主义模式倾向于较少的政府干预，主要依靠市场来提供社会保险和福利，政府扮演"补缺"角色，要么补贴私人福利项目，要么仅为最弱势群体提供基本生活保障；社会保障财政支出规模在发达国家中处于较低水

---

① Esping-Andersen, G., 1990. *The Three Worlds of Welfare Capitalism*, Princeton University Press, pp. 26–27.

② Leibfried, S., 1993. "Towards a European Welfare State?", in Catherine Johns (ed), New Perspectives on the Welfare State in Europe, Routledge.

平；典型代表如美国。保守主义模式也被称为大陆模式，强调合作主义、权利与义务对等；社会保障主体是社会保险，意味着权利主要依靠终身就业及其附属的社会保险制度；社会保障的财政支出规模一般；典型代表如德国。社会民主模式也被称为北欧模式，特点是强调普遍广泛的公民权利，私人福利市场基本被边缘化；该模式税收高昂，为公民提供慷慨的、不以收入或缴费为前提的普惠性福利，社会保障支出规模较大；典型代表是北欧国家。在再分配力度方面，社会民主模式的力度最大，保守主义模式次之，自由主义模式最小，这也被多项相关研究所证实。[①]

当然，这并不意味着社会民主模式是各国社会保障改革的普遍目标。回顾过去，一个国家的社会保障制度设计往往与其经济社会条件和历史文化因素等深刻相关；面向未来，更不能脱离已有的社会文化条件和制度基础来讨论社会保障制度的改革方向。譬如，芬兰社会民主模式的社会保障体系与其人口规模较小、经济社会发展水平较高、社会同质化程度较高、社会团结共识强等密切相关。美国选择注重经济效率、强调个人责任的社会保障模式，则根植于其崇尚自由主义、鼓励竞争自立等历史文化，发达的非营利组织也在很大程度上弥补了美国公共性社会保障的缺失。

综合考虑国情、社会保障制度基础、经济社会发展水平、历史文化条件等因素，德国作为保守主义模式的典型代表，其实践经验对我国具有较强的参考价值。从制度基础来看，德国模式比较符合我国目前以社会保险为主体的社会保障制度结构；从制度设计理念来看，德国努力协调政府与市场作用，明确将促进社会公平团结作为社会保障制度的目标；[②] 从制度对收入分

---

① 参见 Ervik, R., 1998. "The Redistributive Aim of Social Policy: A Comparative Analysis of Tax, Tax Expenditure Transfers and Direct Transfers in Eight Countries", LIS Working Paper, p. 184; Jesuit, D., Mahler, V., 2004. "State Redistribution in Comparative Perspective: A Cross-National Analysis of the Developed Countries", LIS Working Paper, p. 392; 陶纪坤《西方国家社会保障制度调节收入分配差距的对比分析》，《当代经济研究》2010 年第 9 期。

② 德国前劳动与社会事务部部长布吕姆曾指出："在我国的社会保障制度中，只要有可能，公平总是处于优先地位。凡是能用公平来解决的问题，就不该用怜悯来解决，这是社会市场框架中的社会福利政策的指导公式。"参见布吕姆《德国的社会福利法导论》，收录于《中德劳动和社会法合作文集（1996-1999）》。

配的调节效果来看，德国社会保障制度不仅在促进东、西德快速融合和国家统一的历史进程中发挥了积极作用，[①] 还在现实运行中较好地兼顾了经济效率与社会公平，即在保持经济发展活力的前提下，有效降低了社会收入不平等程度。因此，本报告将德国作为典型案例，分析其社会保障制度对收入分配的调节机制，以期为我国提供参考借鉴。

二 典型案例：德国社会保障调节收入分配的做法与经验

德国收入分配公平程度较高。根据卢森堡收入研究数据库（Luxembourg Income Study Database，LIS）统计数据，1986~2020 年，德国市场收入基尼系数平均值为 0.48，经过再分配调节后，人均可支配收入基尼系数平均值降低到 0.27，降低了 43.75%；相较之下，美国的市场收入和人均可支配收入基尼系数平均值分别为 0.49 和 0.37，下降幅度仅为 24.49%。税收和社会保障是德国政府调节收入分配的两个重要手段，而社会保障的调节作用要远远大于税收。[②] 德国社会保障制度发挥了较强的再分配作用，对促进社会公平正义、凝聚国家团结共识具有积极意义。

作为世界上最早建立以社会保险制度为核心的现代社会保障制度的国家，德国在改革中逐渐形成了以完整健全的社会保险制度、家庭友好的社会福利制度和有效兜底的社会救助制度为基本架构的社会保障体系。社会保障的覆盖范围、筹资机制、补偿机制、融合性与便携性、转轨方案等都会在不同程度上影响其收入分配调节作用。[③] 下面将从这些方面分析德国社会保障制度各个板块对收入分配的调节作用。

---

① 刘涛：《德国统一进程中的社会保障制度》，《社会保障评论》2021 年第 4 期。
② 陶纪坤：《西方国家社会保障制度调节收入分配的差距的对比分析》，《当代经济研究》2010 年第 9 期。
③ 王延中、龙玉其：《社会保障与收入分配：问题、经验与完善机制》，《学术研究》2013 年第 4 期。

（一）社会保险制度调节收入分配差距的作用和机制

社会保险制度的目标是"风险共担"和"互助共济"，因而天然具有调节收入分配的功能。德国是现代社会保险制度的发源地，也是社会保险型社会保障制度模式的典型国家。德国社会保险主要包括养老保险、失业保险、医疗保险、护理保险以及工伤事故保险，其中，前三者由于涉及的人口群体规模大、筹资水平高，对调节收入分配发挥了比较显著的积极作用。

1. 养老保险制度能够有效减少老年贫困、缩小代际收入差距

养老保险制度的基本目标在于避免人口在年老后因劳动能力衰退或丧失而陷入贫困，因此是调节收入分配的一项重要再分配政策。[①] 德国在二战后长期将法定养老保险作为唯一的养老保险支柱，私人养老保险不发达。到2001年，为了减轻法定养老保险制度压力，在法定养老保险之外推出基金积累的李斯特养老金，国家通过发放补助金和减免税收的方式鼓励居民参保，至此形成了养老保险三支柱，即法定养老保险、李斯特养老金和企业养老保险，但第一支柱养老保险制度仍然占据绝对核心地位。研究发现，养老保险制度有效降低了社会收入不平等程度，是包括德国在内的欧盟国家缩小居民收入差距的重要再分配手段。[②]

第一，法定养老保险覆盖面较广，养老金是绝大多数老年人的主要收入来源。制度的覆盖面直接关系到其再分配力度。德国现收现付的法定养老保险覆盖了大部分受雇人员、部分个体经营者和符合条件的自由职业者，其他自由职业者和个体经营者可以自主选择参加法定养老保险，或是专门为其设计的吕鲁普养老保险。2019年，德国法定养老保险覆盖率约为84.6%。对于初次分配收入较低的老年人而言，养老金是最主要的收入来源。OECD统计数据显示，2018年德国老年人收入的主要来源中，养老金（包括基本养

---

① 金双华、杨艺：《欧盟国家养老保险制度对收入分配调节作用研究》，《经济社会体制比较》2021年第1期。

② 金双华、杨艺：《欧盟国家养老保险制度对收入分配调节作用研究》，《经济社会体制比较》2021年第1期。

老金、职业养老金和个人养老金）占比约为 82.1%，超过 OECD 国家平均水平（74.2%）；工作收入占比为 17.9%。[1] 换句话说，如果没有养老金收入，绝大多数老年人将陷入贫困。

第二，缴费机制比较公平，在制度高度统筹基础上照顾参保困难群体。德国法定养老保险实行全国统筹，2020 年的缴费比例为 18.6%，雇主和雇员各承担一半。同时，德国专门针对参保困难群体设置了较低的社会保险费率；对于 2013 年 1 月 1 日及以后就业的月工资不足 450 欧元的低收入劳动者，由雇主缴纳 15%（在公司就业）或 5%（在家庭就业）的养老保险费率，个人仅缴纳 3.6% 或 13.6% 的养老保险费率。[2] 对于李斯特养老金，每位参保人必须至少将年毛收入的 4% 支付进个人账户，凡是达到该标准的居民可获得 154 欧元的国家全额基础补助金，有孩子的家庭 2008 年以前能得到一笔 185 欧元的儿童补助金，2008 年以后补助标准提高到 300 欧元。同时，参加李斯特养老金的投资，可享受最高 2100 欧元的免税额。

第三，完善待遇确定机制，努力在实现制度可持续性的前提下促进代际公平。德国的养老保险制度权益是基于"保费"和"养老金待遇"对等原则而定的，这就意味着，每位法定参保人员的养老金权益与其在劳动力市场的职业生涯挂钩，工资收入的高低、缴费时间的长短和整个工作生涯的连续性共同决定了养老保险待遇的高低。对于那些养老金无法达到最低生活标准的老年人，政府提供老年人基本收入保障，即通过家计调查确定家庭收入水平，在扣除养老金、其他收入和资产后提供补差救助，确保满足老年人基本生活需求。2005 年，为了应对不断加深的老龄化对养老保险制度的冲击，德国养老金确定机制引入了"可持续因子"的人口参数，主要反映缴费人数和退休人数的变化趋势，从而使缴费者和领取者共同承担人口年龄结构变化对制度冲击的后果。同时，2012~2029 年，渐进地将退休年龄从 65 岁延长至 67 岁。

---

① 资料来源：OECD Statistics，Pension at a Glance：Income and Poverty of Older People。

② Federal Ministry of Labour and Social Affairs，Social Security at a Glance 2020，p. 130.

第四，调整待遇保障水平，在尽量控制财政负担的前提下保障老年人基本生活。随着养老保险收支缺口扩大，德国养老金水平经历了一个调低过程。OECD 统计数据显示，2020 年，德国养老金毛替代率和净替代率分别为41.5%、52.9%；如果加上自愿性养老金，德国养老金毛替代率和净替代率分别达到 55.7% 和 70.2%。[①] 这一数据低于欧盟和 OECD 国家平均水平，但由于德国老年人的收入购买力在欧洲处于前列，[②] 德国养老保险制度仍然有效减少了老年贫困。2018 年，德国老年贫困发生率为 9.1%，低于整体人口贫困率（9.8%）；相较之下，OECD 国家老年贫困发生率为 14.1%，高于整体人口贫困率（11.6%）。[③]

可以看出，德国政府在居民养老保障方面承担了大量责任，表现为法定养老保险的高覆盖率和高保障水平，发达的第一支柱对第二支柱、第三支柱产生了一定的挤出效应。这虽然有利于保障老年人权益、调节代际不平等，但随着人口老龄化程度加深，德国养老保险制度的财务可持续性面临日益巨大的压力。德国政府从降低法定养老金替代率、延迟退休年龄等方面着手改革法定养老保险，并努力发展第二支柱、第三支柱养老保险，但由于老龄化程度较高、居民投资观念保守、资本市场发展不足等，第二支柱、第三支柱发展进程缓慢。当前，在人均预期寿命延长、经济发展下行的背景下，德国养老金制度的发展前景引发深刻忧虑。[④]

2. 失业保险在经济周期性波动时能够起到重要的减震器作用

失业保险制度是在参保的劳动年龄人口面临失业时，为其提供一定期限收入保障以及再就业服务的制度安排，因此被视为应对经济波动或衰退的重要调节工具。2002 年，德国施诺德政府推行"哈茨方案"，形成了以失业津

---

① 资料来源：OECD Statistics，Pensions at a Glance：Pension Replacement Rates。
② 资料来源：https：//www.destatis.de/EN/Themes/Society-Environment/Population/Current-Population/Publications/Downloads-Current-Population/brochure-older-people-eu-0010021169 004.pdf? blob=publicationFile。
③ OECD Statistics，Pensions at a Glance：Income and Poverty of Older People.
④ 《德雇主协会总会主席：再不改革，德国养老金制度将在 5 年内崩溃》，观察者网，https：// www.guancha.cn/internation/2022_ 11_ 01_ 664779.shtml。

贴（包括失业金Ⅰ和失业金Ⅱ）为核心的制度结构，降低了失业率并提升了劳动生产率，一直被沿用至今。德国失业保险制度在经济衰退期间发挥了重要的逆周期调节机制的作用，既保障了失业人员的基本生活，又降低了经济冲击对劳动力市场的影响。[①]

第一，制度覆盖面较广，失业人员的受益率较高。德国失业保险实行全国统筹且覆盖了绝大多数劳动者，自营人员自愿参保。缴费率随劳动力市场需求和失业状况变化进行调整（2019 年以来为工资基数的 2.5%），由雇主和雇员各承担一半。同时，对缴费基数设置限额，2020 年，德国西部的缴费基数限额为每月 6900 欧元，东部为每月 6450 欧元。失业金Ⅰ的获取条件比较宽松，只要在失业前 30 个月内累计（而非连续）缴费满 12 个月，在就业机构登记并被认定为失业，积极寻找正式工作，就可以领取失业保险。总体而言，德国失业保险为失业人群提供了比较可及的生活保障。据统计，截至 2020 年 4 月，德国失业总人数为 264 万人，领取失业津贴的人数为 238 万人，失业人员受益率为 90.2%。[②]

第二，失业保险与救济双层政策安排，为失业人员提供维持尊严但不过度的生活保障。失业金Ⅰ的领取时长和保障水平取决于申请人的缴费时长、失业前收入水平、年龄和子女状况。领取时长方面，年龄越大、缴费期限越长，失业金领取时长越长，58 岁以上且缴费超过 48 个月的失业人员领取期限最长，为 24 个月。保障水平方面，无子女的失业者保障水平是失业前一年税后工资的 60%，有子女失业者的补贴水平为 67%。对于无法维持生计的人口，提供失业金Ⅱ。这是社会救济形式的补贴，资金来源于财政拨款，涵盖 15 岁以上有工作能力且收入无法维持生计的困难人口。领取时长一般为 6 个月，对于短期内生活状况无法得到改善的人口，经申请批准后可以延长至 12 个月。保障标准方面，在对申请人进行家计调查的基础上，考虑其

---

① 费伟、孙守纪、刘明婉：《德国失业保险逆周期调节机制的经验及启示》，《中国劳动》2021 年第 6 期。
② 费伟、孙守纪、刘明婉：《德国失业保险逆周期调节机制的经验及启示》，《中国劳动》2021 年第 6 期。

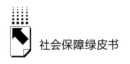

基本生活需求（包括衣食住行、供暖、营养补助等）实行补差救济。此外，在经济衰退期，德国还会推出一系列临时性政策，如适当放宽失业金领取资格、延长领取期限，从而帮助失业人员和低收入群体维持基本生活水平。

第三，具有较强的促进就业导向，提高失业人员再就业和自主发展的动力和能力。"哈茨方案"对失业金的领取时长和保障水平做了比较严格的限制，同时显著加强其他支撑性服务来促进失业人员再就业。譬如，联邦就业局为失业者提供有助于重返劳动力市场的服务，包括职业指导、就业培训、工作介绍等，部分服务面向所有失业者，包括没有缴纳失业保险的群体。[①]从制度结果来看，自"哈茨方案"实施后，德国失业率从 2005 年的峰值 11.3%下降到 2019 年的 3.2%，仅为欧盟平均失业率的一半左右。[②]

因此，德国失业保险对收入分配的调节作用体现在两个方面：一方面，制度使参保人员在失业期间不至于因为主要收入来源中断而瞬间陷入贫困，起到"减震器"和"保护网"的作用；另一方面，制度具有较强的促进就业导向，能够使失业者尽快重返劳动力市场从而获得稳定的收入保障，实现对初次分配收入的调节，对社会长期公平与稳定具有积极意义。

3. 医疗保险有利于预防人口因病致贫，同时促进人力资本积累和人力资本水平的提升

医疗保险制度不仅通过减轻家庭的医疗支出负担，直接影响人口收入，还会通过改善个人健康和提高人力资本水平，从而间接影响人口的工作收入。[③]德国在全球最早建立了社会医疗保险制度，并在政治经济制度重大变革中实现了渐进而持续的改革，展现强大的制度生命力。其现行医疗保险制度主要由法定医疗保险和私人医疗保险组成，其中法定医疗保险占据绝对主导地位。

第一，全民强制参保，确保所有公民获得平等的健康权。德国 2007 年

---

① Federal Ministry of Labour and Social Affairs, Social Security at a Glance 2020, p. 23.

② 资料来源：OECD Employment Database。

③ 王延中、龙玉其：《社会保障与收入分配：问题、经验与完善机制》，《学术研究》2013 年第 4 期。

颁布的《加强法定医疗保险竞争法》为全民参保提供了坚实的法律保障。按照法律规定，除了公务员、自雇者等群体以外，凡是工资收入超过450欧元且在一定限额以下的在职劳动者、学生、农民、退休者、失业者等，都要强制参加法定医保；[①] 法定医保以家庭为单位参保，缴费参保者的无收入或低收入配偶和未成年子女可作为家属免费参保。公务员、自雇者、收入超过限额等群体可以根据自身情况选择参加私人医保。据统计，2020年，德国医疗保险覆盖率为98.70%，其中法定医保覆盖率达到88.21%，私人医疗保险覆盖率为10.49%。[②]

第二，企业与个人分摊筹资责任，有利于促进代际公平和制度可持续发展。法定医保实行统一的基本费率（2015年以后为14.6%）并设置缴费基数限额，由雇主和雇员均摊，各疾病基金可以收取规定内的额外费率；私人医保必须提供一个与法定医疗保险相符的基本费率及相当水平的医疗待遇。对于困难人群（失业者、退休人员、学生等），法定医疗保险通过降低费率和税基、实行定额保费、提供津贴等方式，减轻其缴费负担；私人医疗保险需为拖欠保费的参保人提供小额保险，对其实施一个临时的紧急费率，提供相当于20%、30%或50%的保障水平。[③] 需要说明的是，德国法定医保实行退休人员缴费，从而减轻医保缴费的代际负担，保障稳定的资金来源。

第三，控制个人自付水平，为全体公民提供了坚实的健康保障。所有参保者均能够依法公平享受医保权益。根据《德国社会法典》，一年内自付费用封顶线为家庭总收入的2%，对于某些慢性病患者，该比例可降低至1%。德国联邦统计局的数据显示，医疗卫生筹资的多方责任长期保持相对稳定：来自法定医保支付的占近60%，来自私人医保支付的占近10%，来自其他

---

① Federal Ministry of Labour and Social Affairs, Social Security at a Glance 2020, p.104.

② 资料来源：德国联邦健康监测系统（Federal Health Monitoring System），https：//www.gbe-bund.de/gbe/pkg_isgbe5.prc_menu_olap? p_uid=gastd&p_aid=15535735&p_sprache=E&p_help=3&p_indnr=814&p_indsp=&p_ityp=H&p_fid=。

③ 陈晨、黄万丁：《德国法定医疗保险的成功经验及启示——基于参保机制视角》，《社会保障评论》2022年第2期。

法定社会保险（长期护理、工伤事故、养老）支付的占近 15%，来自个人自付和私人非营利部门的支付仅略高于 10%。[①] 这说明，德国医保制度使个人的自付负担得到了减轻，对于防止因病致贫、增强人口抗风险能力、促进人力资本积累发挥了有力作用。

总体而言，德国以法定项目为主的社会保险制度体现出强烈的政府促进社会公平的责任意识，因而在调节收入分配中发挥了主体支撑作用。其中，养老、失业和医疗保险对收入分配的调节力度较大，长期护理保险和工伤事故保险也从不同角度发挥作用。这种在"福利国家"兴起期间形成的制度理念，虽然有利于指导德国增进民生福祉、调节收入分配差距，但同时逐渐显露出一些问题，包括社会保障支出显著提高导致收支缺口扩大、社会保障水平的刚性特征导致调低待遇遭遇阻碍、责任分担机制失衡导致个人责任意识难以建立起来等。[②] 德国也在不断根据新的经济社会发展形势，推进社会保障制度改革，这也是德国社会保险制度保持旺盛生命力的源泉。

（二）社会福利制度调节收入分配差距的作用和机制

与社会保险不同，社会福利的获取资格通常不以缴费为前提。良好的社会福利制度设计不仅可以直接增加家庭收入，还能对劳动参与率、家庭结构等产生积极影响，进而优化初次分配收入结构。经过多年发展，德国围绕儿童和家庭展开的社会福利制度已经逐渐完善，保障水平自 20 世纪 90 年代末后得到大幅提升。鲜明的家庭友好导向有利于提高家庭收入水平，对提高整个国家的生育率和增强全体人民生活的幸福感也具有重要作用。表 2 展示了德国的主要社会福利项目。总体来看，德国社会福利政策具有以下几个特点。

---

① 华颖：《德国医疗保险制度发展实践及其对中国的启示》，《江淮论坛》2022 年第 5 期。
② 丁建定、谌基东：《发达国家社会保障制度"保民生"的经验教训与政策启示》，《社会保障研究》2023 年第 2 期。

表 2 德国的主要社会福利项目

项目	福利形式	覆盖群体	政策内容
基础育儿津贴	现金	抚养子女导致周工作时间不足 30 个小时或没有工作的父母	领取时间为 2~12 个月,如果父母双方均因养育子女而工作时间缩短,双方领取基本津贴的时长可延至 14 个月;补贴水平按生育孩子前的工资净收入的 65% 给付,实际上取决于生育前后的收入损失(每月 300~1800 欧元)
附加育儿津贴	现金	生育子女(针对 2015 年 7 月 1 日后出生的孩子)后每周工作时间超过 30 小时的父母	领取时长是基础育儿津贴的 2 倍,如果父母因生育完全退出劳动力市场,则津贴水平降至基础育儿津贴的 50%;如果父母双方共同分担子女的照管,且各自每周至少工作 25~30 小时,则各自可额外获得 4 个月的附加育儿津贴
儿童津贴	现金	有 18 岁以下(如果子女在接受教育或职业培训,补贴期可延长至 25 岁,21 岁以下的失业子女也可以领取儿童津贴)儿童的家庭	津贴水平与孩次相关,前两个孩子的补贴水平为 204 欧元/月,第三个孩子为 210 欧元/月,第四个及以上孩子为 235 欧元/月
儿童免税额	免税	父母缴纳所得税时的扣除额;与上条二选一,由德国财政部根据"对纳税人有利"的原则审核确定	每孩的免除额为基本免除额 2730 欧元,以及子女照管、抚育和培训需求免除额 1464 欧元,如果父母双方共同估算税额,则免除额翻倍,共计 8388 欧元
育儿假期	假期	子女未满 3 周岁的父母	每个父母可在子女满 3 周岁前,享受最长 3 年的育儿假期,假期具有灵活性,每位父母可将假期分为 3 个时间段
儿童照护服务	服务	1~6 岁的儿童	父母可将儿童送到不同形式(包括社会机构、公共机构和私立营利组织)的托儿所,托幼服务由公共财政进行补贴

资料来源:根据相关材料整理。

第一,在政策对象上,以普惠性政策为主,辅以对部分群体的特殊照顾,体现出对公平正义的价值追求。普惠性福利是公平正义原则的直接体现。德国的社会福利政策以普惠性为主,儿童津贴(儿童免税额)、基础育儿津贴等福利的获取资格与家庭收入等条件无关,覆盖率高,有利于分担父

母所承担的儿童抚养和教育等方面的开支。德国对儿童津贴的支付相当慷慨，不仅数额较高，而且支付期限较长，同时实行多子女家庭补贴水平的累进制，从而鼓励生育。据统计，21 世纪以后，每年有 1400 万名以上的儿童能够获得儿童津贴；2020 年，该数据达到 1669 万名。[①] 此外，这些普惠性政策中还包含对弱势群体的特殊照顾，如残疾儿童领取儿童津贴的时限更长、低收入家庭的育儿津贴替代率更高、单亲家庭可以获得额外的税收减免等。[②]

第二，在福利形式上，将现金补贴、育儿假期和照护服务相结合，从多方面减轻家庭的育儿负担。随着经济发展和社会进步，育儿负担不仅体现为经济负担，还包括精神和照护负担，且会不断加大。因此，生育率降低和人口结构少子化越来越成为一个全球性问题。德国的家庭福利政策随着时代进步而逐渐丰富，政策措施从通过现金补贴（如基础育儿津贴、儿童津贴、儿童免税额等）降低育儿经济成本、减少工作收入损失逐渐到通过假期（如育儿假期）帮助父母平衡职业和家庭，并促进就业市场性别平等（如附加育儿津贴等），再到通过发展托幼事业（如儿童照护服务）减轻父母的照护压力。多种福利形式组合搭配，全方位减轻家庭的各种育儿负担，帮助父母在重返劳动力市场和承担家庭照护责任上实现平衡。

第三，在筹资方式上，以政府公共财政补贴为主，福利性加强，再分配效应明显。德国儿童福利的保障资金和各类社会服务费用主要由政府来承担。其中，津贴类项目的资金主要来源于联邦财政，从而确保全国范围内的保障标准相对公平；服务类项目的资金主要来源于地方政府，州和联邦财政也会给予相应补贴，个人自付水平较低。[③] 因此，德国用于儿童和家庭的公共财政支出相对较高。2017 年，德国用于儿童和家庭的公共财政支出占 GDP 的比重为 3.17%，高于欧盟国家 2.57% 的平均水平，在所有 OECD 国

① 资料来源："Anzahl der Kinder, für die Kindergeld gezahlt wurde, von 1990 bis 2022", https://de.statista.com/statistik/daten/studie/1843/umfrage/kindergeld-anzahl-der-kinder/。
② 杨无意：《德国儿童福利的发展及其对中国的启示》，《社会保障评论》2021 年第 3 期。
③ 杨无意：《德国儿童福利的发展及其对中国的启示》，《社会保障评论》2021 年第 3 期。

家中排名第九。①

总体而言，家庭友好的社会福利制度对德国收入分配产生了积极的正向调节作用。一方面，现金补贴采取固定水平，是低收入家庭的重要收入来源，对维持他们的基本生活极其重要；另一方面，有利于促进就业市场性别平等，从而提升女性劳动参与率、缩小性别间收入差距。据统计，德国至少有一个 15 岁以下孩子的母亲的就业率自 21 世纪初后持续提升，2019 年为73.2%，在 OECD 国家中排名中等靠前。② 此外，从长远来看，德国社会福利制度还在一定程度上增强了人口生育意愿。20 世纪 90 年代至 2015 年，德国生育率虽然一直保持在较低水平但在小幅回升，从不到 1.3 缓慢提升至1.5 左右，2016 年达到峰值 1.59，2020 年为 1.53。③

（三）社会救助制度调节收入分配差距的作用和机制

社会救助制度是政府进行"兜底"和"扶弱"的制度安排。由于德国社会保险和社会福利制度比较完善，社会救助专门针对最困难群体，被视为"最后的社会安全网"，对调节收入分配发挥着辅助和补缺作用。④ 德国社会救助制度主要包括针对低收入家庭的一般生活救助和特殊生活阶段的专项救助，⑤ 核心目标是在反贫困的前提下，帮助困难群体实现自立。⑥

第一，在覆盖范围上，严格遵循"兜底"原则。德国社会救助制度的出发点是确保每位公民的基本生存尊严和实现社会团结。在覆盖范围方面坚

---

① 资料来源：OECD Statistics，Family Database，https：//stats. oecd. org/。
② 资料来源：OECD Statistics，Family Database，https：//stats. oecd. org/。
③ 资料来源：OECD Statistics，Family Database，https：//stats. oecd. org/。
④ Federal Ministry of Labour and Social Affairs，Social Security at a Glance 2020，p. 163.
⑤ 严格来看，针对老年人的最低生活保障和针对失业人员的失业金Ⅱ也具有救助性质，但前者在养老保障体系内与养老保险作为一个整体发挥作用，目的在于保障老年人的基本生活；后者在失业保障体系内与失业金Ⅰ作为一个整体发挥作用，目的在于促进失业者再就业从而摆脱困境。鉴于前文已对二者分别进行具体分析，此部分使用狭义的社会救助制度概念，不把二者包含在内。
⑥ 《德国社会法典》明确了社会救助的目的，即"使受助者能够合乎人类尊严地生活，并且有能力依靠自己的力量独立生活"。

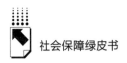

持"最小化"，主要瞄准那些在社会保险、社会福利的保障下仍然难以实现自救的人群。社会救助并不必然由本人申请，一旦社会救助提供者发现特定群体满足救助条件，则自动授予其享受资格。

第二，在保障水平上，提供满足人类生存尊严的最低收入。制度内容包括一般生活救助和专项救助；救助方式包括现金、服务和实物救助，以现金补贴为主，较少实物救助。对于居住在家庭的救助对象，一般生活救助考虑其用于衣食住行、个人卫生、家用器具、取暖等日常所需以及必要的精神文化生活费用，实行基于家计调查的补差救助，补差标准取决于救助对象的居住、婚姻和子女状况；对于居住在机构的救助对象，一般生活救助在保障基本生活设施的基础上，提供穿衣和零用等所需费用。专项救助是对不同群体的特殊需求提供救助，如健康救助、长期护理救助、特殊社会困难救助以及其他境遇救助等。可见，社会救助的目标是帮助受助者维系基本的生活水平、社会尊严和社会融入。

第三，在政策导向上，鼓励受助者实现自立。德国社会救助政策目标凸显"自助"而非"施舍"的核心理念，通过采取相应的激励和惩罚措施，努力培养受助者的自立能力而非单纯依靠政府供养。譬如，对于领取一般生活救助的对象，在进行家计调查时对其从就业或自营职业中获得的收入进行一定程度的豁免，从而避免救助对象为了获取救助资格而放弃就业。[1] 再如，按照《德国社会法典》规定，在救助实施前或开始4个星期后，受助者和救助机构应当签署一份具有法律效力的书面救助协议，写明受助者的现状、助其渡过难关的方式以及融入社会或再就业的可能性。[2]

总体而言，德国的社会救助制度在社会保障体系中处于辅助性的"补缺"地位。换句话说，社会救助针对的是那些在社会保险、社会福利发挥作用后被"遗漏"在保障之外的人群，从而实现"让有能力者自立，为无能力者兜底"。因此，德国社会救助制度比较精简，支出规模也相对较小。

---

[1] Federal Ministry of Labour and Social Affairs, Social Security at a Glance 2020, p. 169.
[2] 喻文光：《德国社会救助法律制度及其启示——兼论我国行政法学研究领域的拓展》，《行政法学研究》2013年第1期。

但是，不能因此忽略社会救助对收入分配的调节作用。任何国家都有极贫极弱或难以自救者，社会救助是这些群体的最后一道安全网，是关系到弱势群体基本生计以及社会底线公平的大问题。

三　对我国深入推进社会保障制度改革的启示

社会保障制度在我国解决绝对贫困问题、全面建成小康社会的过程中曾发挥重要作用。当前，我国正处于从中等收入国家向高收入国家爬坡的关键阶段，更面临着实现共同富裕的任务。然而，我国收入分配差距仍在高位徘徊：根据国家统计局公布的数据，我国基尼系数自 2008 年以来总体呈下降趋势，但 2015 年出现反弹，2019 年为 0.465，主要原因之一是政府再分配职能发挥不充分。[①] 社会保障制度作为实现共同富裕的重要基础，其再分配功能有待加强。德国社会保障体系经历了长久的探索与改革，虽然目前面临着养老保险制度可持续性、社会保障体系与经济可持续发展相平衡等现实挑战，但总体上对调节收入分配差距发挥了重要作用，能为我国提供有益启示。因此，要借鉴其经验教训，坚持社会公平的价值理念、互助共济的制度导向以及与经济社会发展水平相适应的发展路径，深化我国社会保障制度改革，推动建立高质量社会保障体系，为扎实迈向共同富裕提供坚实的制度保障。

第一，增加社会保障财政投入，以系统思维优化社会保障结构，有效提高社会保障体系对收入分配的调节作用。通过国际比较发现，我国社会保障总体支出规模偏小，导致其对收入分配的调节力度较小。2019 年，德国社会公共支出占 GDP 的 25.6%、社会公共支出占政府总支出的比重为 56.9%；OECD 国家平均水平分别为 20.1%和 47.7%，[②] 我国目前上述两项指标分别

---

① 张来明、李建伟：《促进共同富裕的内涵、战略目标与政策措施》，《改革》2021 年第 9 期。

② 资料来源：OECD Statistics, Social Expenditure-Aggregated data, https：//stats.oecd.org/#。

约为 13% 和 30%。① 从共同富裕阶段性目标出发，应稳步增加社会保障政府财政投入，提升社会保障支出在 GDP 中所占比重，明确和均衡各主体的筹资责任，持续夯实社会保障制度发展的物质基础。同时，要基于社会保障待遇水平的刚性特征，科学审慎提高待遇保障水平，做好政策宣传，引导人民群众对待遇水平的合理期待。此外，要改变以往对单项政策"小修小补"的做法，树立系统思维，将社会保障制度作为一个整体进行统筹规划和顶层设计，从而发挥制度促进再分配效应的合力。

第二，重点扩大与提高社会保险的覆盖范围和统筹层次，缩小区域、城乡和群体间的待遇差距，充分发挥社会保险的支撑作用。目前来看，我国社会保险制度的主体框架比较健全，但在细节设计上还存在诸多不合理之处。具体而言，在制度结构上，养老保险和医疗保险发展更快，要推动失业保险、工伤保险等跟上发展步伐；在覆盖范围上，要继续推动养老、医疗、失业、工伤保险扩面，尤其要将 2 亿多名灵活就业人员纳入制度体系；在统筹层次上，要稳步推动基本养老保险全国统筹、基本医疗保险省级统筹，同时提高其他保险制度统筹层次；在待遇水平上，要重视解决城乡居民与城镇职工之间的养老金和医保待遇差距问题，要根据对未来人口增长趋势、人均预期寿命等的预测，及早进行科学谋划，完善基本养老保险待遇动态调整机制。

第三，科学确定社会救助的政策目标和保障对象，加强项目的协同性、发展性和动态性，更好地发挥社会救助的兜底作用。我国目前已经形成了以最低生活保障和特困救助为基础，以医疗、住房、教育、就业等专项救助和临时救助为补充的多元社会救助机制。然而，各项目之间的责任边界、保障对象、政策目标等没有充分统筹，尤其是各种专项救助的享受条件往往依附于低保资格，未能充分发挥专项救助的应有作用。因此，要加强不同项目之间的协同衔接，形成分层分类的救助格局；要树立"授人以鱼不如授人以

---

① 郑功成：《促进全体人民共同富裕的战略部署与实践路径》，《中国党政干部论坛》2022 年第 11 期。

渔"的发展性思维，丰富物质和服务相结合的救助方式，增强救助对象的自我发展意愿和自力更生能力；要以信息化手段提高动态监测水平，使救助对象"能进能出"。此外，在全面消除绝对贫困以后，要前瞻性谋划通过社会救助减少"相对贫困"的有效方式。

第四，及时补齐普惠性福利和"一老一小"公共服务短板，尤其要树立家庭和生育友好导向，有效发挥社会福利的提升作用。社会福利需要比较强大的财政实力作为支撑，在我国目前社会保障体系的三大板块中发展相对滞后。然而，从国际经验来看，社会福利不仅有利于缩小收入分配差距，而且对增强生育意愿和人民群众生活的幸福感大有裨益。面对我国儿童养育负担沉重、婚育率不断下降的严峻形势，应在财政可负担的条件下逐渐补齐这一短板。具体而言，要以家庭友好为导向、以"一老一小"为重点对象，提高补贴水平；建立健全社会化照料服务体系，增强居家养老服务和0~3岁儿童照护服务的供给能力，有效减轻家庭照护负担，努力实现"老有所养""幼有所育"。①

---

① 余璐、梁晓敏：《发挥好社会保障制度对共同富裕的基础性支撑作用》，《学习时报》2022年3月9日，第7版。

皮 书

智库成果出版与传播平台

✦ 皮书定义 ✦

皮书是对中国与世界发展状况和热点问题进行年度监测，以专业的角度、专家的视野和实证研究方法，针对某一领域或区域现状与发展态势展开分析和预测，具备前沿性、原创性、实证性、连续性、时效性等特点的公开出版物，由一系列权威研究报告组成。

✦ 皮书作者 ✦

皮书系列报告作者以国内外一流研究机构、知名高校等重点智库的研究人员为主，多为相关领域一流专家学者，他们的观点代表了当下学界对中国与世界的现实和未来最高水平的解读与分析。

✦ 皮书荣誉 ✦

皮书作为中国社会科学院基础理论研究与应用对策研究融合发展的代表性成果，不仅是哲学社会科学工作者服务中国特色社会主义现代化建设的重要成果，更是助力中国特色新型智库建设、构建中国特色哲学社会科学"三大体系"的重要平台。皮书系列先后被列入"十二五""十三五""十四五"时期国家重点出版物出版专项规划项目；自2013年起，重点皮书被列入中国社会科学院国家哲学社会科学创新工程项目。

S 基本子库
UB DATABASE

中国社会发展数据库（下设 12 个专题子库）

紧扣人口、政治、外交、法律、教育、医疗卫生、资源环境等 12 个社会发展领域的前沿和热点，全面整合专业著作、智库报告、学术资讯、调研数据等类型资源，帮助用户追踪中国社会发展动态、研究社会发展战略与政策、了解社会热点问题、分析社会发展趋势。

中国经济发展数据库（下设 12 专题子库）

内容涵盖宏观经济、产业经济、工业经济、农业经济、财政金融、房地产经济、城市经济、商业贸易等 12 个重点经济领域，为把握经济运行态势、洞察经济发展规律、研判经济发展趋势、进行经济调控决策提供参考和依据。

中国行业发展数据库（下设 17 个专题子库）

以中国国民经济行业分类为依据，覆盖金融业、旅游业、交通运输业、能源矿产业、制造业等 100 多个行业，跟踪分析国民经济相关行业市场运行状况和政策导向，汇集行业发展前沿资讯，为投资、从业及各种经济决策提供理论支撑和实践指导。

中国区域发展数据库（下设 4 个专题子库）

对中国特定区域内的经济、社会、文化等领域现状与发展情况进行深度分析和预测，涉及省级行政区、城市群、城市、农村等不同维度，研究层级至县及县以下行政区，为学者研究地方经济社会宏观态势、经验模式、发展案例提供支撑，为地方政府决策提供参考。

中国文化传媒数据库（下设 18 个专题子库）

内容覆盖文化产业、新闻传播、电影娱乐、文学艺术、群众文化、图书情报等 18 个重点研究领域，聚焦文化传媒领域发展前沿、热点话题、行业实践，服务用户的教学科研、文化投资、企业规划等需要。

世界经济与国际关系数据库（下设 6 个专题子库）

整合世界经济、国际政治、世界文化与科技、全球性问题、国际组织与国际法、区域研究 6 大领域研究成果，对世界经济形势、国际形势进行连续性深度分析，对年度热点问题进行专题解读，为研判全球发展趋势提供事实和数据支持。

法律声明

"皮书系列"（含蓝皮书、绿皮书、黄皮书）之品牌由社会科学文献出版社最早使用并持续至今，现已被中国图书行业所熟知。"皮书系列"的相关商标已在国家商标管理部门商标局注册，包括但不限于LOGO（▧）、皮书、Pishu、经济蓝皮书、社会蓝皮书等。"皮书系列"图书的注册商标专用权及封面设计、版式设计的著作权均为社会科学文献出版社所有。未经社会科学文献出版社书面授权许可，任何使用与"皮书系列"图书注册商标、封面设计、版式设计相同或者近似的文字、图形或其组合的行为均系侵权行为。

经作者授权，本书的专有出版权及信息网络传播权等为社会科学文献出版社享有。未经社会科学文献出版社书面授权许可，任何就本书内容的复制、发行或以数字形式进行网络传播的行为均系侵权行为。

社会科学文献出版社将通过法律途径追究上述侵权行为的法律责任，维护自身合法权益。

欢迎社会各界人士对侵犯社会科学文献出版社上述权利的侵权行为进行举报。电话：010-59367121，电子邮箱：fawubu@ssap.cn。

社会科学文献出版社